LANDSCHAFTEN

STEP BY STEP ZEICHNEN LERNEN

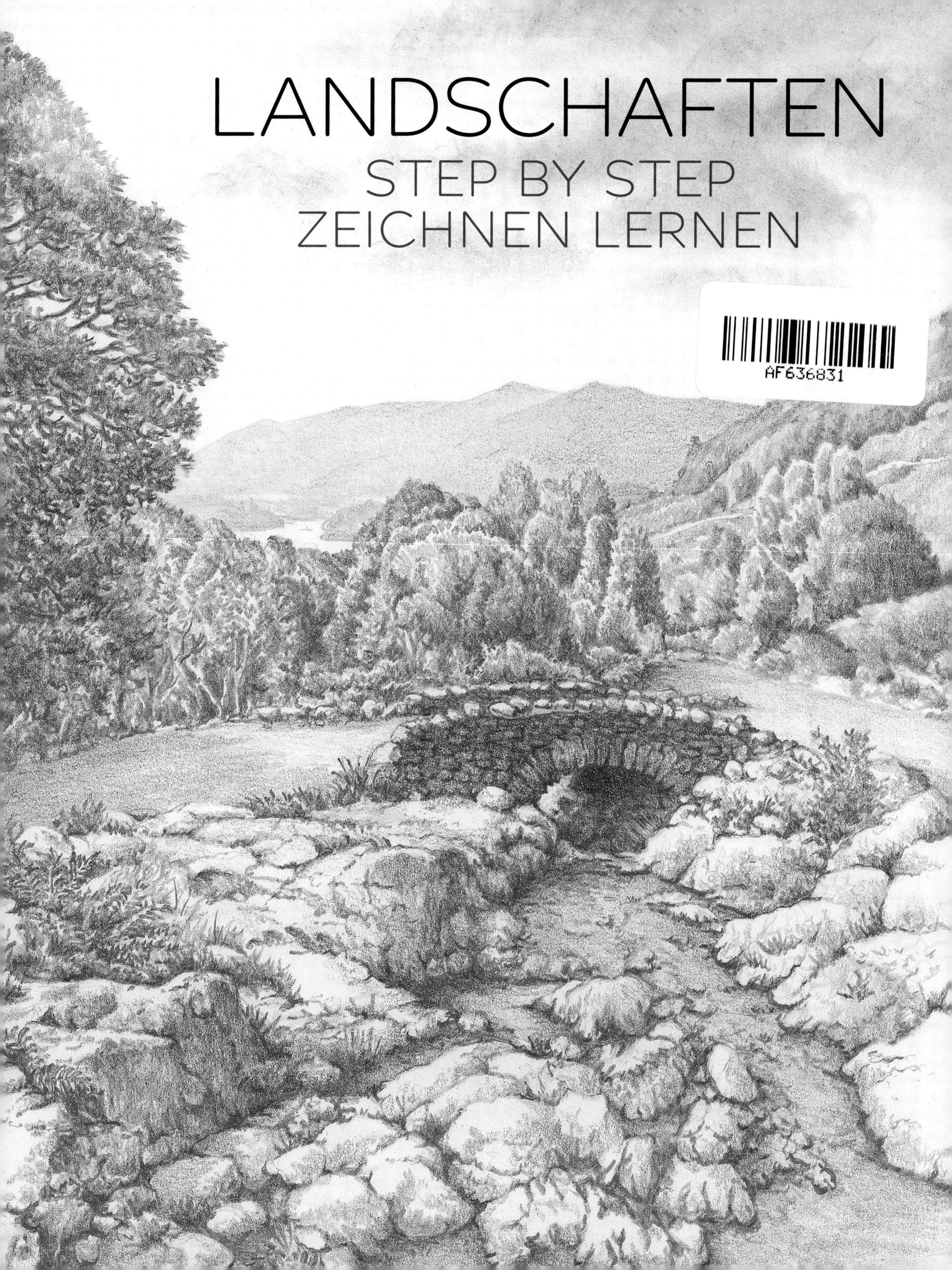

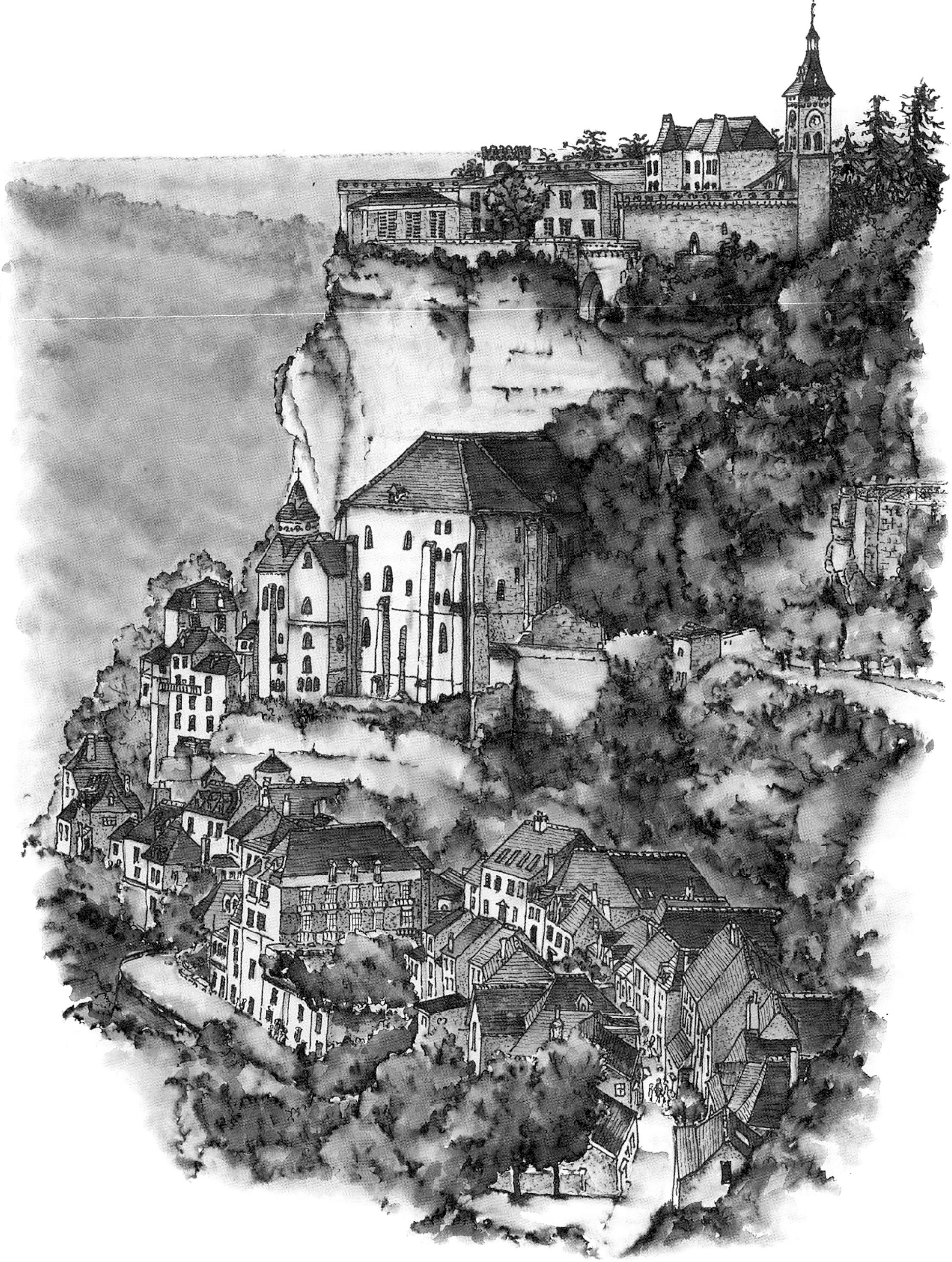

LANDSCHAFTEN

STEP BY STEP ZEICHNEN LERNEN

MARGARET EGGLETON

CV

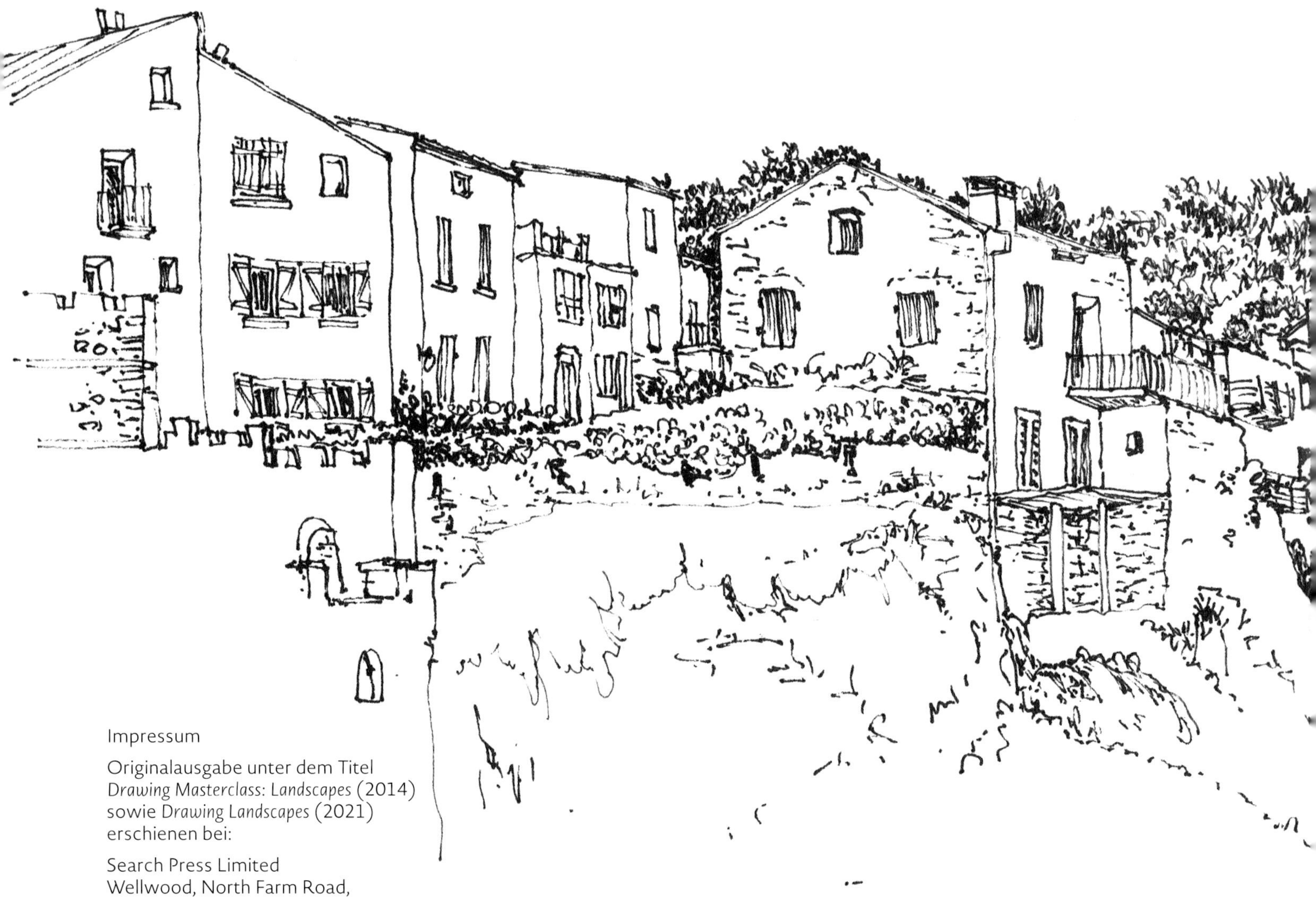

Impressum

Originalausgabe unter dem Titel
Drawing Masterclass: Landscapes (2014)
sowie *Drawing Landscapes* (2021)
erschienen bei:

Search Press Limited
Wellwood, North Farm Road,
Tunbridge Wells, Kent TN2 3DR

Für die deutsche Ausgabe:
Verantwortlich: Maria Möllenkamp
Produktmanagement: ZweiKonzept GmbH
Übersetzung und Lektorat: ZweiKonzept GmbH
Satz: Medienservice Feuerer
Umschlaggestaltung: Regina Degenkolbe
Herstellung: Stephanie Schlemmer

Printed in China

★★★★★

Sind Sie mit diesem Titel zufrieden? Dann würden wir uns über Ihre Weiterempfehlung freuen. Erzählen Sie es im Freundeskreis, berichten Sie Ihrem Buchhändler oder bewerten Sie bei Onlinekauf. Und wenn Sie Kritik, Korrekturen, Aktualisierungen haben, freuen wir uns über Ihre Nachricht an:
Christian Verlag, Postfach 40 02 09, D-80702 München
oder per E-Mail an lektorat@verlagshaus.de.

Unser komplettes Programm finden Sie unter

www.christophorus-verlag.de

Die Deutsche Nationalbibliothek verzeichnet diese Publikation in der Deutschen Nationalbibliografie; detaillierte bibliografische Daten sind im Internet über http://dnb.d-nb.de abrufbar.

ISBN 978-3-86230-433-2

Besuchen Sie uns im Internet: www.christophorus-verlag.de

Widmung

Für meine Mutter, die Spaziergänge
auf dem Lande liebte.

Inhalt

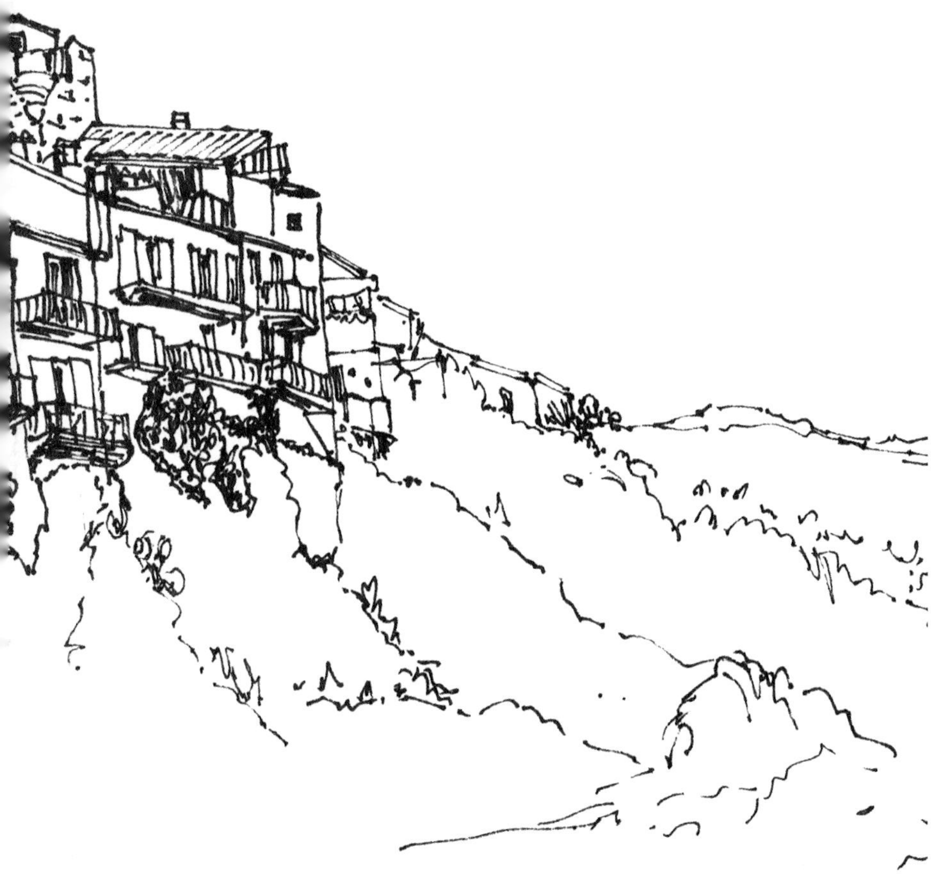

Seite 1

Brücke im Lake District

Grafitstifte auf satiniertem Aquarellpapier. Diese Zeichnung wird als Schritt-für-Schritt-Entwicklung auf den Seiten 94–99 gezeigt.

Seite 3

Rocamadour, Frankreich

Wasserfester Tuschestift und wasserlöslicher Tuschestift auf satiniertem Aquarellpapier. Diese Zeichnung wird als Schritt-für-Schritt-Entwicklung auf den Seiten 100–105 gezeigt.

Diese Seite

Collioure

Dies ist ein 41 × 20 cm großer Ausschnitt einer längeren Zeichnung, die auf einem Panoramablock aus 300 g/m² Feinkorn-Aquarellpapier angefertigt wurde. Die Zeichnung entstand, während ich am Strand vor einem starken Mittelmeer-wind Schutz suchte. Daher benutzte ich einen Künstler-Zeichenstift anstelle der Acrylfarbe, die ich eigentlich verwenden wollte. Flüssige Tinte wäre vom Papier geblasen worden!

Einführung

Kunst ist überall um uns herum. Zu Papier zu bringen, wie etwas Gesehenes auf uns wirkt, ist ein menschliches Grundbedürfnis. Die Landschaft ist seit langem eine Quelle der Freude für mich, und das Zeichnen ist schon immer eine meiner Leidenschaften. Dieses Buch ist eine Kombination aus beidem.

Als Kind wurde ich früh von meiner Mutter mit der Landschaft vertraut gemacht. Sie bestimmte die Bäume anhand der Blätterformen und zeigte mir die Wildblumen in Cheshire, wo ich aufwuchs. Autoausflüge führten uns in die dramatische Landschaft von Derbyshire, zur Schönheit des Lake District und an die Küste von Nordwales.

Der Wunsch zu zeichnen ist Teil meines Lebens. Kunst war in der Schule mein Lieblingsfach, und das Lob der Lehrer und der Familie war mir sehr wichtig. Während meiner Lehrerausbildung mit Kunst als Hauptfach wurden wir oft auf das weitläufige Universitätsgelände hinausgeschickt, um dort *plein air* zu malen und zu zeichnen. Dadurch wurde meine Liebe zur Landschaft noch verstärkt.

Urlaube bieten häufig Gelegenheiten zum Zeichnen, und ich habe immer ein Skizzenbuch dabei. Das Leben überrascht mich immer wieder mit Bildern, die festgehalten werden wollen. Ein Skizzenbuch zu führen, verbessert grundlegend die Beobachtungs- und Zeichenfähigkeiten. Es wird auch nie langweilig beim Warten. Es gibt immer etwas oder jemanden, den es sich zu zeichnen lohnt. Man nimmt einen Gegenstand nicht wirklich wahr, bevor man ihn zu zeichnen beginnt. Für Künstler und angehende Künstler kann das Skizzieren das Auge schulen, die Formen, Töne und Texturen einer Szene genau wahrzunehmen. Es ist ein Vergnügen und eine große Befriedigung, Zeichnungen als Referenz oder zum Vergnügen anzulegen.

Mit einem Hund hat man immer eine gute Möglichkeit, die Landschaft zu erkunden. Unser Hund zeigte mir Orte in der Natur, die ich sonst nie gesehen hätte, und wann immer ich mich zum Zeichnen oder Malen hinsetzte, hielt Gemma es für ihre Pflicht, Wache zu halten. Sie können die wechselnden Licht-, Farb- und Wetterverhältnisse in den Parks oder in der Landschaft rund um Ihr Zuhause beobachten. Und ein Hund, der freudig voranläuft, macht Freude, und während des Gehens können Sie immer noch fotografieren oder die Szenerie im Geiste skizzieren.

Wenn Sie eine Landschaftsszene nach einem Foto zeichnen, fühlt es sich fast so an, als seien Sie selbst dort, besonders wenn es sich um einen Ort handelt, an dem Sie schon einmal waren. Wenn möglich, sollten Sie den Ort, den Sie gezeichnet haben, ganz bewusst aufzusuchen. Eine gute Zeichnung bringt sowohl Emotionen als auch die Darstellung des Orts zum Ausdruck, was von der Person, die Ihr Kunstwerk betrachtet, wahrgenommen wird. Ihre Einstellung zum Thema ist wichtig, wenn Sie also wirklich lieben, was Sie tun, wird das immer sichtbar sein.

Versuchen Sie, mit den verschiedenen Zeichenmaterialien, die in diesem Buch beschrieben werden, zu experimentieren, und Sie werden vielleicht feststellen, dass Sie auch sehr gern mit etwas anderem als Ihrem bisher bevorzugten Zeichenmedium arbeiten. Von dieser Erfahrung profitieren Sie. Manchmal ist das beste Kunstwerk das Ergebnis eines glücklichen Zufalls, also üben Sie weiter und zeichnen Sie, so oft Sie können. Gewöhnen Sie sich an, jeden Tag etwas zu zeichnen. Sie werden vom Unterschied überrascht sein, wenn Sie auf Ihre früheren Arbeiten zurückblicken.

Ich hoffe, dass Sie in diesem Buch viel Hilfreiches und Schönes für die kommenden Jahre finden werden. Wie Shakespeare schrieb: „Die Kunst erlaubt uns, das Alltägliche zu nehmen und es bemerkenswert zu machen".

Gegenüber

Dorfteich

Grafitsticks auf 300 g/m² satiniertem Aquarellpapier. Dies ist ein Detail aus einer Zeichnung, die als Schritt-für-Schritt-Entwicklung auf den Seiten 32–35 erscheint.

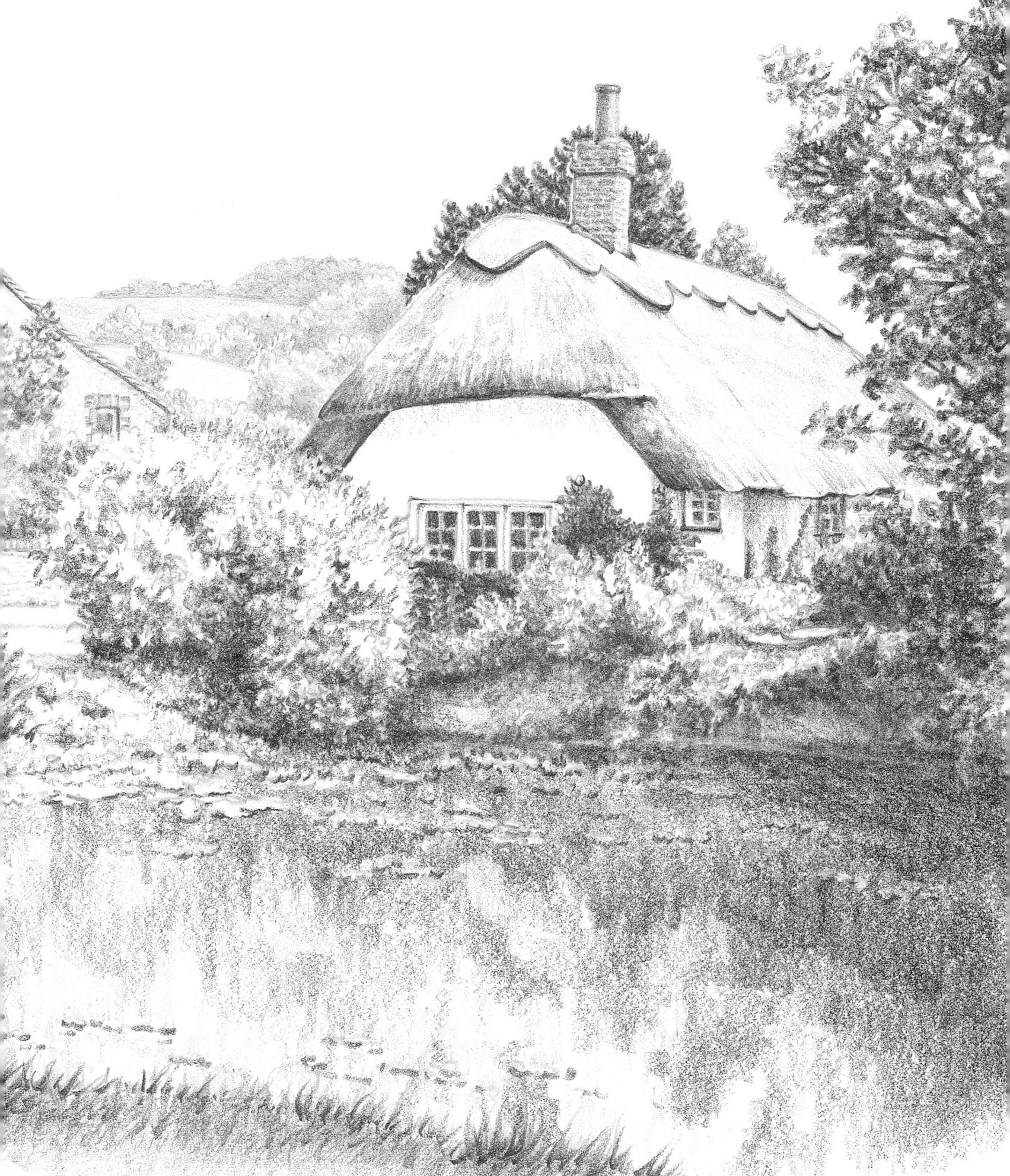

Die Geschichte des Landschaftszeichnens

Jeder Kontinent und jedes Land hat seinen eigenen Stil der Landschaftszeichnung, die es seit Tausenden von Jahren gibt und die sich ständig weiterentwickelt und verändert. In China galt die Landschaftszeichnung als die höchste Form der Kunst. Die traditionellen Methoden und Techniken wurden vom Meister an seine Schüler weitergegeben. Viele Landschaften hatten ein verlängertes Hochformat und bestanden aus drei miteinander verbundenen Abschnitten mit Zwischenräumen, die Nebel oder Wolken darstellten. Im Allgemeinen handelte es sich dabei um imaginäre Szenen, die durch eine Signatur in Form eines Siegels vollendet wurden. Japanische Landschaftszeichnungen waren meist detaillierter und manchmal in einem verlängerten horizontalen Format mit historischen Ereignissen. Auch die westliche Landschaftszeichnung entstand vor mehr als 1.000 Jahren, wie erhaltene griechische und römische Architekturfresken zeigen, in denen Seen, Wasserfälle und Flüsse eine wesentliche Rolle spielten. Albrecht Dürer wurde 1471 in Nürnberg geboren. Er war ein hervorragender Zeichner und ein produktiver Künstler, der in jungen Jahren durch Europa reiste und dabei ein besonderes Augenmerk auf die Landschaft hatte. Er zeichnete eine Serie von Studien über Burgen und Städte in Tirol. Viele Menschen betrachten ihn als den Begründer der modernen Landschaftszeichnung. Er arbeitete mit Feder oder Kreide und fertigte Holzschnitte und Kupferstiche an. Er setzte ein Monogramm mit seinen Initialen in eine Ecke seiner Zeichnung, also habe ich ein Monogramm mit meinen Initialen in der linken Ecke dieser Zeichnung gesetzt.

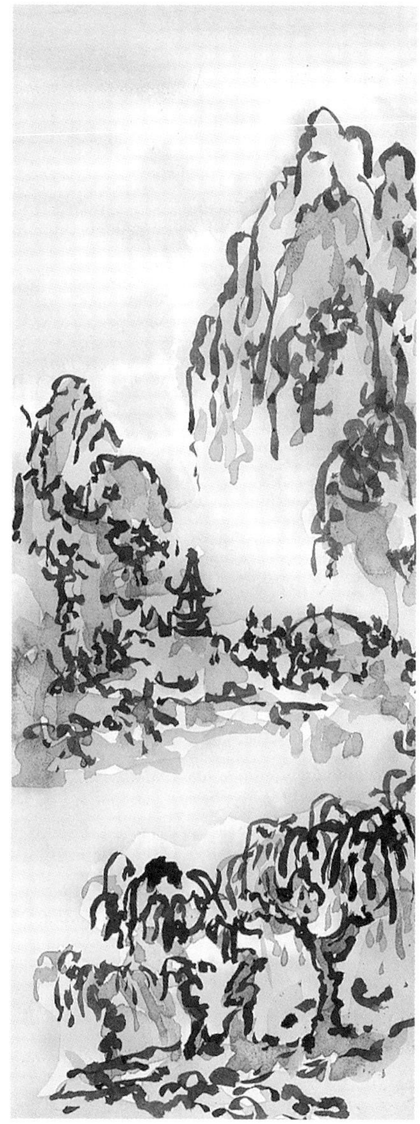

Bildrolle im Stil einer chinesischen Pinselzeichnung

Schwarze Tusche, aufgetragen mit einem im rechten Winkel zum Papier gehaltenen Chinesischen Pinsel und stellenweise verdünnt, 7,5 × 20,3 cm.

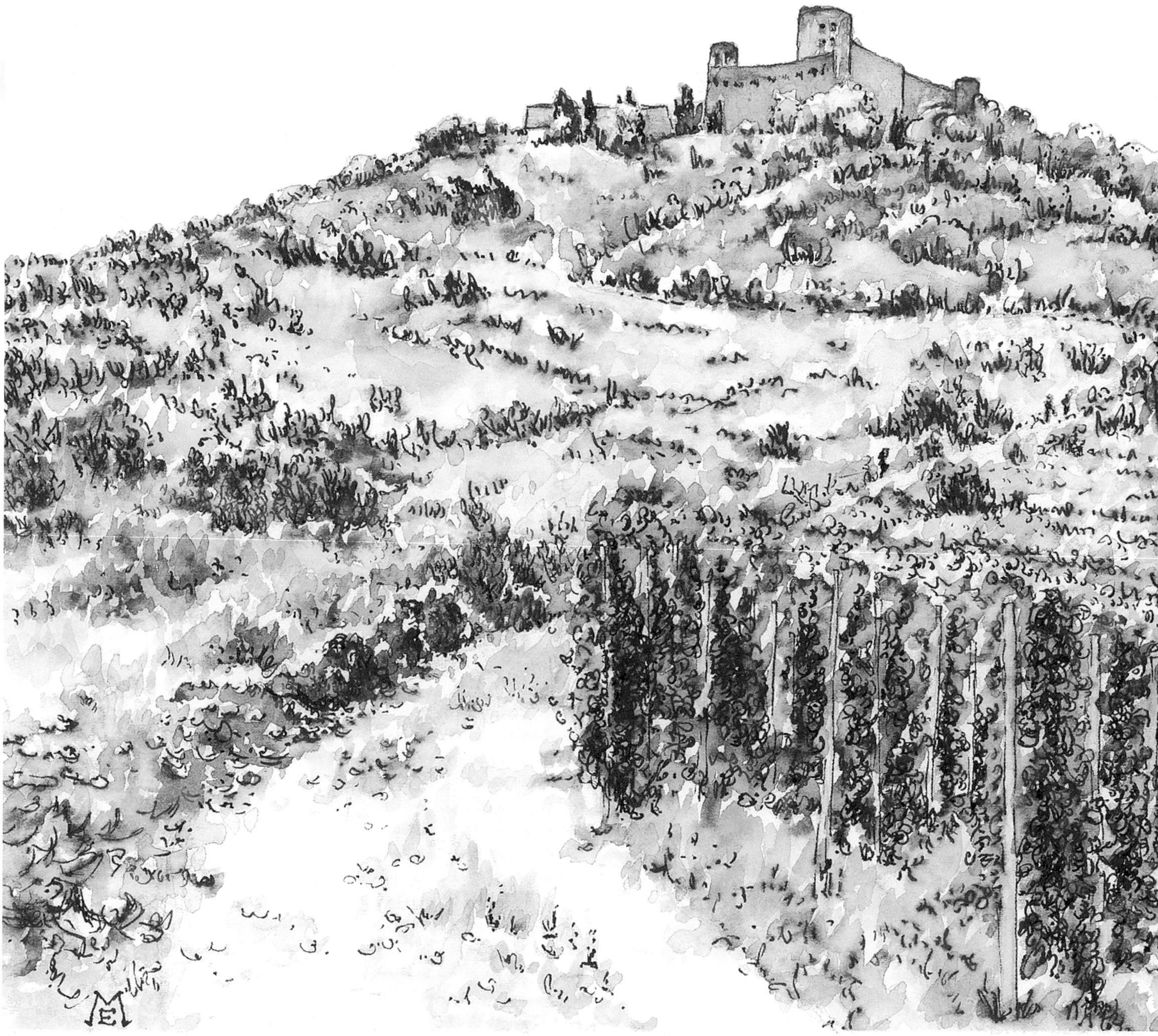

Schloss Collioure im Stil Albrecht Dürers

Wasserlösliche Tinte, 20,3 × 19 cm.

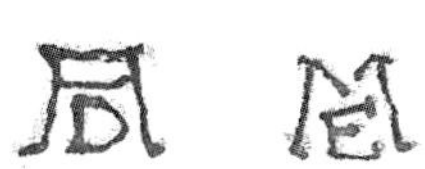

Meine Nachzeichnung von Dürers Monogramm und meine eigene Version.

J. M. W. Turner arbeitete im 18. und 19. Jahrhundert über sechzig Jahre lang und schuf Tausende von Zeichnungen und Skizzen. Seit seiner Jugend fertigte er auf Reisen Pleinair-Skizzen an, und seine Landschaftszeichnungen waren die ersten seiner Kunstwerke, die zur Kenntnis genommen wurden. Die meisten seiner Gemälde weisen ebenfalls einen starken linearen Aspekt auf. Zu dieser Zeit beschäftigten sich viele andere britische Künstler mit der Landschaftszeichnung, darunter sein Freund Thomas Girtin, der bis zu seinem frühen Tod großes Talent zeigte.

Vincent Van Gogh war ein niederländischer Künstler, der hauptsächlich in Frankreich arbeitete. Er fertigte mehr als tausend unglaubliche Zeichnungen und Briefskizzen für seinen Bruder an. Er sagte, dass das Zeichnen ihn glücklich mache und es ihm ermögliche, das Licht einzufangen, sich künstlerische Grundlagen zu erarbeiten und Form und Bewegung zu studieren. Er zeichnete hauptsächlich mit Bleistift, schwarzer Kreide, Rohrfeder und Kohle, oft in Kombination. Er zeichnete auf jedes verfügbare Blatt Papier, sogar auf die Rückseite eines Briefumschlags.

Viele andere Künstler in jedem Land haben ihren eigenen Stil der Landschaftszeichnung entwickelt – zu viele, um sie hier alle aufzuzählen.

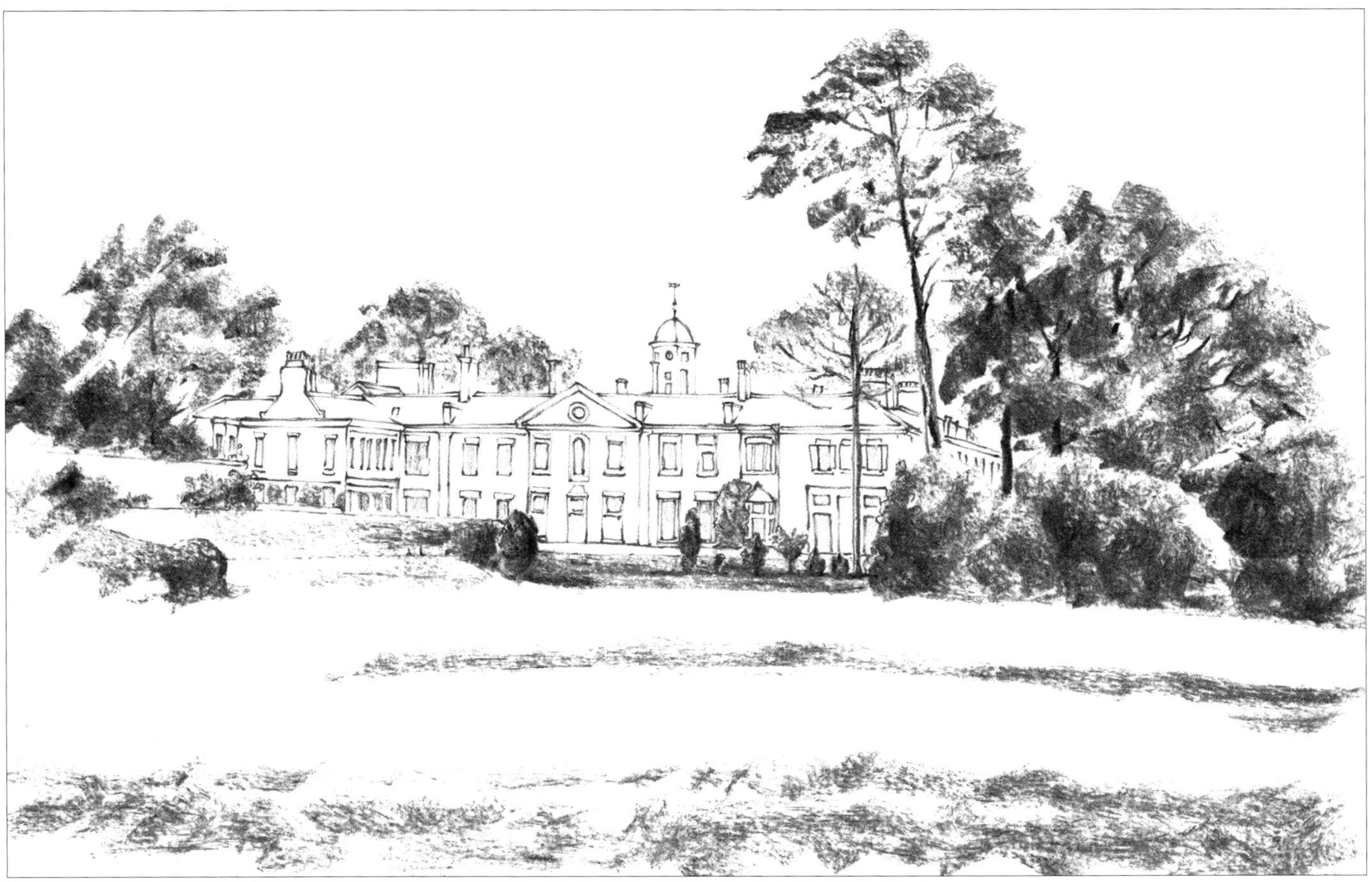

Polesden Lacey im Stil von J. M. W. Turner

Bleistift und Kohle, 35,5 × 48,3 cm.

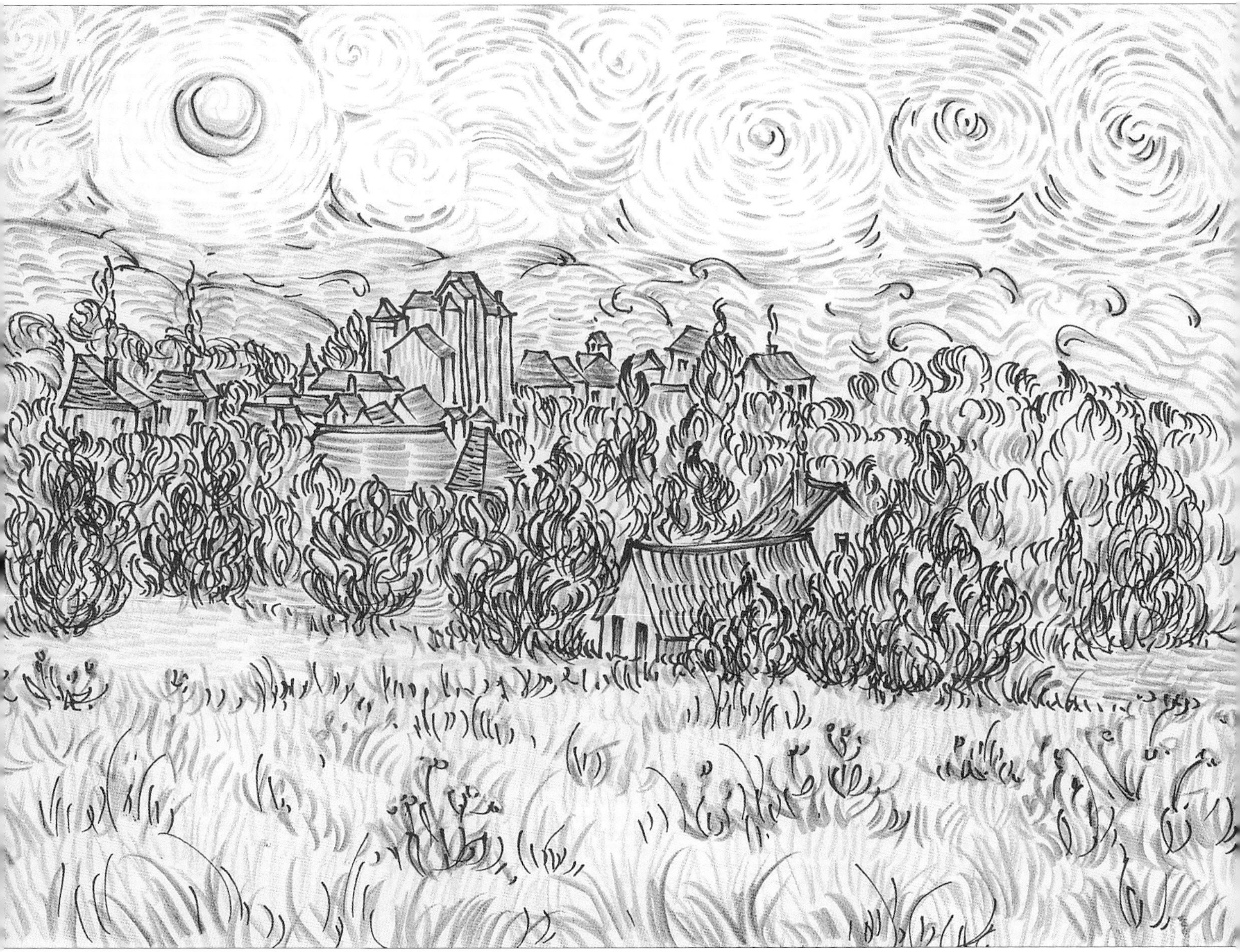

Curemonte in der Corrèze im Stil von Vincent Van Gogh

Wasserfeste Tusche und Bleistift, 30 × 21 cm.

Materialien

Unterschiedliche Themen und Situationen erfordern unterschiedliche Materialien. Sie werden es hilfreich finden, die vielen Arten von trockenen Zeichenmaterialien, die in diesem Buch erwähnt werden, auszuprobieren, um festzustellen, welche Sie bevorzugen und bei Gelegenheit verwenden werden. Die verschiedenen Zeichenmedien können oft erfolgreich in ein und derselben Zeichnung kombiniert werden. Bleistifte sind die am leichtesten erhältliche Zeichenwerkzeuge, aber Stifte, Pastelle, Conté-Kreide und Kohle können sowohl drinnen als auch für *Pleinair*-Arbeiten draußen verwendet werden.

Grafit- oder Bleistifte

Grafitstifte werden aus einer Mischung aus gebranntem Grafit und Ton hergestellt und zur leichteren Handhabung mit Holz ummantelt. Die Grafitstifte gibt es in unterschiedlichen Härtegraden von 8H (sehr hart) bis 9B (sehr weich). Harte Bleistifte enthalten mehr Ton, während weiche Bleistifte mehr Grafit enthalten. Ich benutze nur selten harte Bleistifte, aber ich verwende einen F (fein) oder HB (mittel) für erste Strichzeichnungen, weil ihre Markierungen im Verlauf der Zeichnung kaum noch zu erkennen sind. Grafitstifte eignen sich für detailliertes und feinfühliges Arbeiten ebenso wie für schnelle Skizzen mit starken, selbstbewussten Linien und großen schraffierten Bereichen. Alle Bleistifte müssen mit großem Respekt behandelt werden. Achten Sie also darauf, sie nicht fallen zu lassen, da sonst die Mine im Inneren brechen kann. Behandeln Sie sie wie rohe Eier!

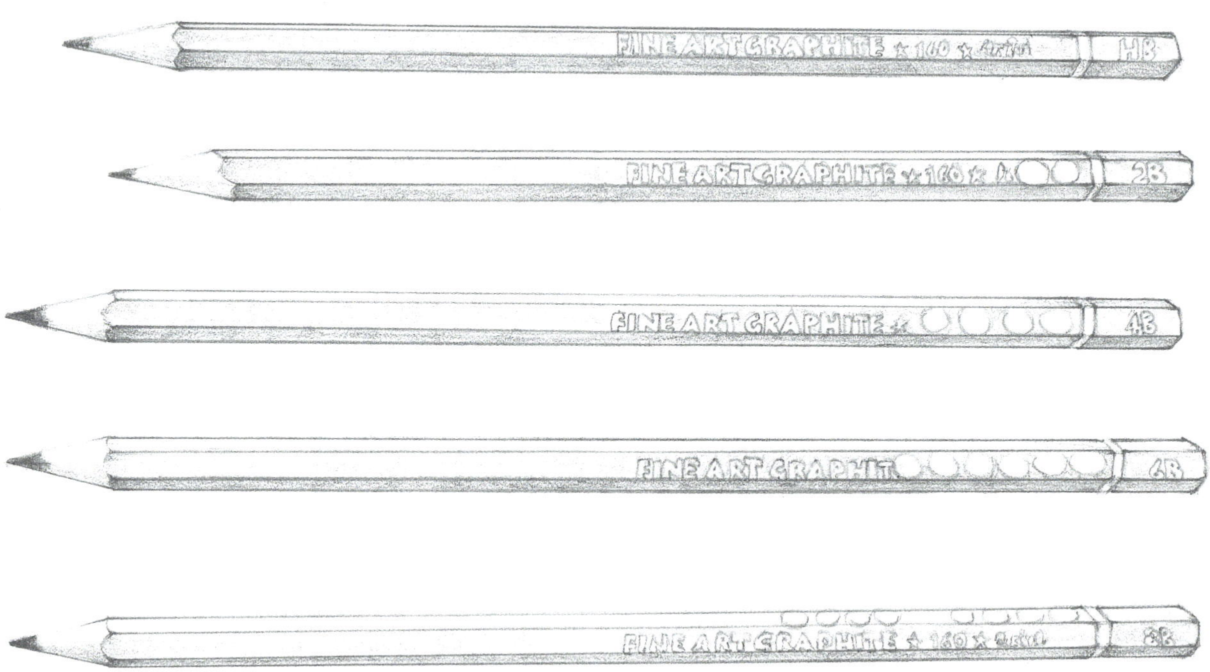

Ich benutze einen HB-Grafitstift für die zarte Linienzeichnung in der Anfangskomposition einer Landschaft, sowie dann für die sanfte Schattierung des Himmels und weit entferntere Hügel.

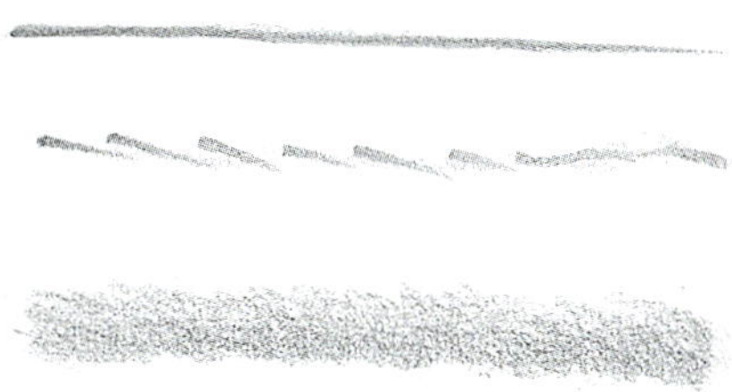

Der 2B-Bleistift kann für nicht ganz so weit entfernte Bäume, Hecken und andere Bereiche der Landschaft, die für die Luftperspektive zart gehalten werden, eingesetzt werden.

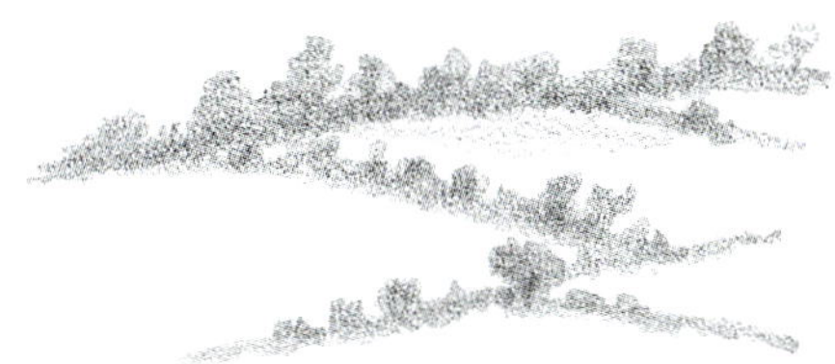

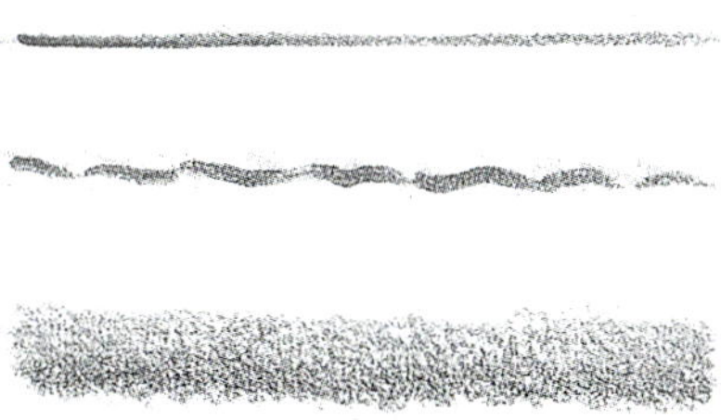

Mit einem 4B-Bleistift kann je nach dem ausgeübten Druck eine große Vielfalt von Tonwerten erreicht werden. Er ist gut geeignet für Bäume, Hecken, Felder und Gebäude im Mittelgrund.

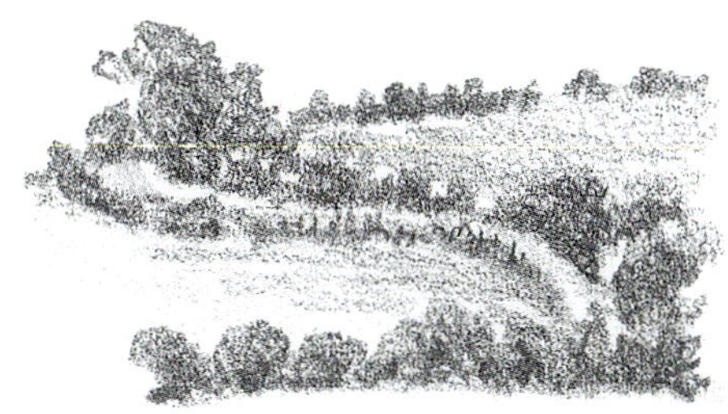

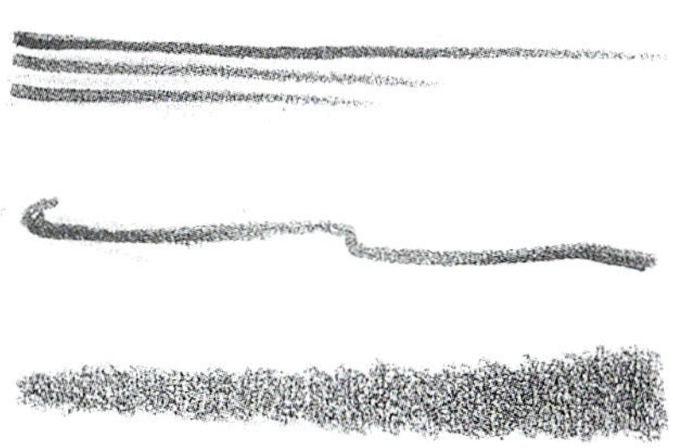

Ich verwende einen 6B-Bleistift für Laub und Objekte im Vordergrund sowie für stärkere Schattierungen.

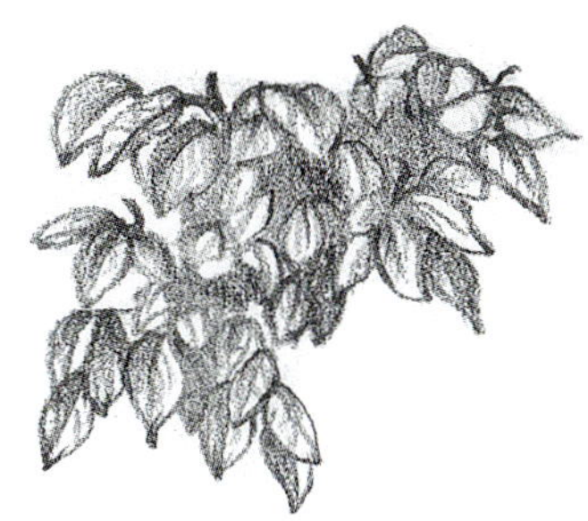

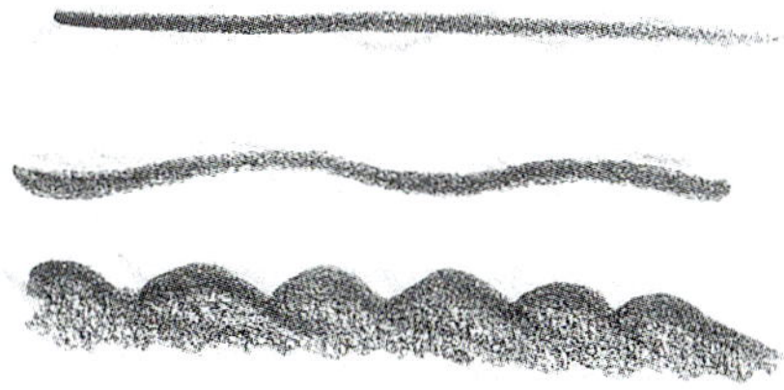

Der 8B-Bleistift kann sehr schwarze Linien erzeugen, die Bäumen und anderen Objekten im Vordergrund tonale Stärke verleihen.

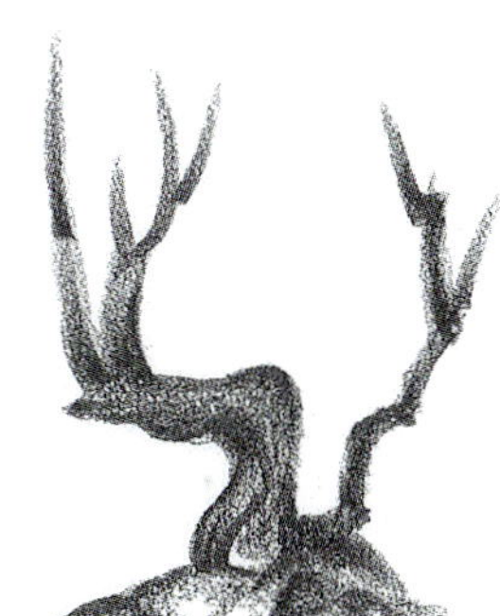

Acryltinte und Tauchfeder

Linien unterschiedlicher Stärke können mit Acryltinte und einer Feder erzeugt werden. Jedes Mal, wenn Sie die Feder eintauchen, nimmt sie eine große Menge Flüssigkeit auf, und da diese während des Zeichnens verbraucht wird, wird die Linie dünner. Dadurch kann eine lebendigere Zeichnung entstehen. Nach den anfänglichen schwachen Bleistiftumrissen, die die Hauptmerkmale der Landschaft wiedergeben, zeichne ich damit gerne spontane Details. Mehr Druck erzeugt dickere Linien, und Linien können unterbrochen oder gepunktet werden, um eine dünnere Linie für Fernwirkung zu erhalten. Da die Tinte jedoch sehr lange braucht, um zu trocknen, verwischt sie leicht, sodass man vorsichtig sein muss.

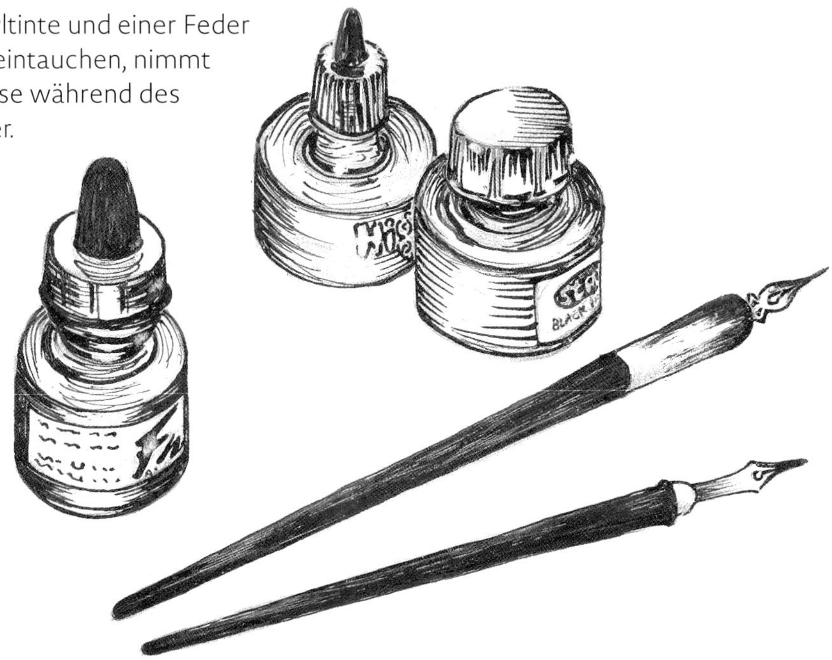

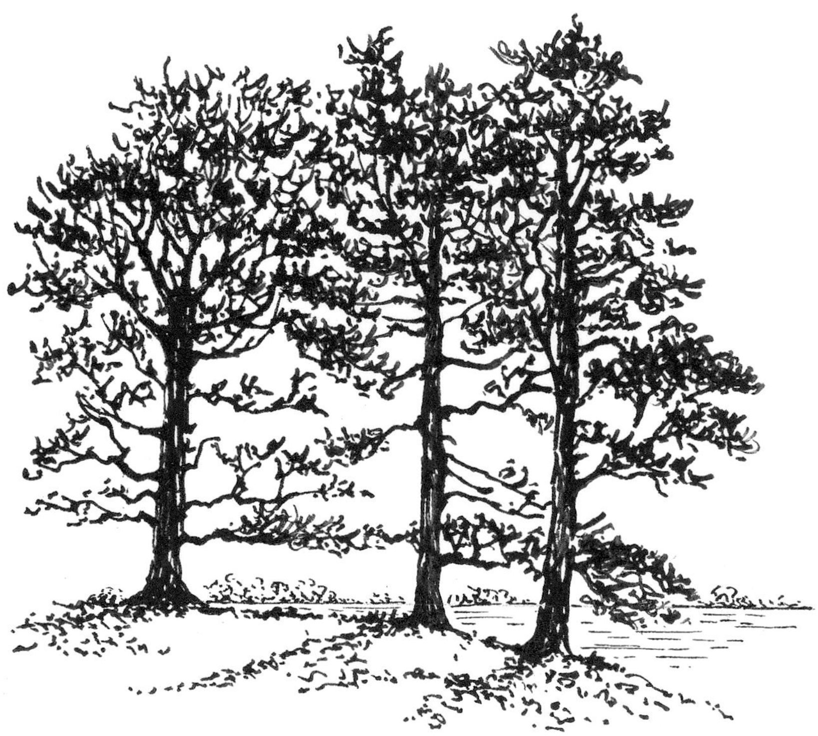

Bäume an einem See

Acryltinte. Ein überraschender Blick über Derwentwater im englischen Lake District.

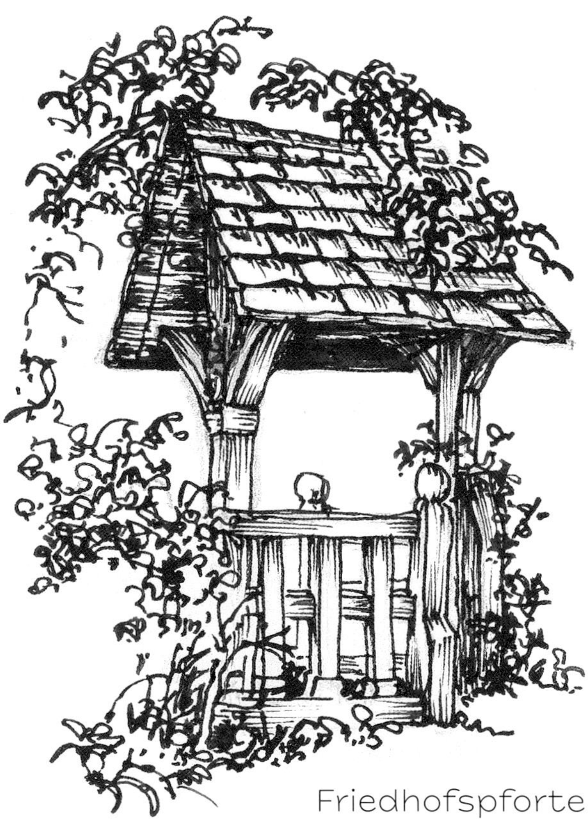

Friedhofspforte

Acryltinte

Künstlerstifte

Stifte mit wasserfeste Pigmentfarbe sind in verschiedenen Breiten erhältlich. Sie sind bei Anfängern beliebt, da sie schnell trocknen, nicht leicht verwischen und gut mitgeführt werden können. Sie sind gut für detaillierte Zeichnungen und werden auch Tuschezeichner genannt. Einige Zeichenstifte enthalten Tinte auf Alkoholbasis; sie ist flüssiger und kann zum Zeichnen auf Pastell verwendet werden. Andere Stifte enthalten wasserlösliche Tinte, die einen sehr schönen tonalen Effekt ergeben kann, wenn sie mit einem Wassertankpinsel auf dem Papier vermalt wird.

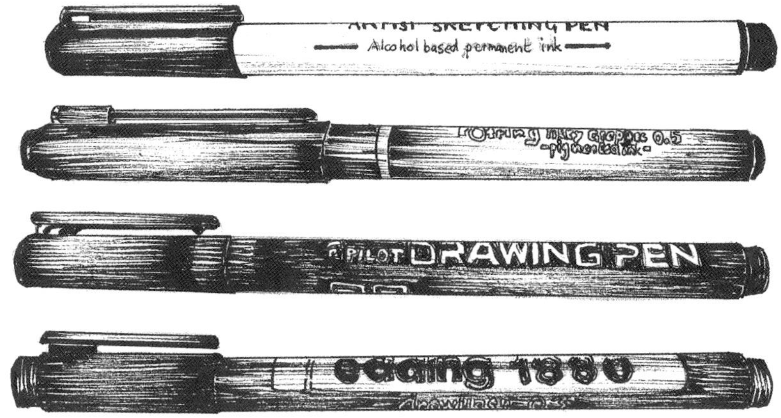

Dattelpalme

Künstlerstift mit wasserfester Tinte auf Alkoholbasis.

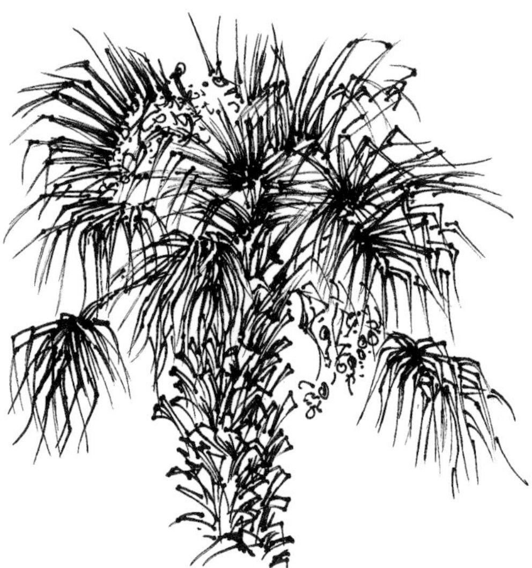

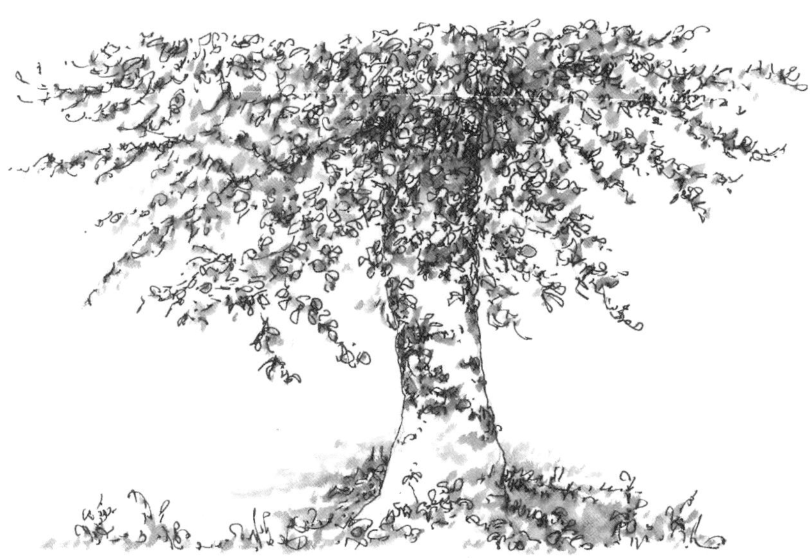

Buche

Künstlerstift mit wasserlöslicher Tinte.

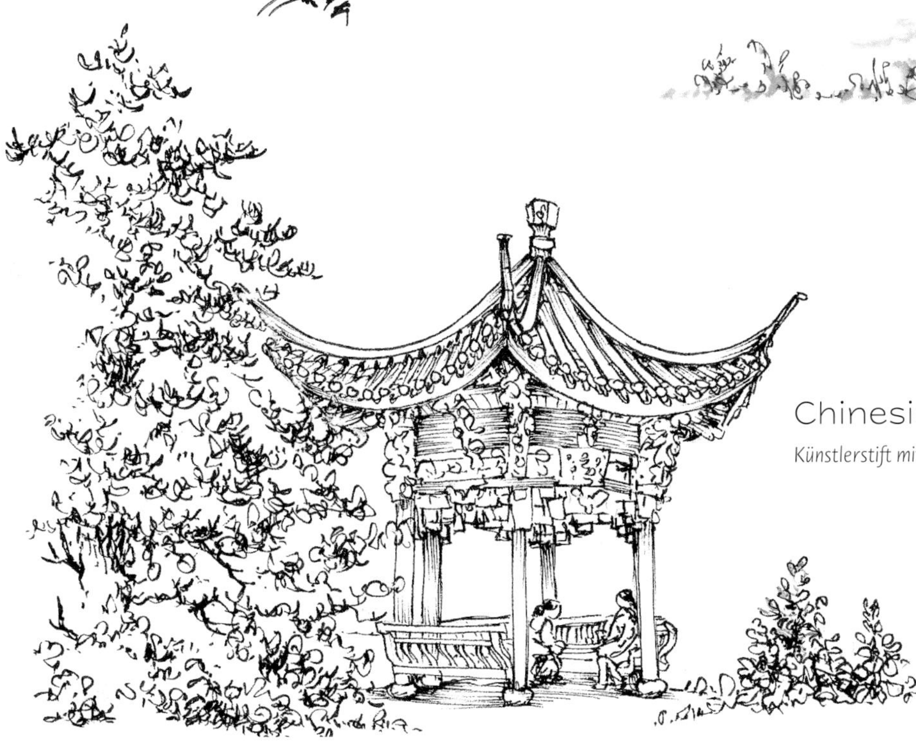

Chinesischer Pavillon

Künstlerstift mit Pigmenttinte, 0,35 mm.

Conté-Kreiden

Ende des achtzehnten Jahrhunderts entdeckte Nicolas-Jacques Conté eine Mischung von roter, weißer oder schwarzer Kreide mit Ton, aus der sich Zeichenstäbe (Carrés) herstellen ließen, die fester als weiche Pastelle waren. Mit ihnen gelingen detaillierte und zarte Arbeiten wie die von Antoine Watteau, aber auch breitere und lockerere Striche. Sie können mit einem Papierwischer oder Wattestäbchen verwischt werden. Die quadratische Form des Carré-Kreidestifts ermöglicht es, kleinere oder größere Bereiche an ihren Seiten zu verwenden, um eine Vielfalt von frei ausgeführten, breiten Markierungen zu erhalten. Stärkerer Druck ergibt eine stärkere Farbdichte. Künstler haben heute die Wahl zwischen Conté-Kreiden oder -Stiften.

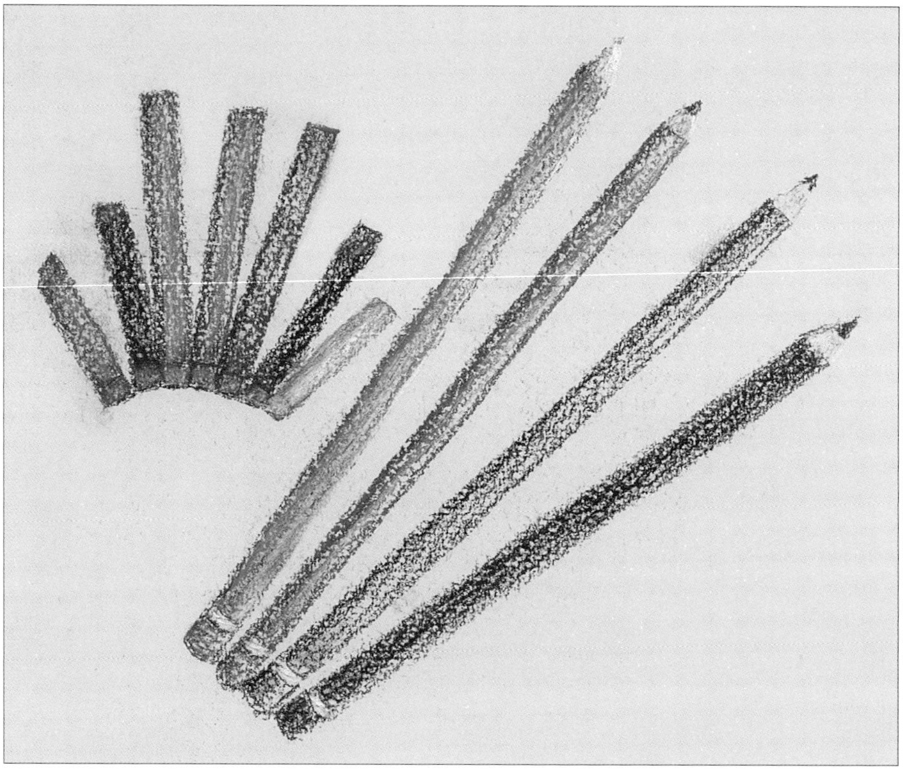

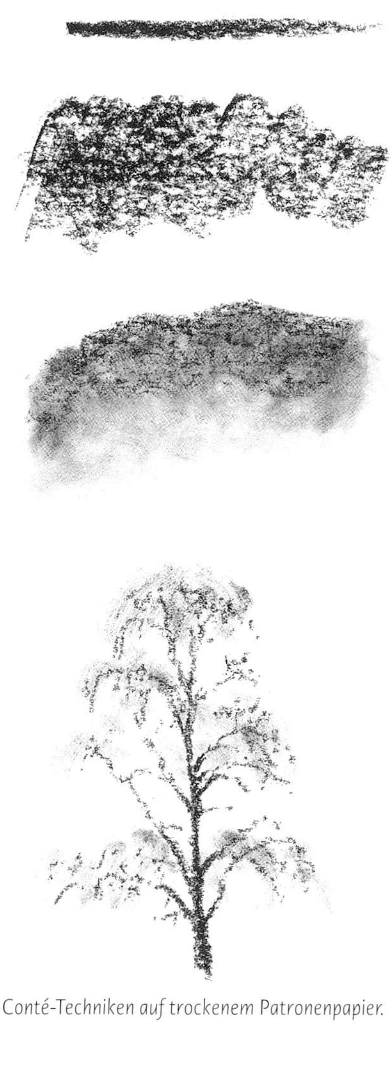

Conté-Techniken auf trockenem Patronenpapier.

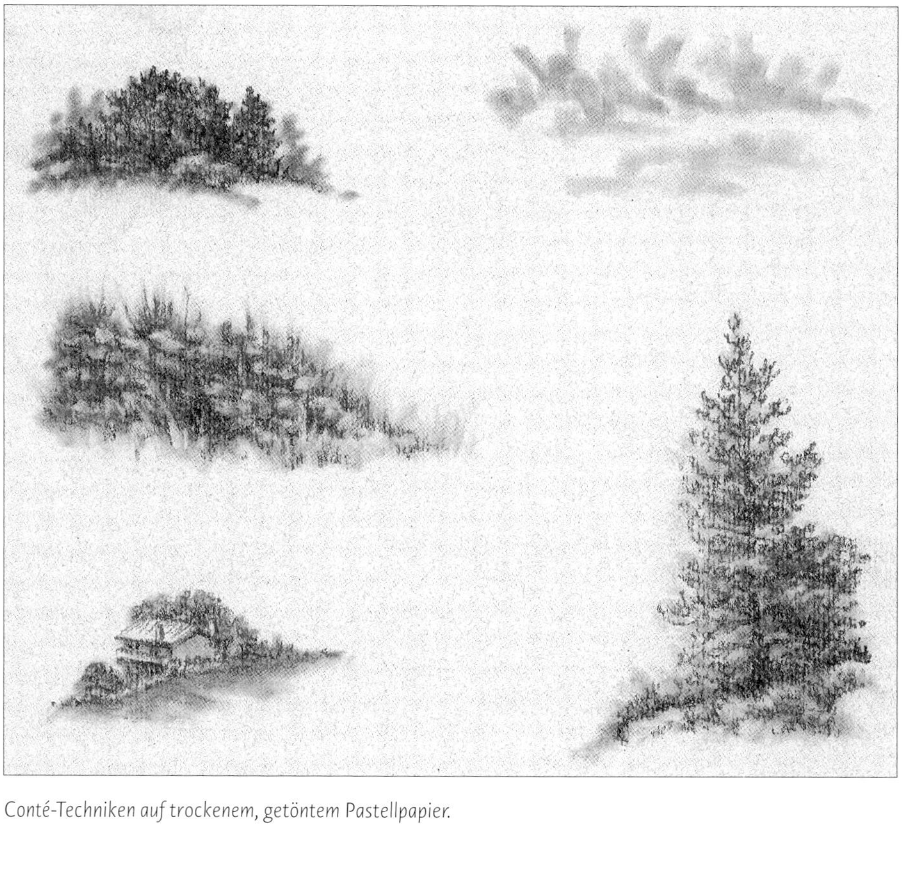

Conté-Techniken auf trockenem, getöntem Pastellpapier.

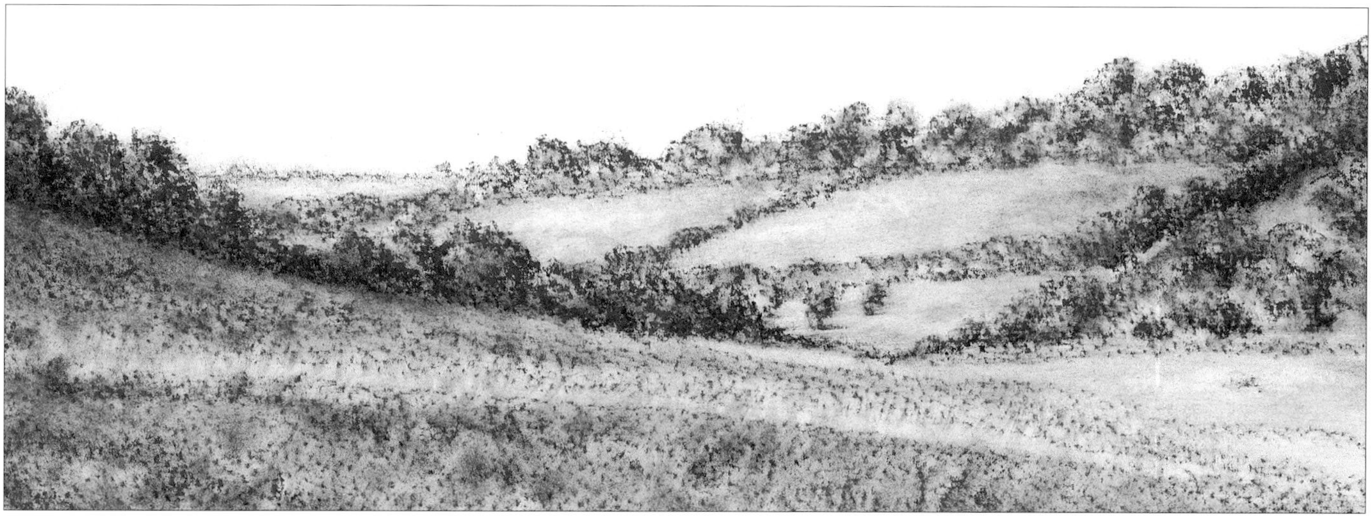

Glückliches Tal

Conté-Kreide in Sepia auf rauem Aquarellpapier.

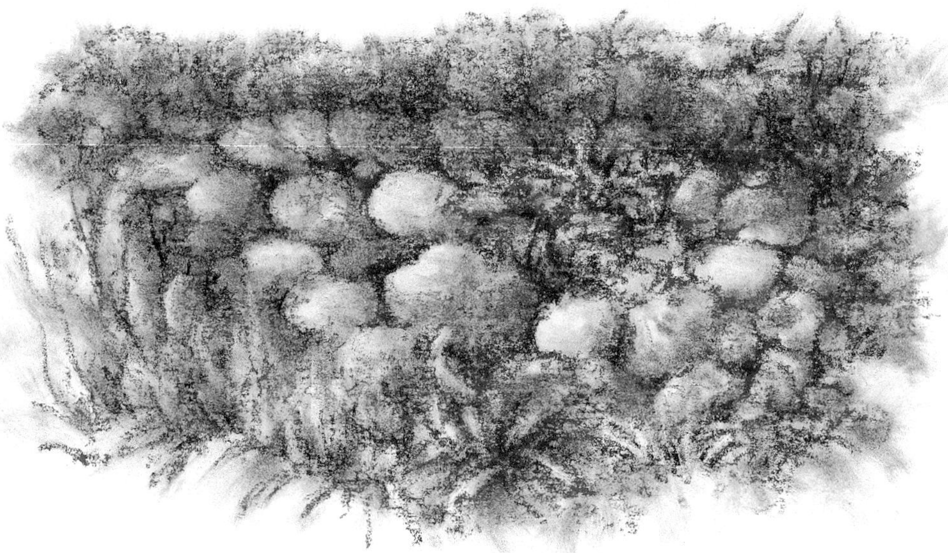

Trockenmauer mit Moos und Farnen

In Richtung Mickleden

Conté-Kreide auf 300 g/m² Aquarellpapier.

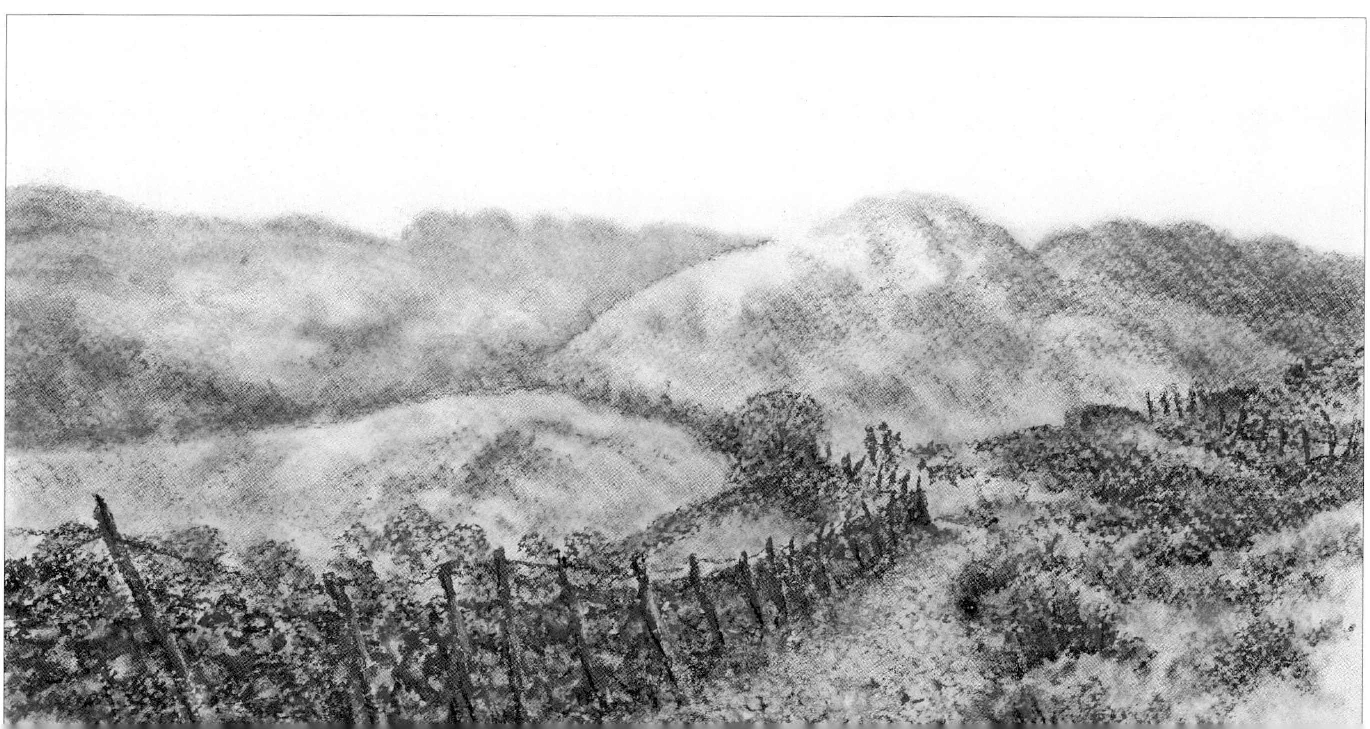

Pastelle

Pastelle werden aus reinem Pigment hergestellt, das zu einer Paste gemahlen und mit einem Bindemittel (oft Gummiarabikum) gemischt wird. Weiche Pastelle enthalten mehr Pigment als Gummiarabikum, sind zu einem Stäbchen gerollt und werden gelegentlich in Papier eingewickelt. Harte Pastelle enthalten mehr Gummiarabikum und manchmal wird Bimsstein hinzugefügt, um ihnen mehr „Griff" zu geben. PanPastels® werden aus einer Pigmentpaste hergestellt, die in runde Plastikschalen gegossen wird und dort hart wird. Sie müssen mit einem kleinen Schwamm auf ein Plastikwerkzeug aufgetragen werden. Im Gegensatz zu weichen Pastellen geben sie sehr wenig Staub ab. Pastellstifte sind hart und fest. Bei denen, die ich verwende, ist Bimsstein beigefügt. Sie haben eine körnige Textur und sind nützlich für Detailarbeiten und Vorzeichnungen.

Achten Sie darauf, keinen Pastellstaub einzuatmen, und waschen Sie sich nach dem Zeichnen mit Pastellen die Hände!

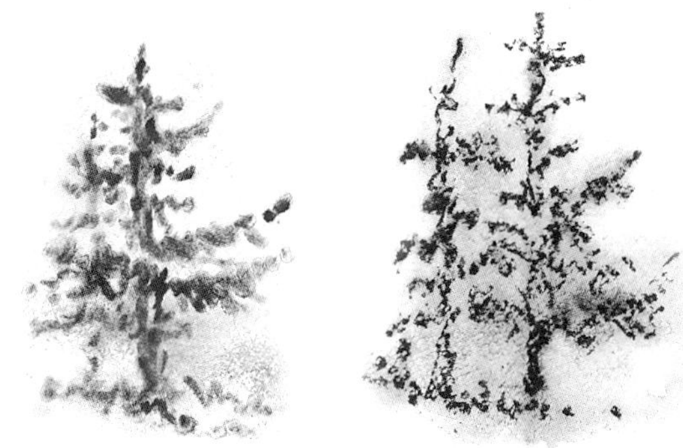

Tannen

PanPastels® auf feuchtem Aquarellpapier (links) und weiche Pastelle auf feuchtem Aquarellpapier (rechts).

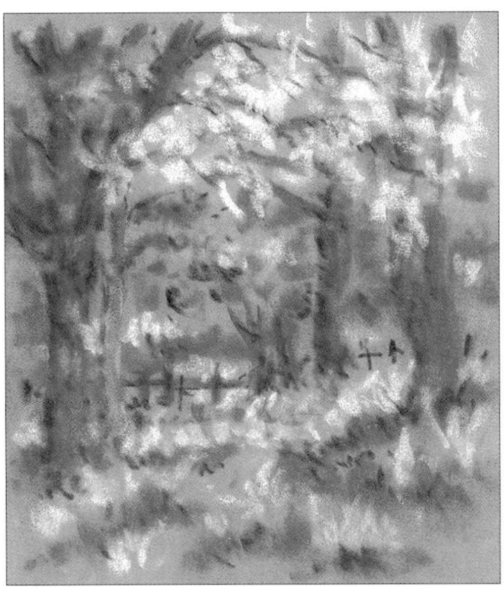

Dunkler Wald

Weiche Pastelle auf grau getöntem Velours-Pastellpapier.

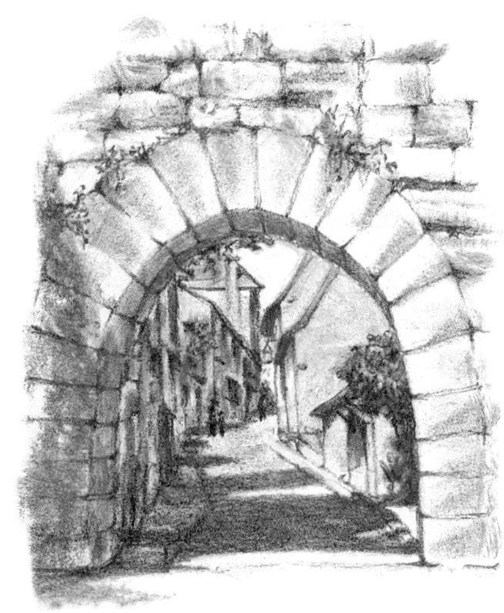

Straße in Rocamadour, Frankreich

PanPastel® und Pastellstift auf weißem 200 g/m² satiniertem Aquarellpapier.

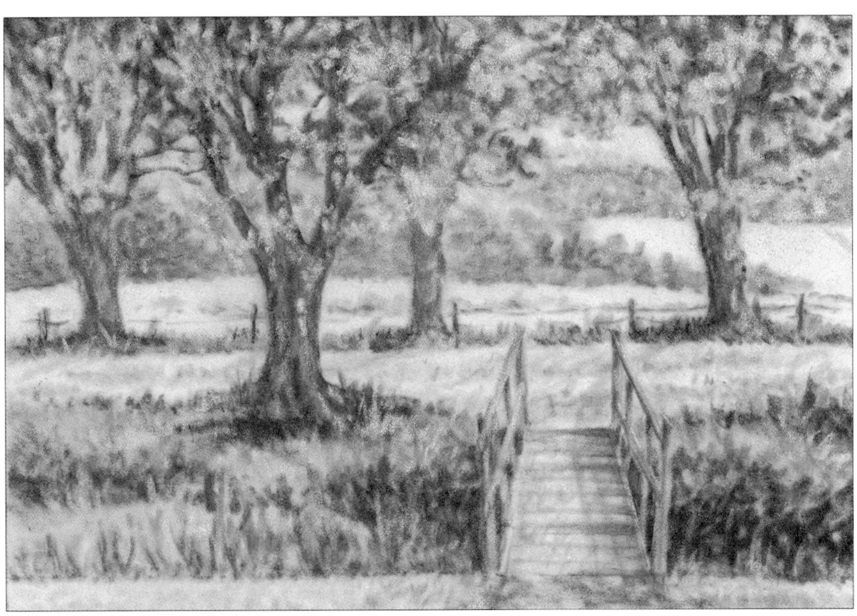

Craigievar, Aberdeenshire

Weiche Pastelle auf cremefarbenem Velours-Pastellpapier.

Holzkohle

Kohle verschmiert und verwischt sehr leicht, was sowohl ein Vorteil als auch ein Nachteil sein kann. Wenn Sie nicht vorsichtig sind, können Sie Ihre Arbeit mit der Hand verwischen, aber sie lässt sich leicht mit einem Knetradierer entfernen. Zu einer Spitze geformt, kann ein Knetradiergummi auch dazu dienen, in einen dunklen Hintergrund zu zeichnen. Durch Variieren des Drucks können dicke oder feine Linien erzeugt werden, und seitlich aufgelegt können schnelle, breite Schattierung angelegt werden. Kohle ist sehr vielseitig.

Komprimierte Holzkohle lässt sich nicht leicht ausradieren, aber Sie können die Tonwerte im Verlauf Ihrer Arbeit verwischen. Ich finde Kohlestifte sehr nützlich, um feine Linien und Details auf weißes Papier zu zeichnen.

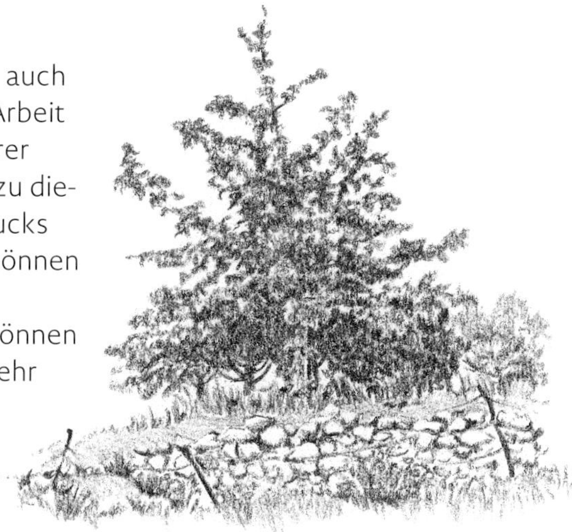

Bäume an einer Mauer

Kohlestift medium auf 300 g/m² satiniertem Aquarellpapier.

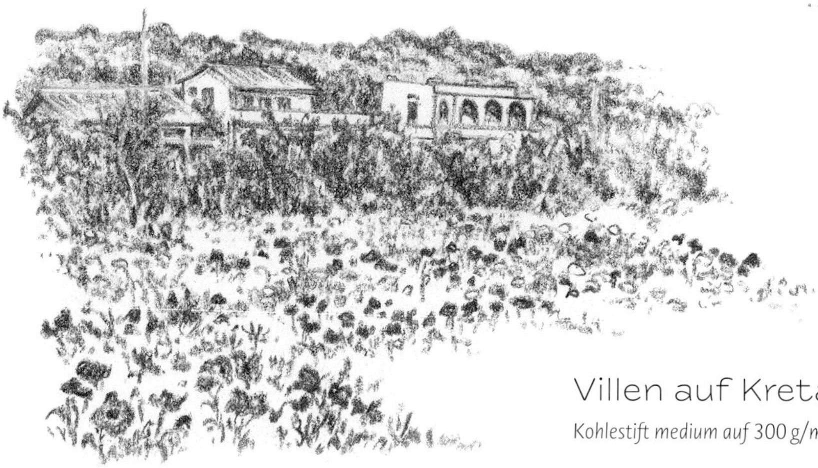

Villen auf Kreta, Griechenland

Kohlestift medium auf 300 g/m² satiniertem Aquarellpapier.

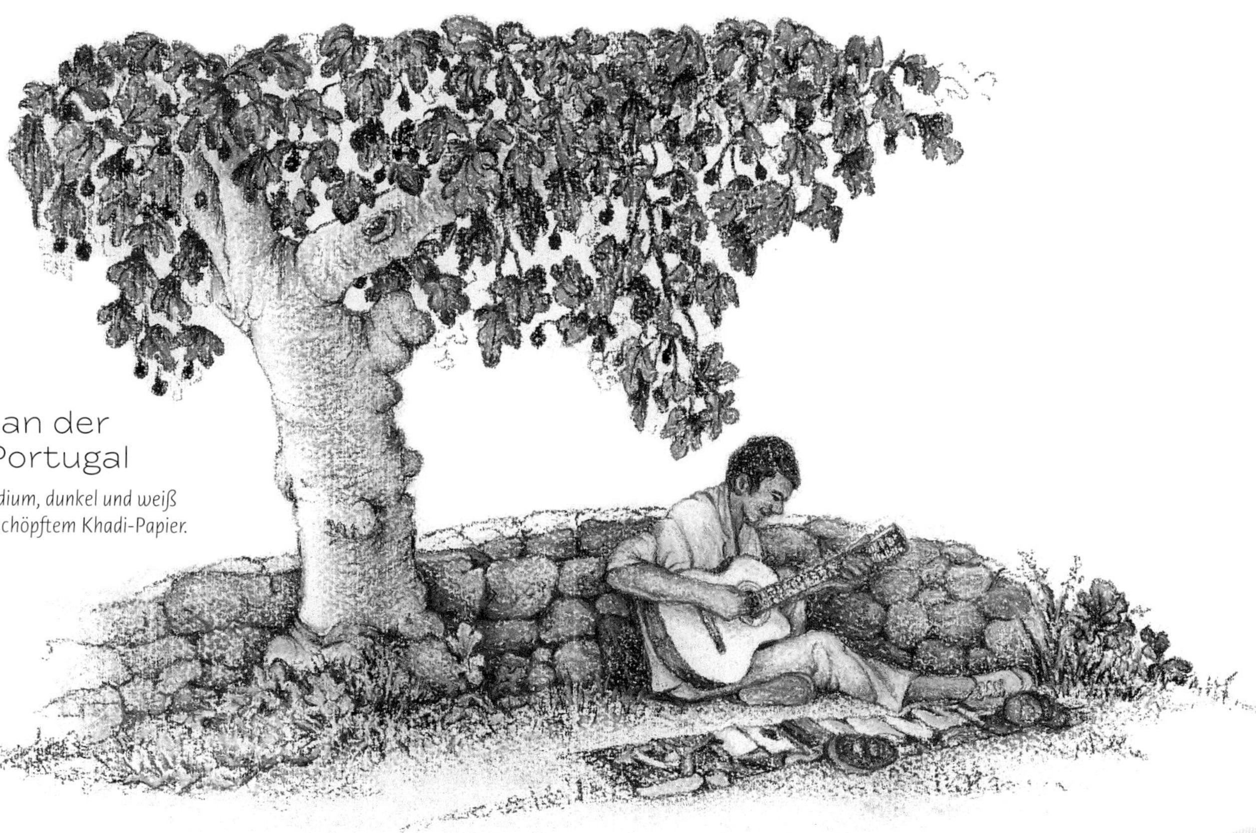

Gitarrist an der Algarve, Portugal

Kohlestifte hell, medium, dunkel und weiß auf rauem, handgeschöpftem Khadi-Papier.

Oberflächen

Es ist gut, beim Zeichnen mit verschiedenen Oberflächen zu experimentieren, aber Sie werden wahrscheinlich feststellen, dass eine bestimmte Oberfläche Ihrem persönlichen Stil am besten entspricht. Aquarellpapier kann glatt (satiniert oder heißgepresst), mittel (nicht oder kaltgepresst) oder rau sein und variiert in der Saugfähigkeit je nach der vom Hersteller verwendeten Größe und auch der Dicke des Papiers. Patronenpapier kann ebenfalls unterschiedliche Oberflächenbeschaffenheiten haben, und ich finde, dass dickeres Papier ein zufriedenstellenderes Ergebnis liefert. Pastellpapier ist normalerweise getönt, Aquarellpapier kann ebenfalls getönt sein.

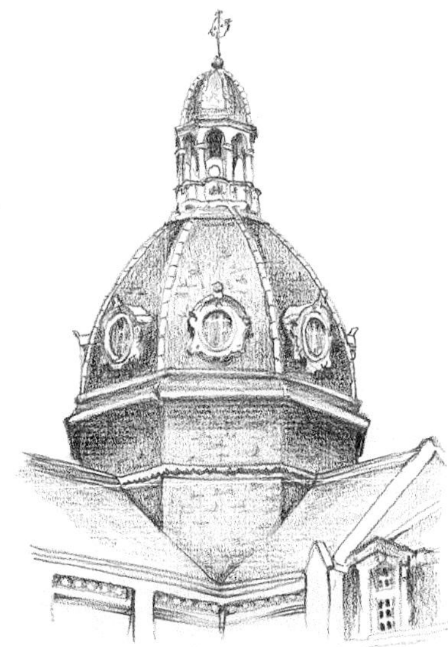

Château-Gontier, Mayenne, Frankreich

Bleistifte 2B und 4B auf 100 g/m^2 weißem Fabriano Classico Papier, 10 × 15,5 cm. Dieses Papier hat eine bestimmte Textur, die bei der Verwendung von Grafit, Kohle oder Pastell einen guten „Biss" ergibt. Das wirkt unterstützend bei der Darstellung des Mauerwerks an den Seiten der Kuppel und verleiht dieser Bleistiftzeichnung eine schöne, unregelmäßige Linie.

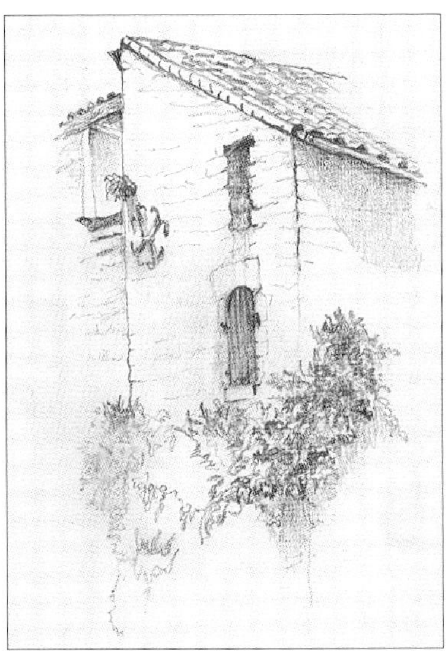

Altes Steingebäude in der Vendeé, Frankreich

Bleistift 2B auf 100 g/m^2 Fabriano Classico Tonpapier, 10 × 15,5 cm. Das getönte Papier verleiht der gesamten Zeichnung einen sanften, gedämpften Ton. Darauf lassen sich sehr feine Linien sowie sanfte Schattierungen und intensive, dunkle Schatten zeichnen.

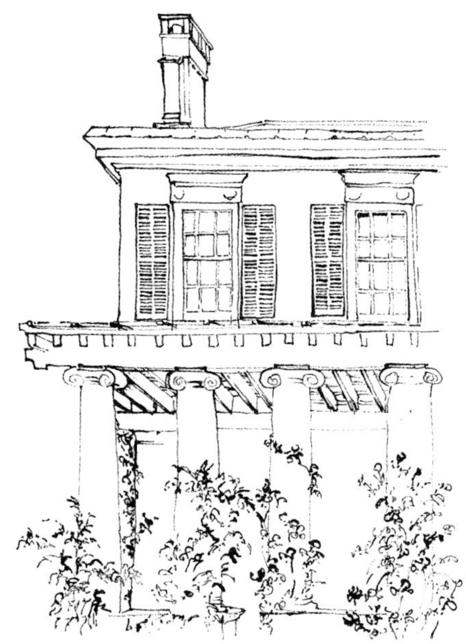

Polesden Lacey, Surrey

Acryltinte auf 400 g/m^2 rauem Aquarellpapier, 25,5 × 35,5 cm. Auf dem dicken, saugfähigen Papier entstand beim Auftrag der Tinte mit einem Tauchfederhalter eine Vielzahl von Markierungen. Diese reichen von dunklen, satten Klecksen bei den Pflanzen bis zu trockenen, schwachen, gebrochenen Linien bei den korinthischen Säulen.

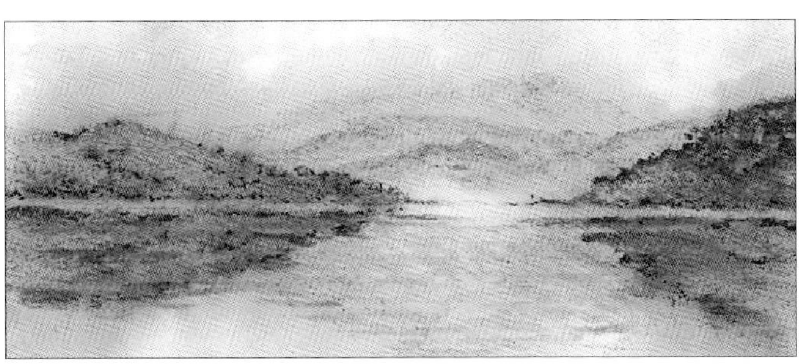

Loch Ness, Schottland

Wasserlöslicher Bleistift auf handgeschöpftem indischem Khadi-Papier. Dieses dicke handgeschöpfte Papier hat eine einzigartige Textur und ist sehr saugfähig, sodass der Bleistift auf einer feuchten Oberfläche eine weiche Linie hinterlässt. Mit einem Aquarellpinsel mit Wasser kann man die Tonwerte vermalen, um die subtilen Reflexionen zu erhalten.

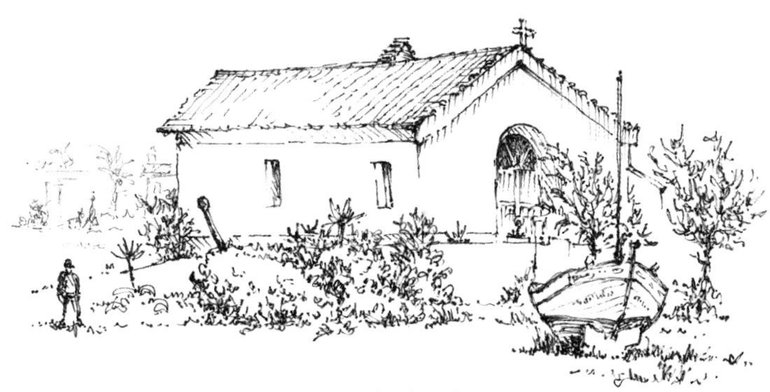

Portugiesische Inselkirche

Feiner Stift auf Patronenpapier, 17,7 × 10 cm. Die glatte Oberfläche des Patronenpapiers reagierte gut auf die feinen Linien, die ich für diese Zeichnung wollte.

Andere Materialien

Arbeiten Sie immer auf einer guten, festen Unterlage, die mit Kreppband oder einer Klammer auf dem Zeichenbrett befestigt ist. Das verhindert ein Verrutschen des Papiers und es ist genauso wichtig wie die Verwendung von gutem Zeichenpapier.

Ein Stück Pauspapier ist unerlässlich, um es während der Arbeit unter Ihre Zeichenhand zu legen, damit nichts verwischt wird. Man kann immer noch die Zeichnung hindurchsehen, und man sollte es sich angewöhnen. Durchsichtige Folie würde ebenfalls funktionieren.

Für detaillierte Zeichenarbeiten braucht man einen sehr spitzen Bleistift, deshalb sollten Sie einen guten Bleistiftspitzer oder ein Bastelmesser greifbar haben. Ich benutze gerne einen Spitzer, der eine lange, grazile Spitze macht, außerdem benutze ich einen mit drei verschiedenen Öffnungen für dünne, mittlere und dickere Bleistifte sowie Grafitstifte. Viele Bleistiftspitzer haben ein Behältnis für die Spitzreste.

Eine Rohr- oder Bambusfeder erzeugt eine Linie von unterschiedlicher Stärke, und ein dunkler Aquarellstift erzeugt eine weiche, körnige Linie, die jederzeit auch mit einem Wassertankpinsel angefeuchtet werden kann. Diese sind praktisch für unterwegs und immer verfügbar. Ein Wattestäbchen ist nützlich, um eine trockene Linie zu verwischen, Wasser aufzusaugen oder kleine Mengen Holzkohle oder Pastell aufzutragen. Ein Conté-Papierwischer ist auch nützlich, um verschiedene trockene Medien zu weichen Tönen zu verwischen.

Ich benutze einen weichen Knetradierer, den man zu einer Spitze formen und mit dem man Glanzlichter in eine Weidenkohle- oder Pastellzeichnung setzen und Fehler entfernen kann. Manche Zeichner bevorzugen Radiergummis aus Kunststoff, die härter sind und sich zu einer scharfen Spitze zuschneiden lassen. Diese hinterlassen Radiergummikrümel, die vorsichtig entfernt werden müssen.

Ich verwende runde PanPastels® für größere Farbflächen. Sie können für subtile, impressionistische Zeichnungen mit kleinen Schwammapplikatoren aufgetragen werden. Für einen kontrastierenden linearen Effekt können diese mit alkoholbasierten Stiften überzeichnet werden.

Gesteckröhrchen aus dem Floristikbedarf sind nützlich, um Blüten frisch zu halten, wenn man sie in einer Hand hält, während man sie im Vordergrund einer Landschaft zeichnet. Blumen, Pflanzen oder ein Zweig mit Blättern können auf diese Weise hinzugefügt werden, wenn man sie in einem natürlichen Winkel hält.

Im Uhrzeigersinn von links unten: Kreppband, Klemme, Klammer, Gesteckröhrchen, Spitzer, PanPastels®, Wattestäbchen, Spitzer, Knetradiergummi, Kunststoffradierer, Aquarellstift, Conté-Papierwischer, Bambusfeder, Wassertankpinsel und Bastelmesser auf Transparentpapier und einem Zeichenbrett.

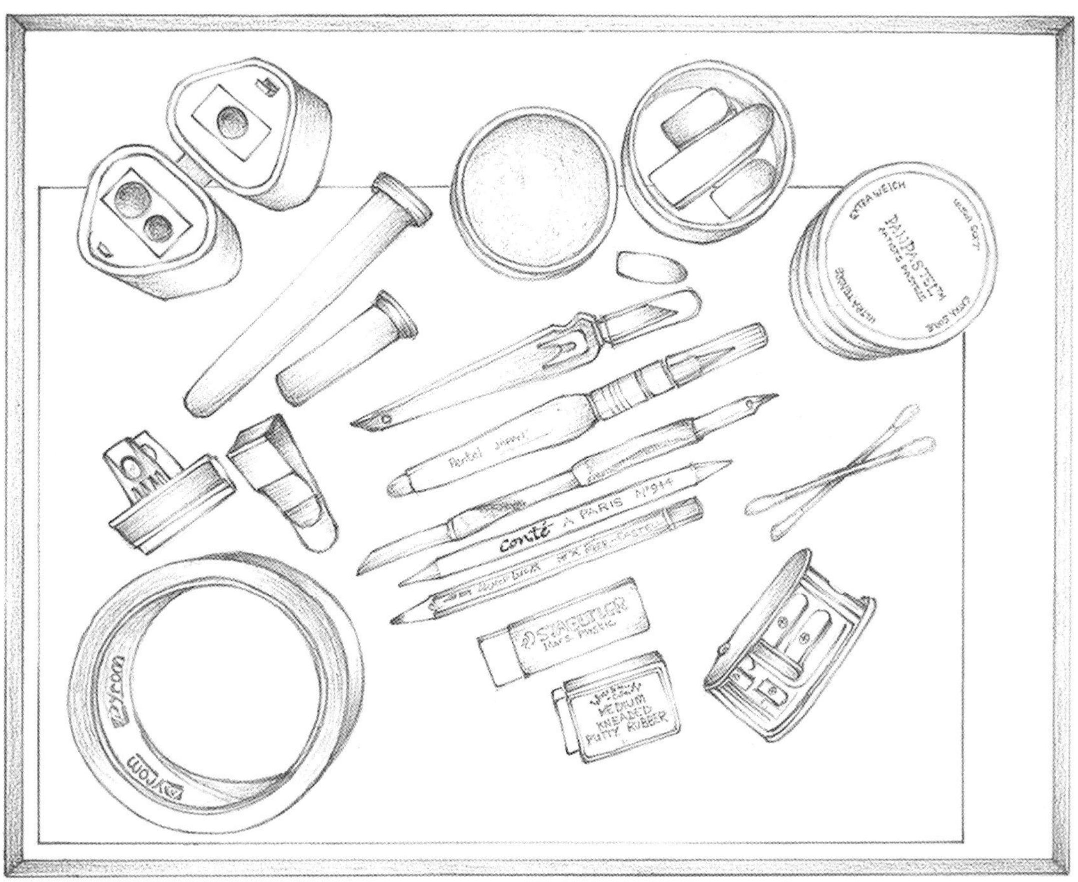

Wie beginnen?

Arbeiten nach Fotografien

Diese Hütte in Schottland fiel mir auf, als ich auf einer Landstraße an einem Fluss entlang lief. Die Form des Häuschens mit seinen Schornsteinen und Giebeln vor den dunklen Bäumen dahinter zog mich sofort in ihren Bann. Mir gefiel auch, wie der gelb blühende Ginsterbuch die Szenerie an der Seite und vorne „einrahmte". Die Schräge des Hangs sorgte für zusätzliche Spannung, und der rauchende Schornstein brachte Atmosphäre und Lebendigkeit ins Bild. Da ich keine Zeit zum Skizzieren hatte, machte ich mehrere Fotografien aus verschiedenen Blickwinkeln als Vorlage für meine späteren Zeichnungen. Die Seite des Häuschens war interessanter als die Vorderseite, und ich beschloss, diese Zeichnung mit einem Grafitstift anzufertigen, damit ich den Rauch mit einem weichen Radiergummi darstellen konnte. Ich begann mit ein paar Miniaturansichten mit einem 6B-Bleistift.

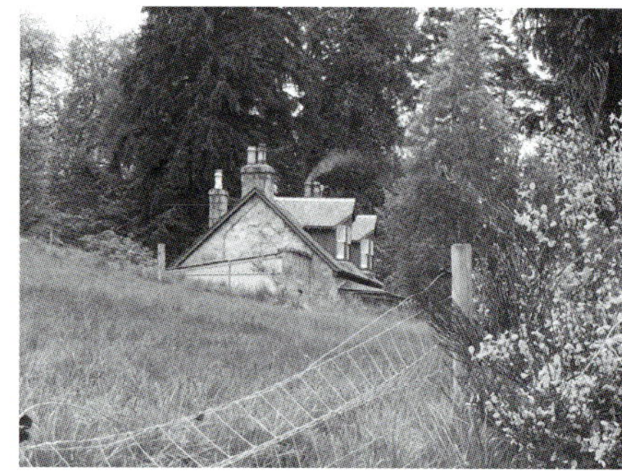

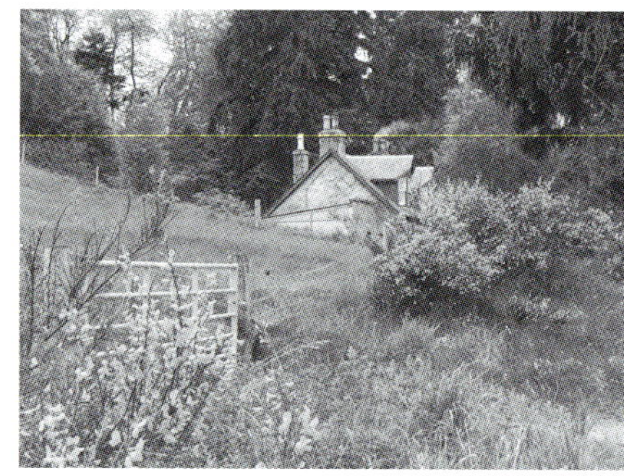

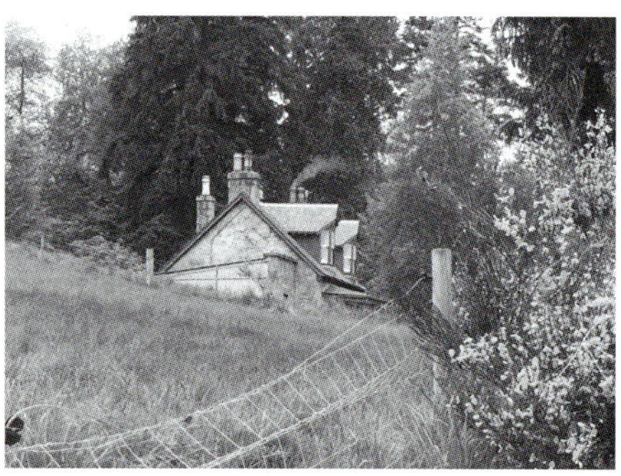

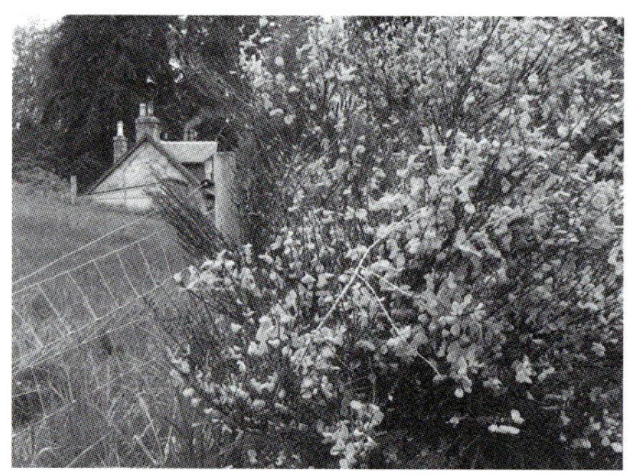

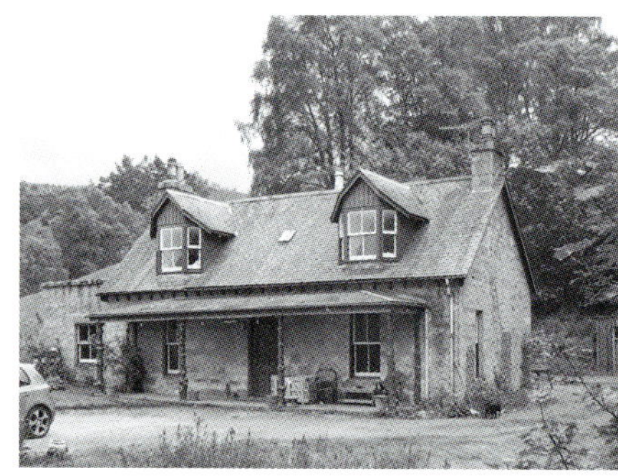

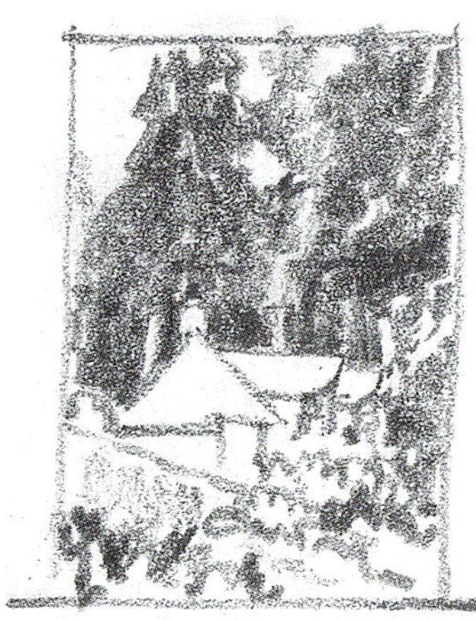

Zunächst fertigte ich eine kleine Skizze im Hochformat an, um die Höhe der Bäume hinter der Hütte hervorzuheben. In dieser Skizze habe ich auch die tonalen Kontraste erforscht.

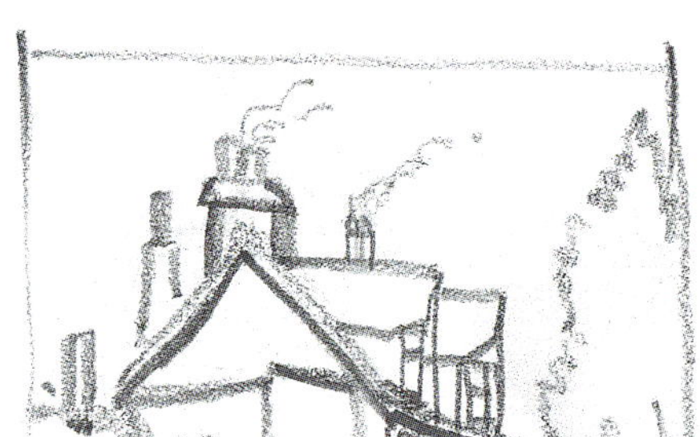

Als Nächstes skizzierte ich eine Nahansicht der Hütte im Querformat, beschloss aber, dass ich mehr von den Bäumen und dem Feld im Bild haben wollte, um die Atmosphäre zu bestimmen.

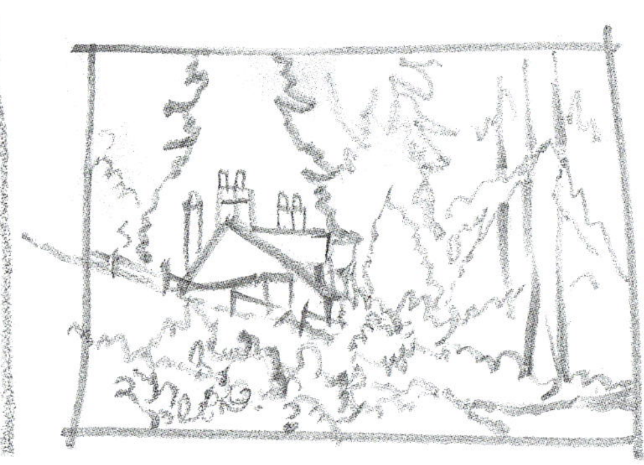

Ich platzierte das Häuschen an einer zentralen Stelle, auf einem Drittel der Höhe von unten und links auf einem Drittel der Breite. Ich wollte, dass der große, dunkle Baum direkt hinter der Hütte und die beiden großen Bäume rechts die Komposition ausgleichen, ebenso wie der Straßenrand, der vorn in einem Winkel ins Bild kommt.

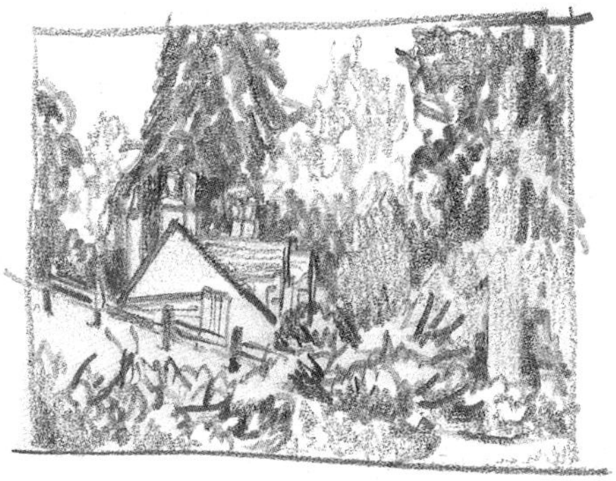

Ich war mit dieser Anordnung zufrieden und fertigte eine weitere Miniaturskizze an, in der ich mich näher mit den hellen, mittleren und dunklen Tönen auseinandersetzte, bevor ich mit der eigentlichen Zeichnung begann.

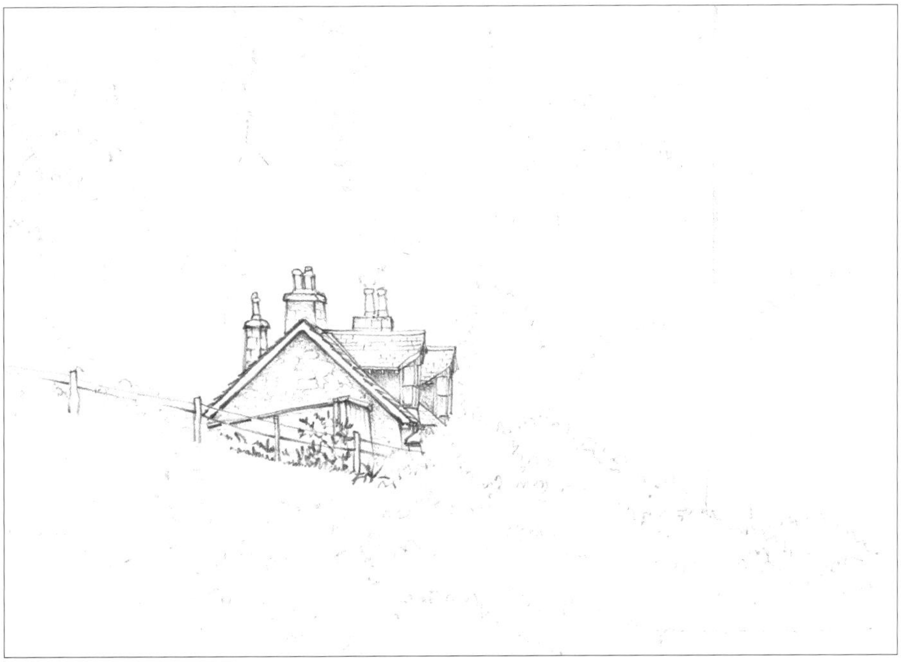

1 Zu Beginn der eigentlichen Zeichnung machen Sie mit einem HB-Bleistift eine zarte Vorskizze von allen wesentlichen Elementen. Arbeiten Sie die Hütte und den Zaun mit dem 6B-Bleistift sorgfältig und detailgetreu aus.

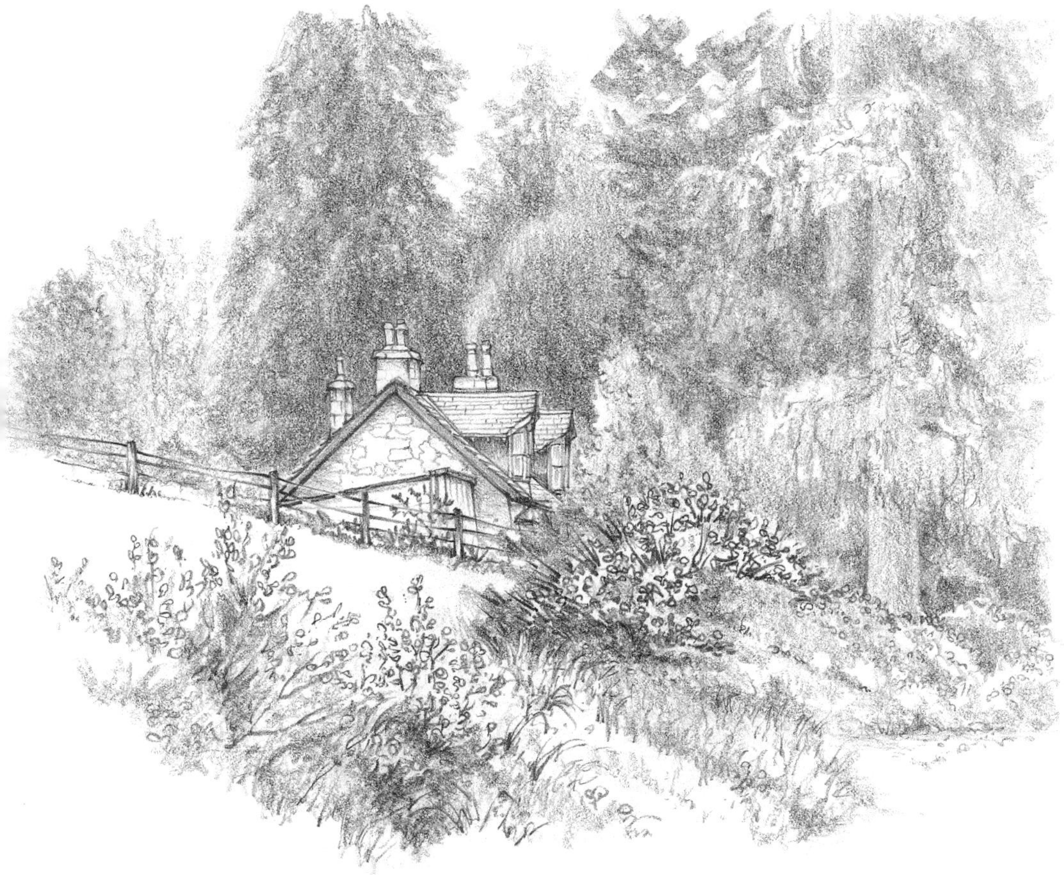

2 Die Zeichnung des Ginsters in Hüttennähe sollte einer der am schärfsten ausgearbeiteten Bereiche sein und auch die größten Dunkelheiten enthalten. Richten Sie sich nach dem Foto mit der Nahaufnahme des Ginsters. Schattieren Sie mit dem auf die Seite gelegten 6B-Bleistift und mit hauptsächlich nach unten gerichteten Strichen die Bäume im hinteren Bereich (ohne scharfe Kontur). Üben Sie unterschiedlichen Druck aus und setzen Sie die dunklere Schattierung direkt hinter die Hütte. Halten Sie die Kiefern auf der rechten Seite ziemlich zurückhaltend, da Sie nicht von der Hütte als Bildschwerpunkt ablenken wollen. Lassen Sie für das Feld weißes Papier stehen, damit sich die Hütte abhebt. Verwenden Sie zum Schluss einen weichen Radiergummi, um den Rauch darzustellen.

Kleines Haus auf dem Hügel

Grafitstift auf 300 g/m² heißgepresstem Aquarellpapier.

Skizzenbücher verwenden

Ich bin selten ohne Skizzenbuch. Darin kann man festhalten, was man zu einem Thema empfindet, das man auf keine andere Weise ausdrücken kann. Ein Bild sagt mehr als tausend Worte! Wenn eine Zeichnung *en plein air* entsteht, ist sie lebendiger, als wenn sie von einem Foto abgezeichnet wurde, und erinnert Sie daran, wie Sie sich gefühlt haben, als Sie sie zeichneten – daran, mit wem Sie zusammen waren, an das Wetter, die Tageszeit und vor allem, wie glücklich Sie waren. Ich zeichne viel im Urlaub, im Zug, in Cafés, am Strand, auf dem Land und sogar in meinem eigenen Garten. Die gesammelten Bilder können nützlich sein, um sie später in größere Zeichnungen einzufügen. Sie werden sich daran gewöhnen, dass die Leute vorbeilaufen, und Sie werden einfach weitermachen können. Eine Gewohnheit, die man sich aneignen und praktizieren sollte.

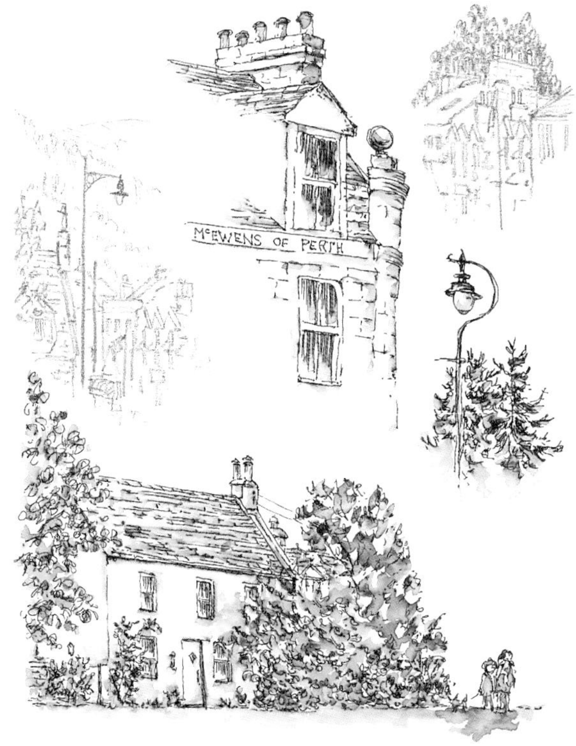

Ballater, Aberdeenshire, Schottland

Wasserlösliche Tinte und Bleistift in Skizzenbuch mit 200 g/m² Patronenpapier, 21 × 30 cm.

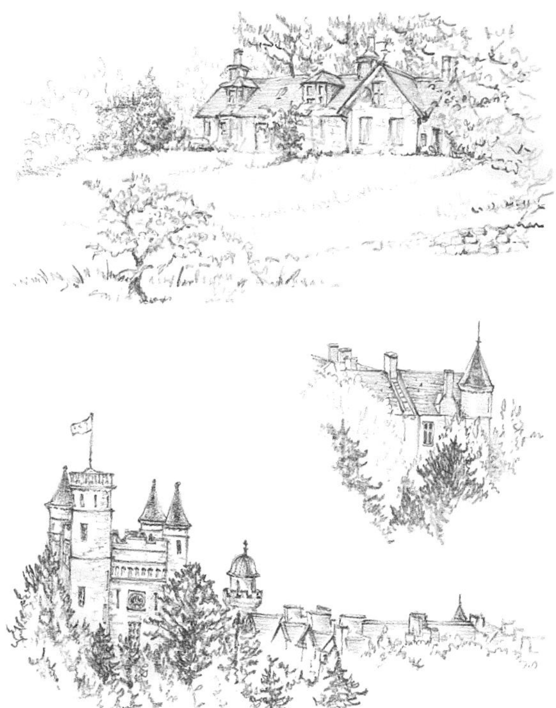

Balmoral und Landhaus in der Nähe, Schottland

Bleistifte 2B und 6B auf in Skizzenbuch mit 200 g/m² Patronenpapier, 30 × 21 cm.

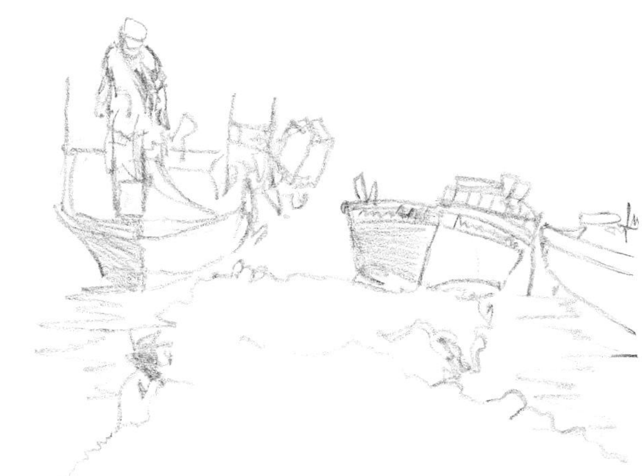

Mittelmeerfischer, Kreta, Griechenland

Bleistift 4B.

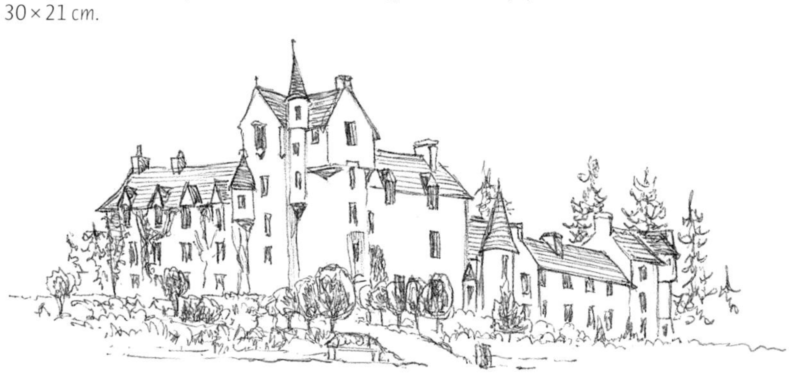

Schloss Ballindalloch, Schottland

Kugelschreiber auf Patronenpapier.

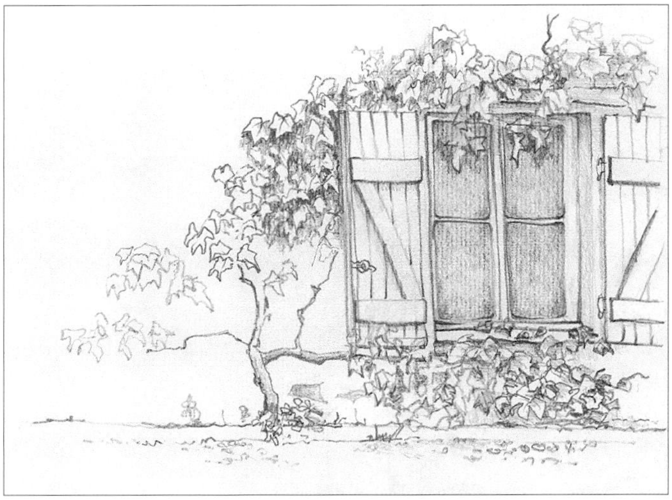

Französische Herberge

Bleistift 4B auf getöntem Fabriano Classico 100 g/m² Papier.

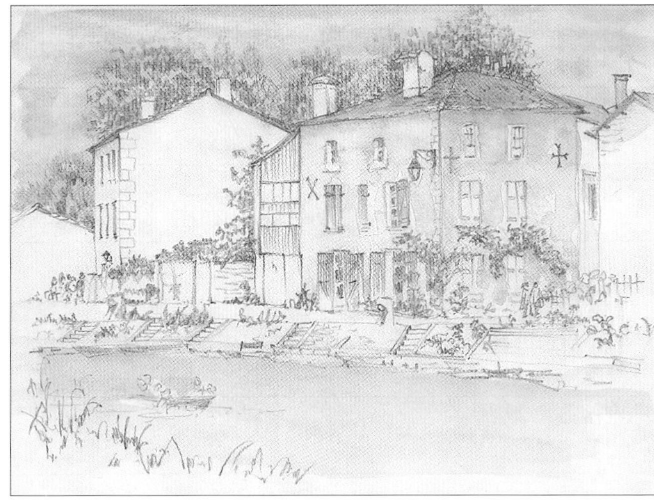

Mahon, Frankreich

Bleistift 2B in weißem Fabriano-Skizzenbuch.

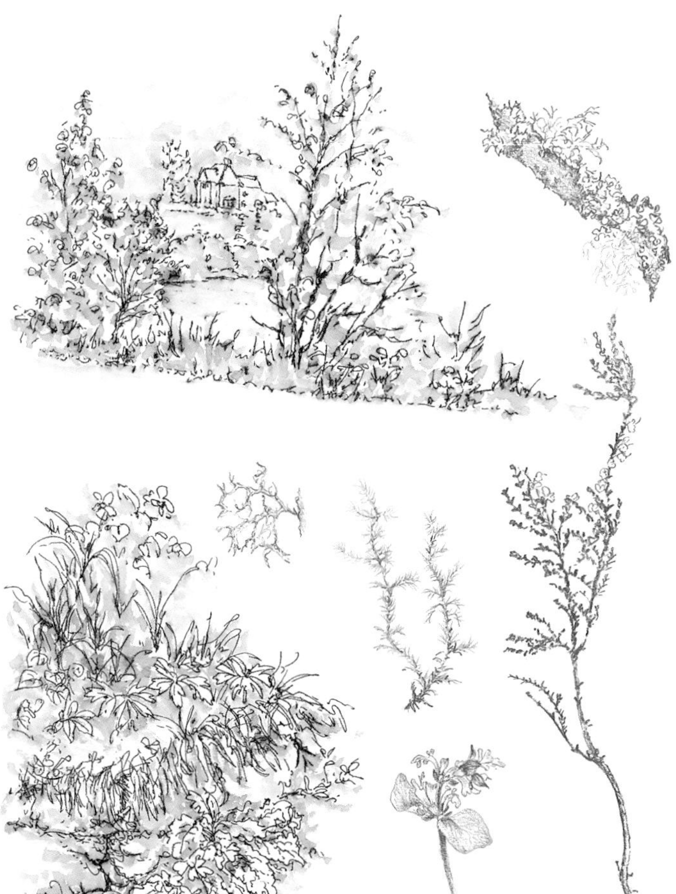

Vegetation am Fluss Dee

Stift mit wasserlöslicher Tinte in Skizzenbuch mit Patronenpapier, 30 × 21 cm. Flechte, Moos, Günsel, Heidekraut und ein flechtenbedeckter Zweig (oben rechts).

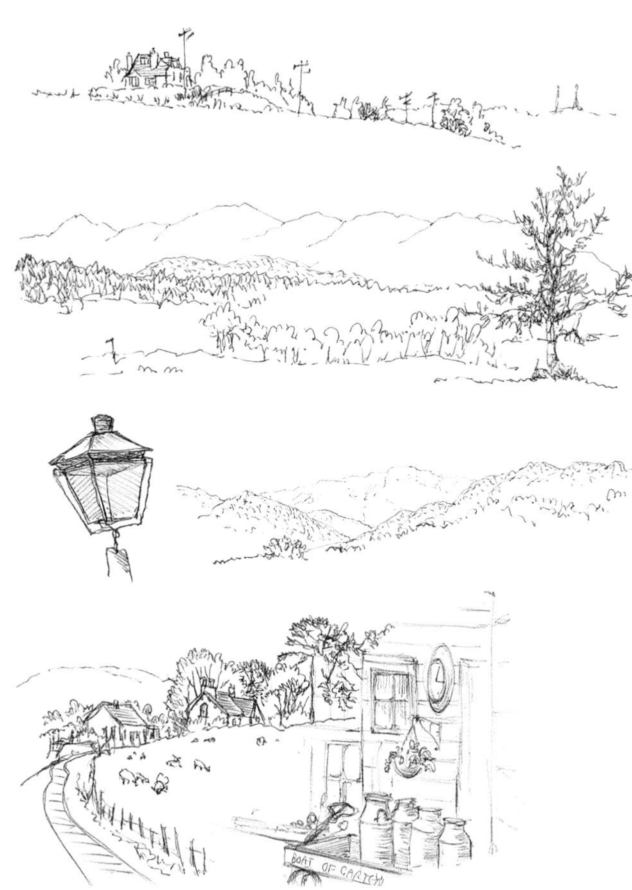

Aussichten aus einem Zug

Mit Bleistift gezeichnet während der Fahrt mit dem Dampfzug von Broomhill nach Aviemore, Schottland. Die sanfte Bewegung des Dampfzuges war hilfreich beim Zeichnen der natürlichen Linie der Berge. Die oberste Skizze entstand, als der Zug noch in der Station Broomhill stand, und die letzte Skizze, als er kurz in der Nähe von Strathspey hielt.

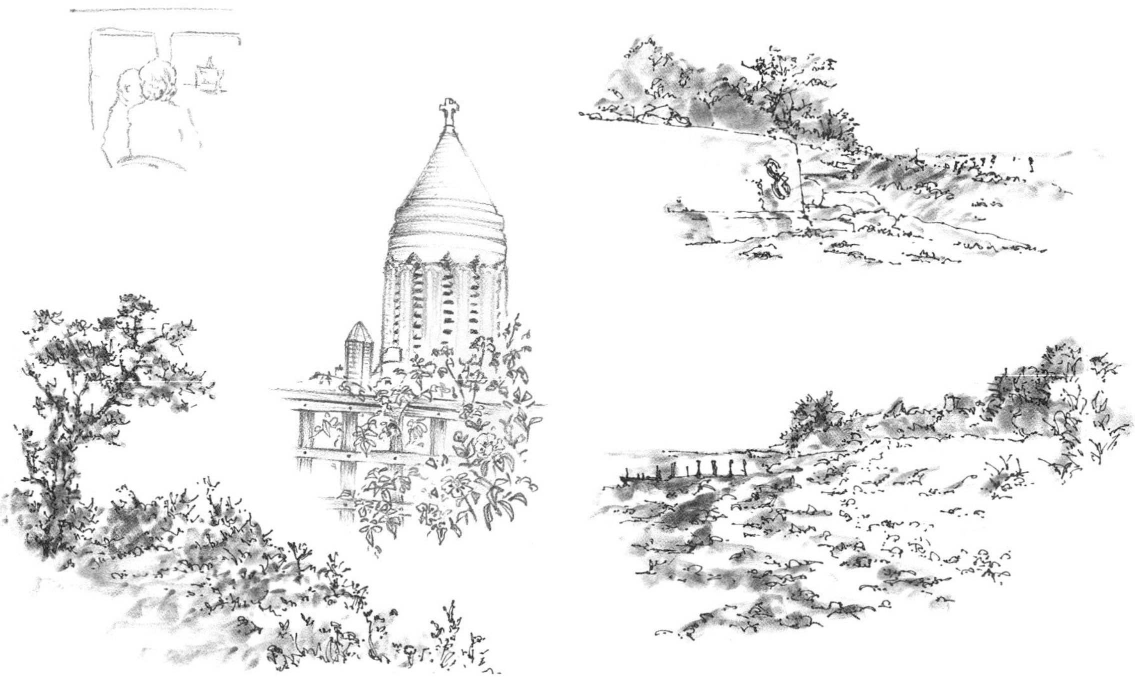

Strand-Szenen

Drei Strandszenen in Bembridge und Quarr Abbey in Fishbourne, Isle of Wight. Zwei Seiten in einem Skizzenbuch im Format 30 × 21 cm mit 200 g/m² Patronenpapier. Außerdem eine kleine Bleistiftskizze von Passagieren auf dem Boot. Pastell und Tinte, die Abtei in Bleistift 4B.

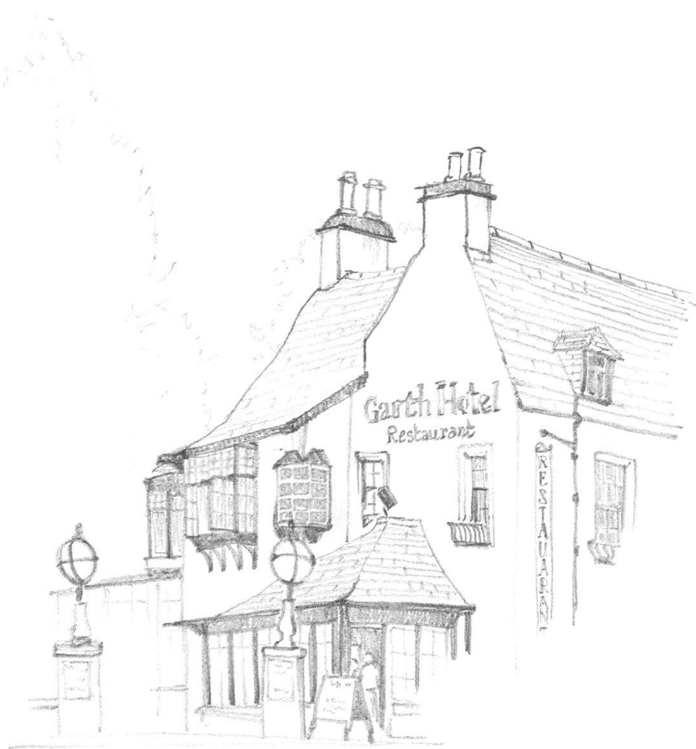

Hotel Garth, Grantown-on-Spey

Künstlerstift in Skizzenbuch mit Patronenpapier.

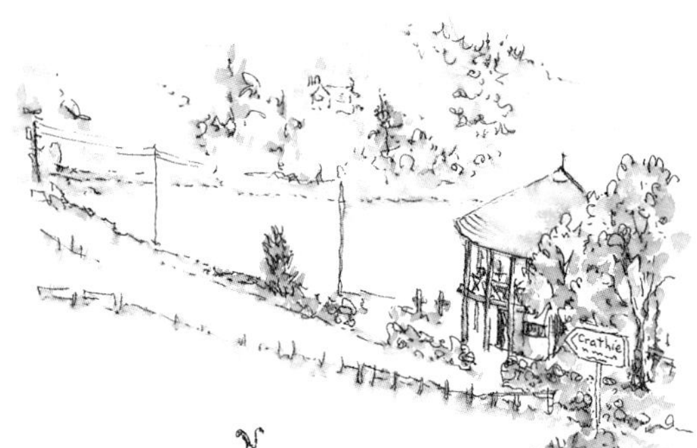

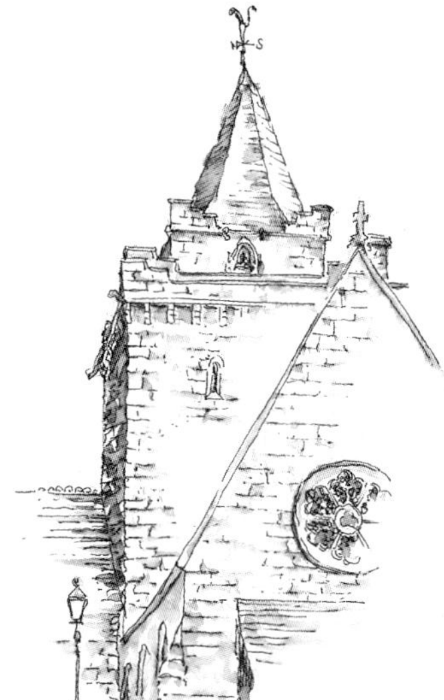

Crathie Kirk und der Blick auf den Fluss, Schottland

Wasserlöslicher Stift in Skizzenbuch mit Patronenpapier, 30 × 21 cm.

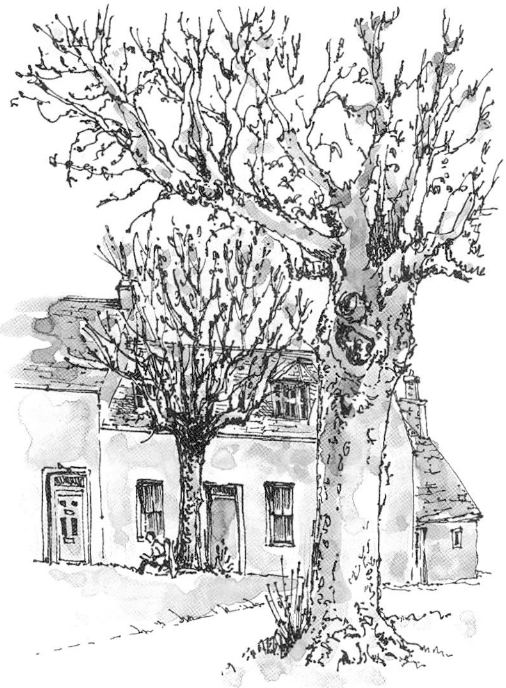

Winterbäume

Tomintoul, das höchstgelegene Dorf in den Cairngorms, Schottland. Zeichenstift in 200 g/m² Skizzenbuch mit Patronenpapier. Es war sehr kalt, also gingen wir anschließend zum Aufwärmen in ein Restaurant, das Aberdeen-Angus-Beefburger anbot – wunderbar!

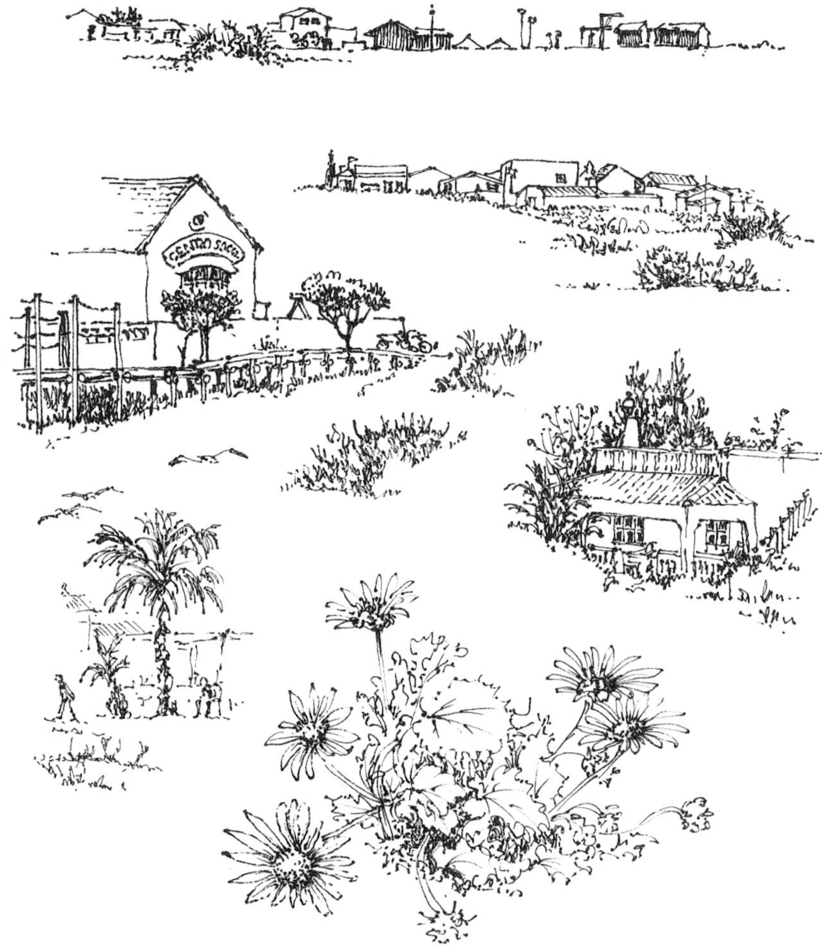

Insel Culatra, Algarve, Portugal

Zeichenstift auf 200 g/m² Patronenpapier, 21 × 30 cm.

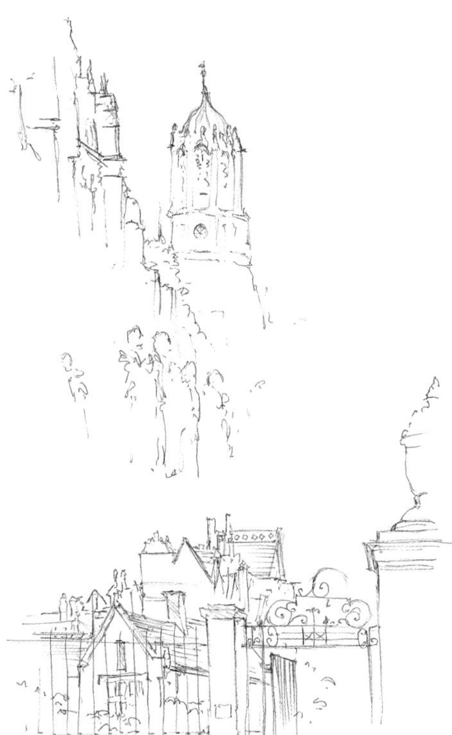

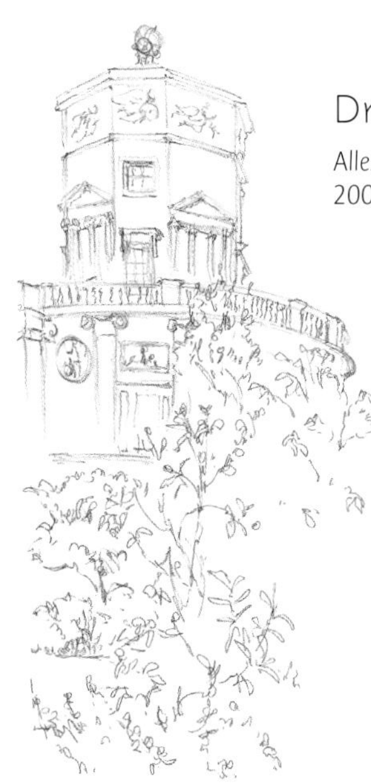

Drei Ansichten von Oxford

Alles mit schwarzem Kugelschreiber in Skizzenbuch mit 200 g/m² Patronenpapier, 21 × 30 cm.

Zeichnen, was Sie sehen

Die erste Linie, die Sie zu Beginn einer Zeichnung machen, ist die wichtigste, da sie alle folgenden Linien beeinflusst. Sie alle beziehen sich wiederum auf ihre Größe, ihren Winkel, ihre Intensität und ihre Position auf dem Blatt. Die folgende Demonstration basiert auf der auf dem Foto rechts dargestellten Szene.

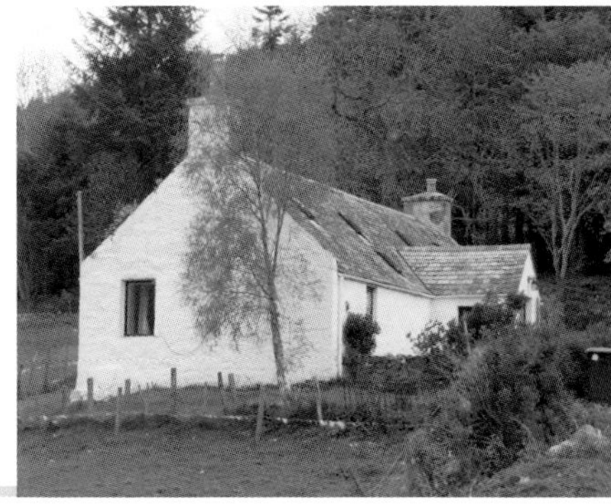

SCHÄFERKATE, SCHOTTISCHE HIGHLANDS

1 Zeichnen Sie etwas rechts von der Mitte eine vertikale Linie, die parallel zu den Seiten Ihres Papiers verläuft.

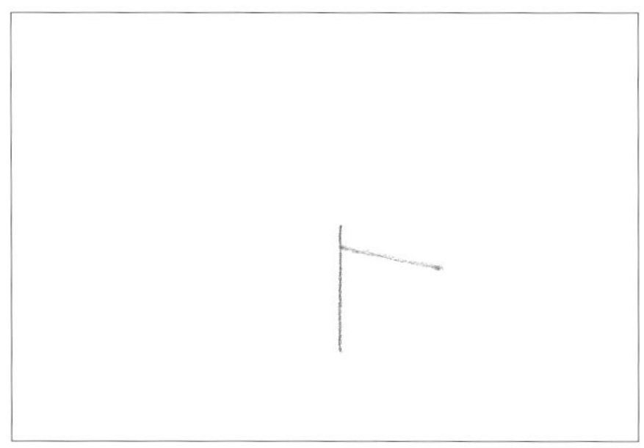

2 Zeichnen Sie eine weitere, kürzere Linie in einem Winkel an die erste.

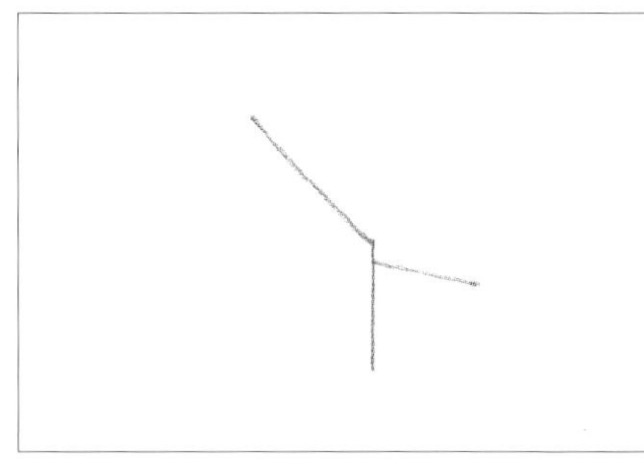

3 Ziehen Sie eine dritte Linie, die in einem stumpfen Winkel von etwa 75 Grad oben von der ersten Linien ausgeht.

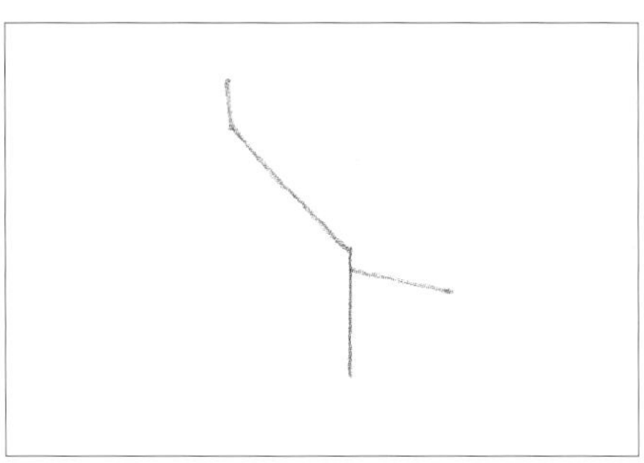

4 Zeichnen Sie eine kurze Linie parallel zu den Papierrändern.

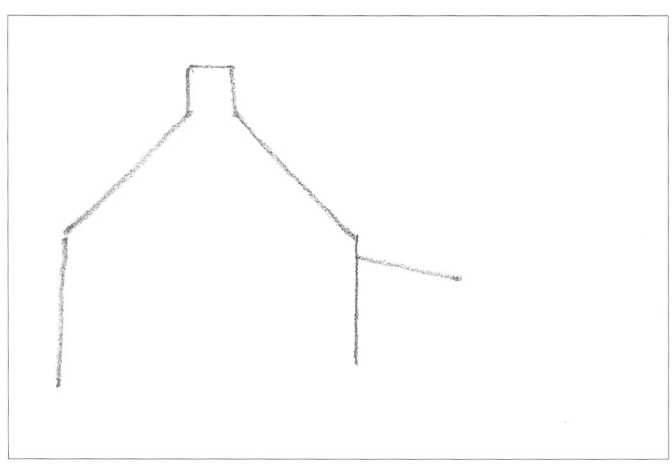

5 Zeichnen Sie den Schornstein symmetrisch und fügen Sie eine weitere schräge Linie hinzu, die symmetrisch zur anderen Giebelkante verläuft. Das Gebäude steht in einem Winkel und wird nicht genau von vorn gesehen, sodass diese Linie höher endet als die Linie auf der anderen Seite.

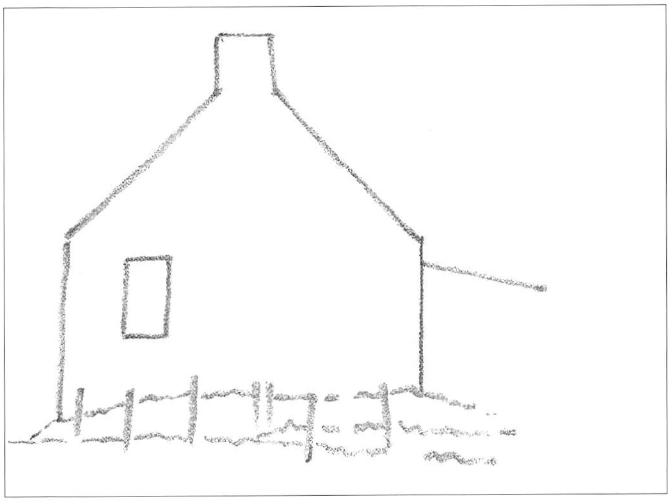

6 Zeichnen Sie das Fenster, die Zaunpfosten, die kleine Mauer und das Gras ein.

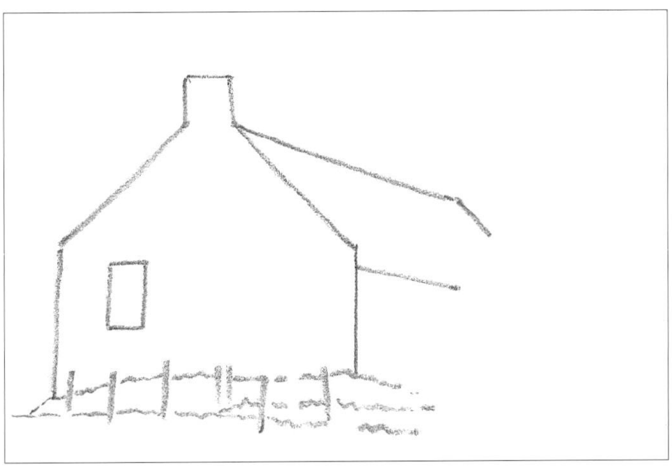

7 Zeichnen Sie die obere und untere Linie des Daches, die nach rechts hin etwas näher beieinander liegen, und die kleine schräge Linie, die die hintere Kante des Daches darstellt und parallel zur Linie in Schritt 3 verläuft.

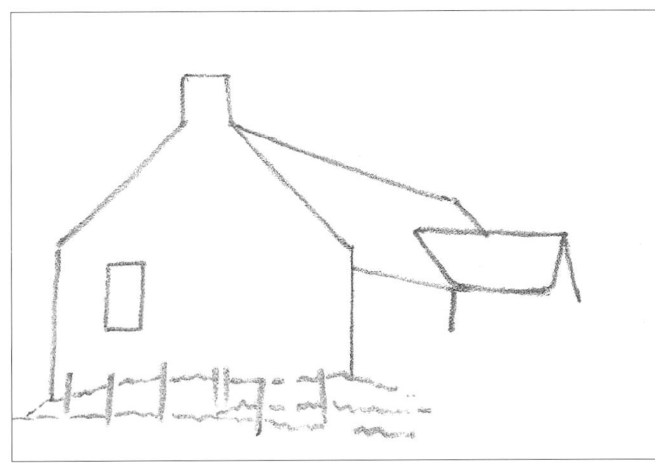

8 Zeichnen Sie die Linie, an der die Veranda auf das Dach trifft, parallel zu der Linie in Schritt 3. Die Ober- und Unterseite des Verandadachs verlaufen parallel zur Oberkante des Papiers und die Giebelkante des Verandadachs ist hinten niedriger.

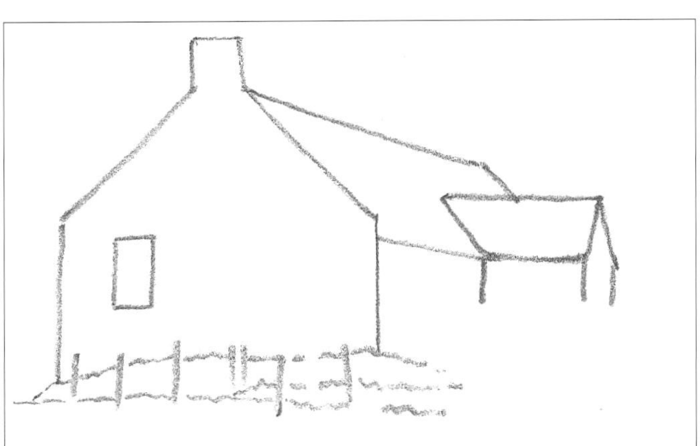

9 Die Seiten der Verandawand sind parallel zu den Papierrändern.

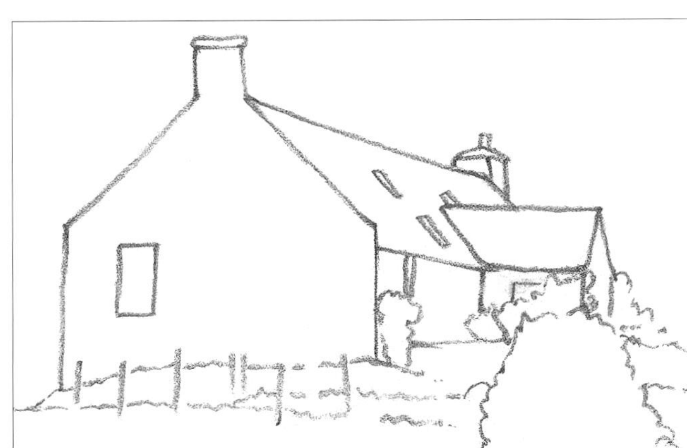

10 Zeichnen Sie den hinteren Schornstein, sodass die zur Veranda weisende Seite parallel zur Dachoberkante ist. Zeichnen Sie die Dachfenster mit den Seiten parallel zur Dachschräge und fügen Büsche ein.

HÜGEL IN DER NÄHE VON LOCH KINORD, SCHOTTISCHES NATURSCHUTZGEBIET

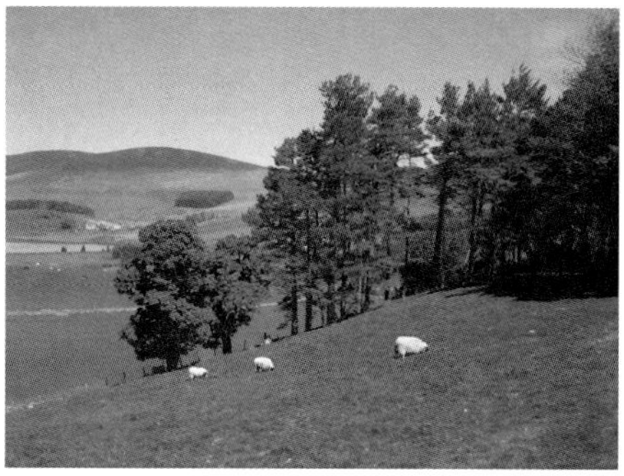

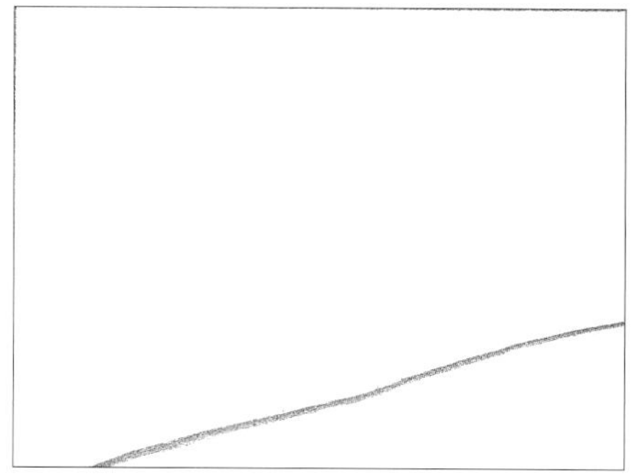

1 Zeichnen Sie die Linie des Hangs, der rechts ein Drittel über dem unteren Papierrand.

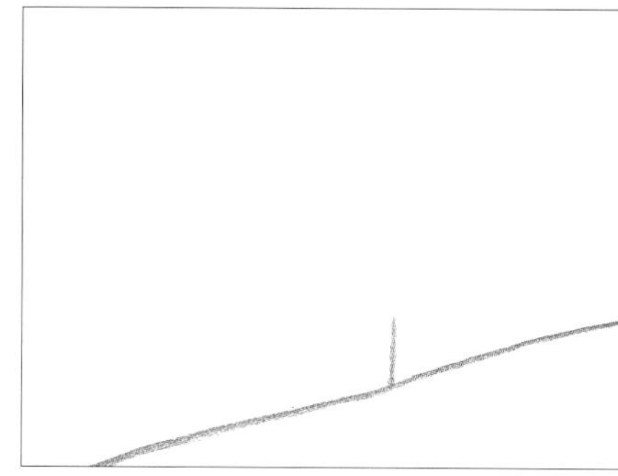

2 Ziehen Sie etwas rechts von der Mitte eine kurze vertikale Linie für den Baumstamm.

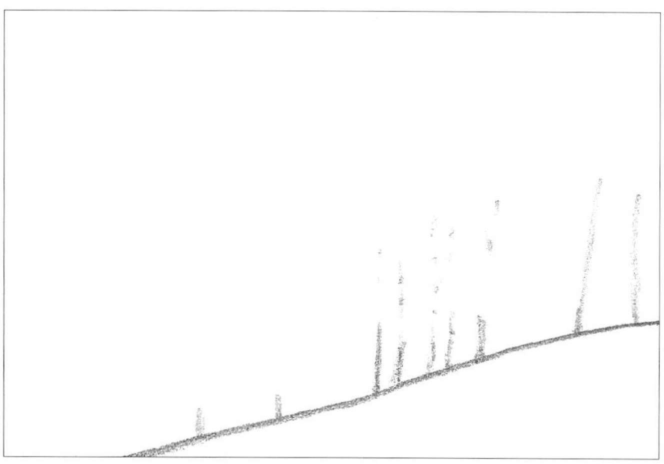

3 Zeichnen Sie die anderen Stämme mit dem richtigen Abstand zueinander ein.

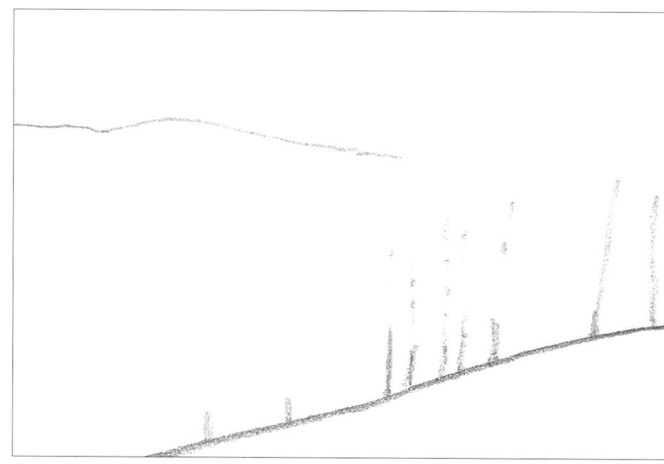

4 Zeichnen Sie die Linie für die höchsten Hügel und beginnen bei etwa Dreiviertel der Höhe des Blattes.

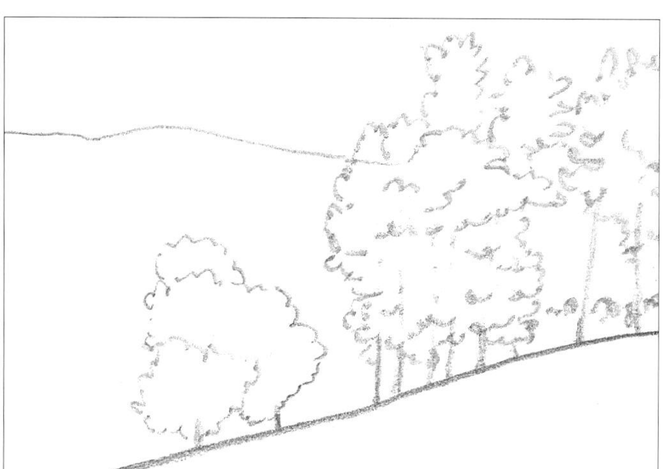

5 Zeichnen Sie das Laubwerk der Hauptbäume ein.

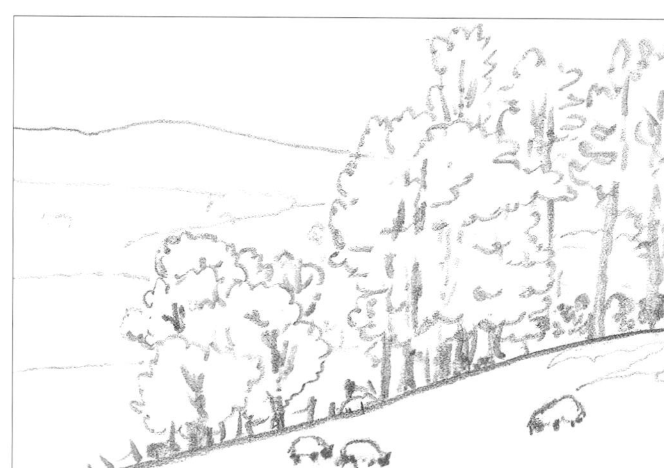

6 Vervollständigen Sie die Zeichnung mit den kleineren Bäumen, dem Zaun und den weiter entfernten Hügeln. Ich habe die Position der Schafe verändert, um die Komposition gefälliger zu gestalten.

PACKTIERBRÜCKE, CARRBRIDGE

Dies ist die älteste Brücke in den schottischen Highlands, eine schmale steinerne Brücke für Transporte mit Lasttieren. Zeichnungen mit gebogenen Motiven sind oft eine Herausforderung.

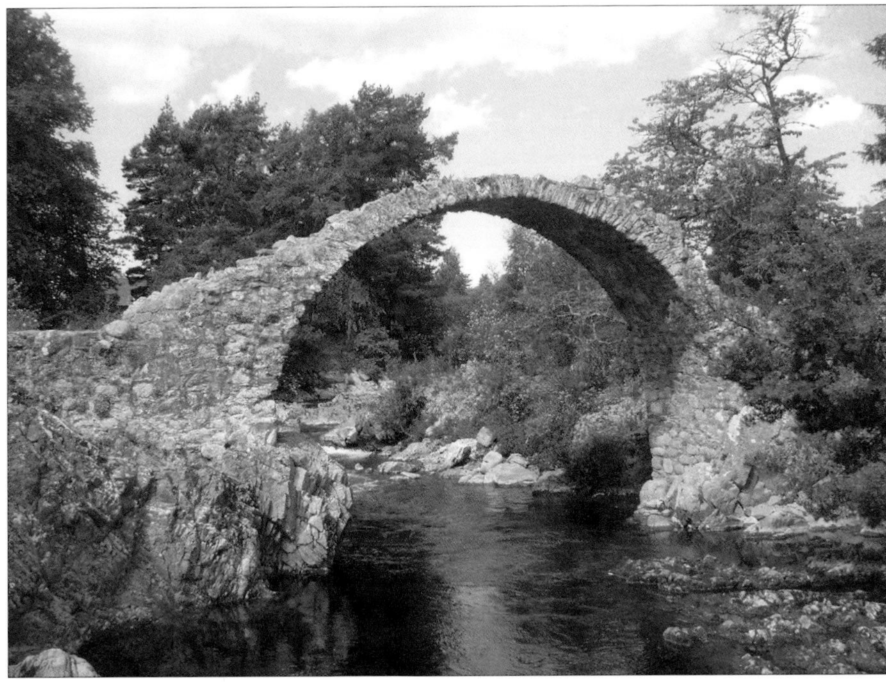

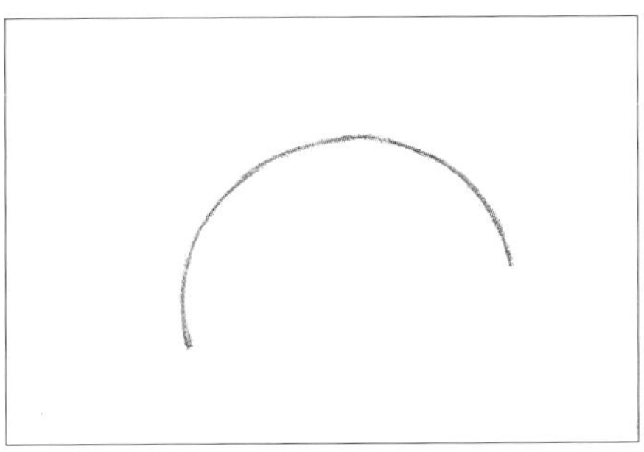

1 Zeichnen Sie den Bogen der vorderen Kante der Brückenunterseite – es ist fast ein perfekter Halbkreis.

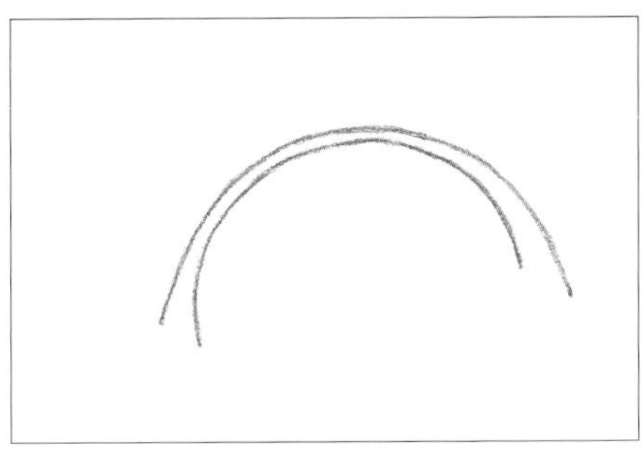

2 Zeichnen Sie den größeren Bogen darum herum. Das ist die vordere obere Kante der Brückenseite. Sie verläuft an den Seiten breiter.

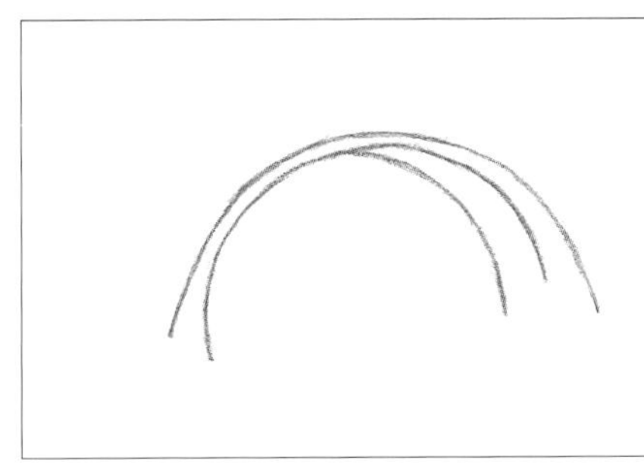

3 Zeichnen Sie den Bogen, der die hintere Kante der Unterseite der Brücke darstellt.

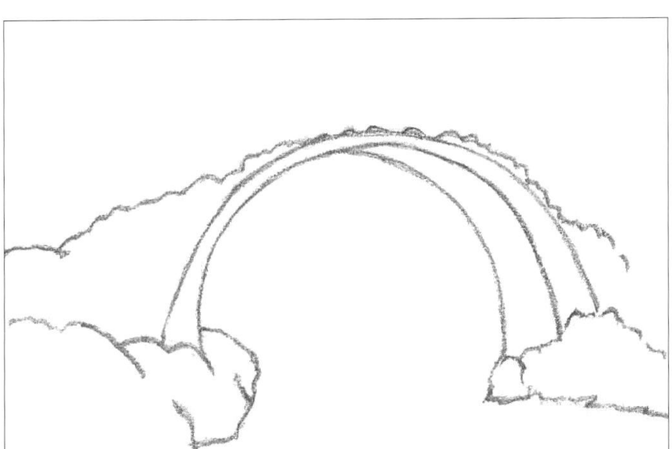

4 Zeichnen Sie eine unregelmäßige Linie für die Steine auf der Oberseite der Brücke und fügen Sie im Vordergrund die beiden Flussufer ein.

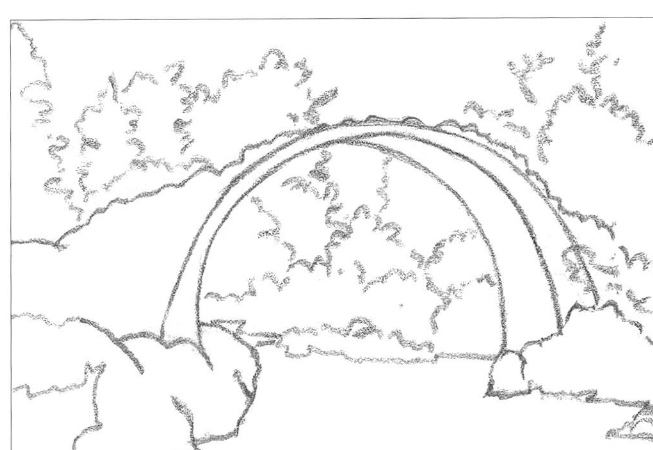

5 Zeichnen Sie die Bäume hinter der Brücke ein sowie und den Blick unter der Brücke hindurch mit dem entfernteren Flussufer.

Linie und Ton

Dorfteich

Schon mit ein paar Linien kann man ein Motiv ausdrucksvoll darstellen. Bei einer guten Landschaft liegt der Bildschwerpunkt etwa ein Drittel von oben oder unten und ein Drittel von einer der Seiten entfernt.

Dies ist eine Strichzeichnung eines Dorfes in Sussex, angefertigt mit Grafitsticks auf 300 g/m² satiniertem Aquarellpapier. Die dunklen Schatten auf der rechten Seite des Teichs bilden eine intensiv tonale horizontale Linie etwa zwei Drittel von der Oberkante der Zeichnung entfernt, entsprechend der Regeln des Goldenen Schnitts. Die dunklen Töne der Irisblätter unten links gleichen die kräftigen Tonwerte des reetgedeckten Häuschens aus. Dieser Bereich weist den größten tonalen Kontrast auf und zieht in das Bild hinein.

Für die Zeichnung habe ich Informationen aus den beiden Referenzfotografien kombiniert.

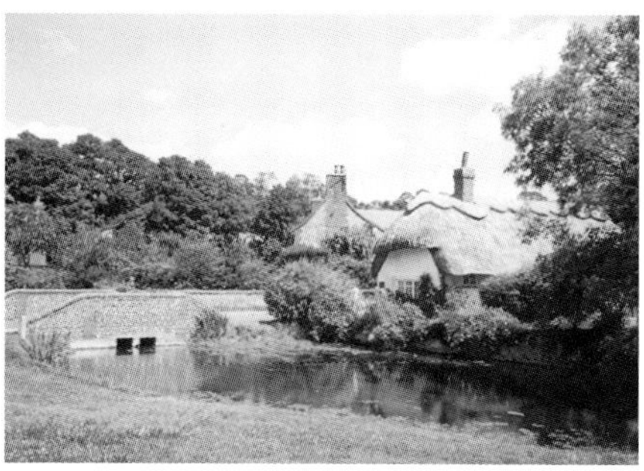

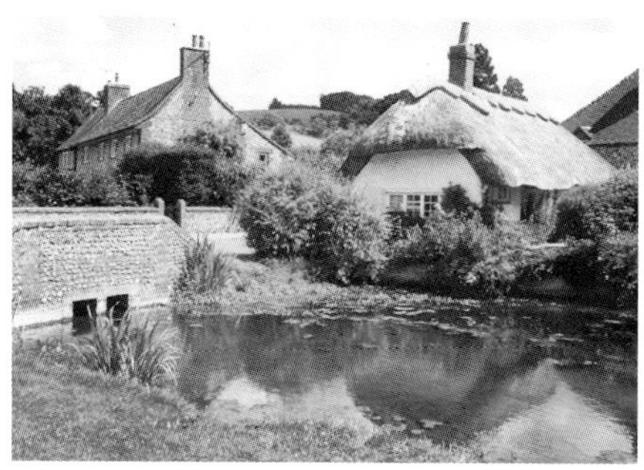

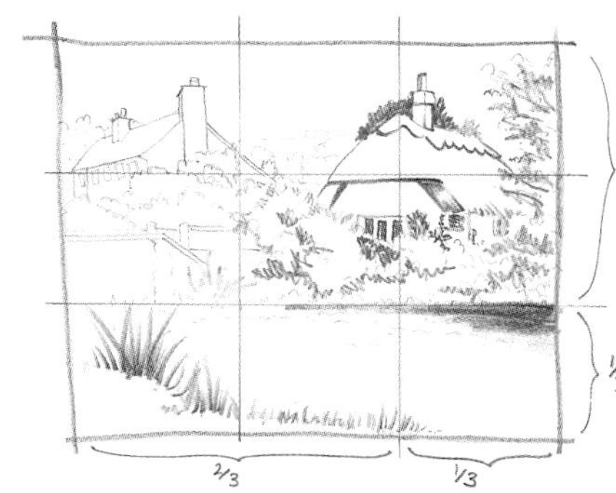

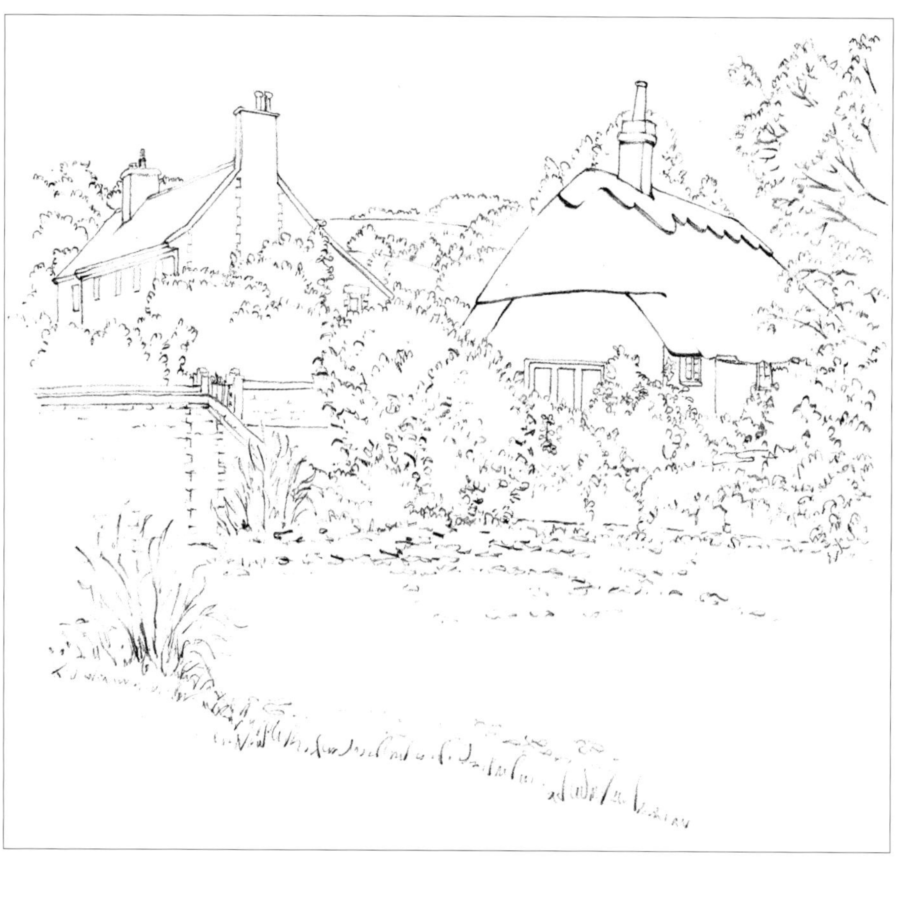

1 Durch die Verwendung von Grafitsticks wird diese Linienzeichnung verändert, sodass Kontraste bezüglich Entfernung und Textur sichtbar werden. Außerdem wird die Komposition verbessert und das Bild zu einer Einheit zusammengefügt. Die Bäume hinter dem reetgedeckten Häuschen habe ich gleich weiter bis auf die andere Seite des Schornsteins gezeichnet, den ich auch begradigt habe.

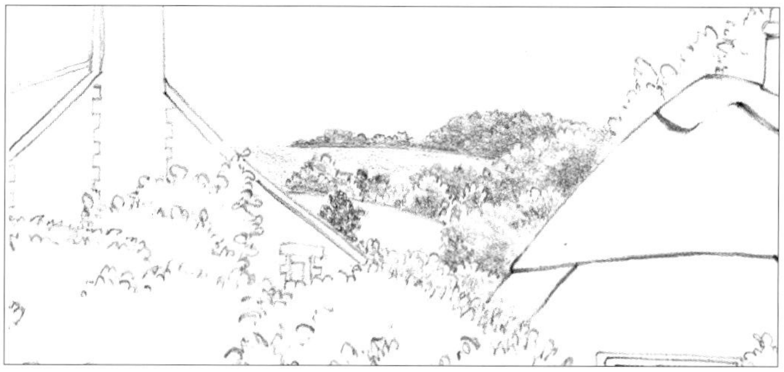

2 Schattieren Sie die entfernten Felder und Bäume zwischen den beiden Gebäuden mit dem HB-Grafitstick, und führen dabei dunklere, kurze, gebogene Striche für die Bäume und Sträucher aus.

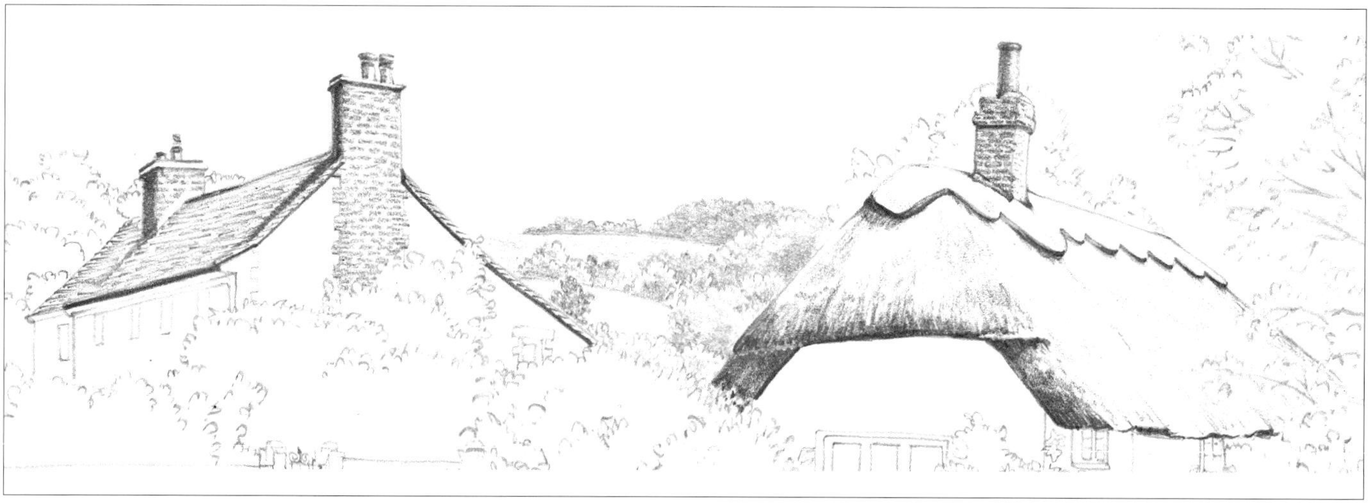

3 Das Licht kommt von rechts oben, also schattieren Sie die rechte Seite des Reetdaches sanft mit Linien parallel zur Neigung des Daches. Fügen Sie mit einem 2B-Grafitstick tiefere Schatten und Texturen ein, besonders auf dem dem Teich zugewandten Reetdach. Schattieren Sie die Schornsteine, Schornsteintöpfe und Ziegel des anderen Hauses mit 2B- und 3B-Sticks. Dieses Haus ist weiter entfernt und sollte daher generell heller im Tonwert sein.

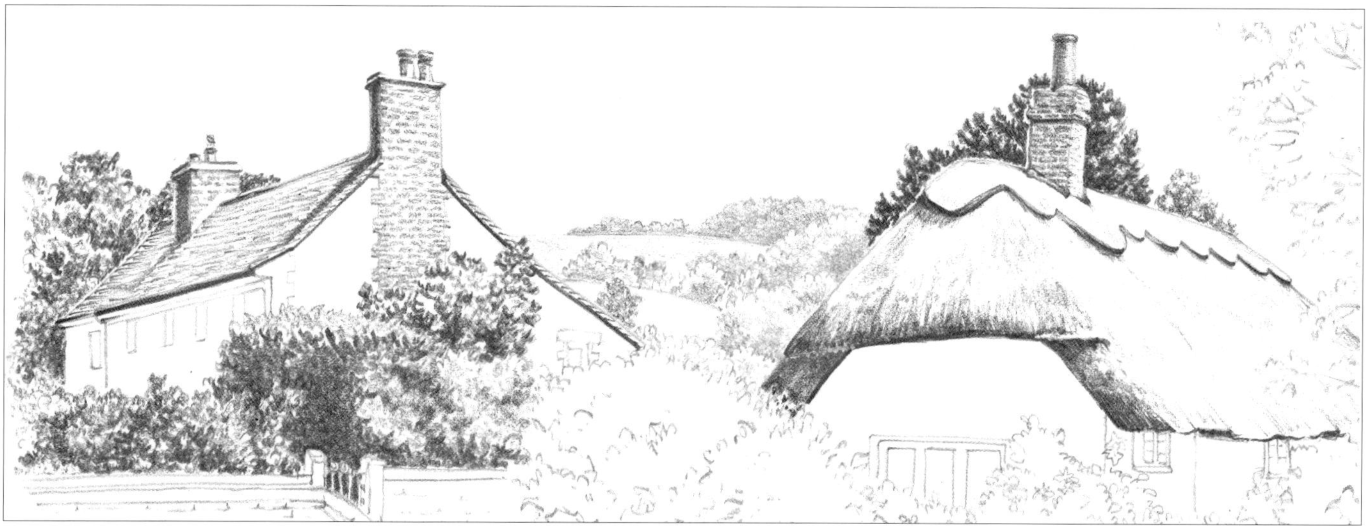

4 Geben Sie den Bäumen hinter dem reetgedeckten Häuschen mit 2B- und 3B-Sticks sehr dunkle Tonwerte, wodurch das Häuschen nach vorne zu kommen scheint. Achten Sie darauf, dunkle Töne gegen hellere Gegenstände zu setzen und einen dünnen Streifen weißes Papier zwischen den Bäumen und dem Schornstein und dem Reetdach zu lassen. Die Büsche und Bäume um das Haus links sollten nicht so dunkel sein und weniger tonalen Kontrast aufweisen als die Bäume und Büsche um das reetgedeckte Häuschen, das näher am Betrachter liegt. Lassen Sie in allen Bäumen Lücken, damit der Himmel hindurchscheinen kann.

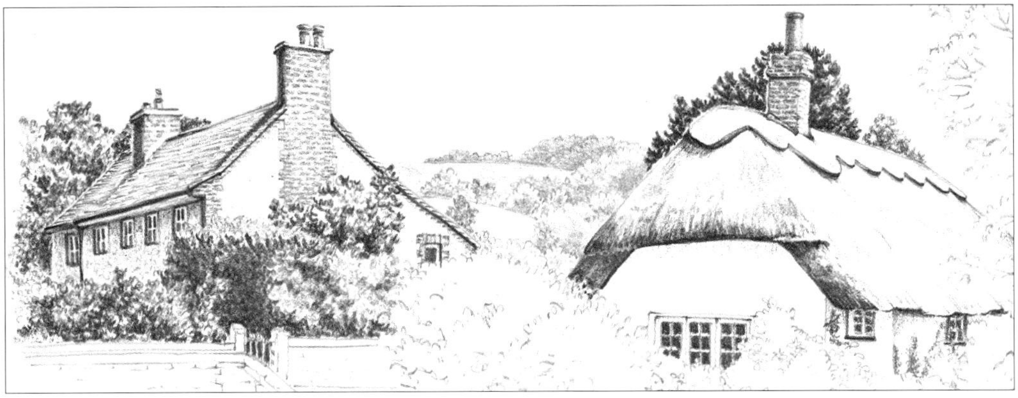

5 Verwenden Sie einen HB-Grafitstab und üben Sie einen sehr leichten Druck aus, um die Textur an den Seiten der Gebäude, Ziegel und Wände darzustellen. Schattieren Sie die Fenster vertikal mit einem 2B-Stick.

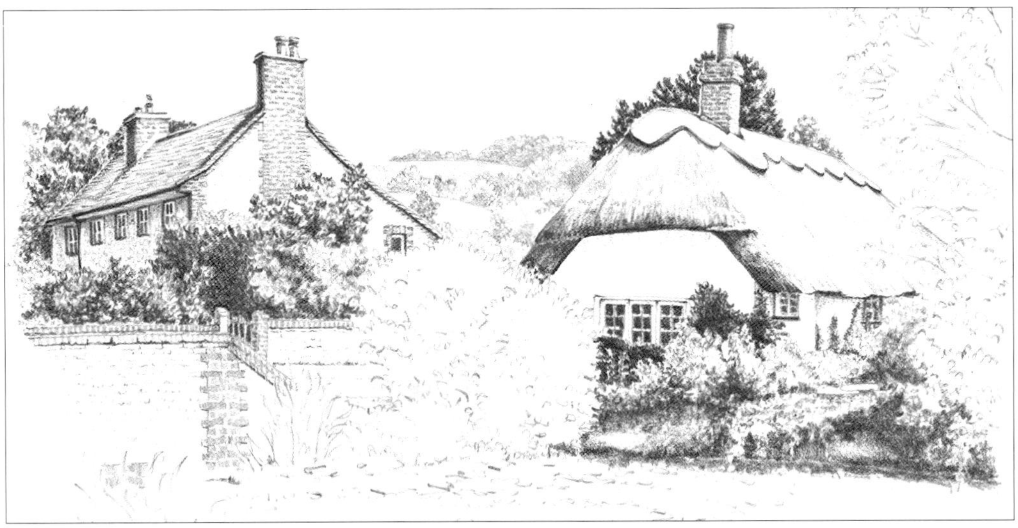

6 Schattieren Sie die Ziegel und die Textur an der Seite der Brücke leicht mit einem HB-Grafitstick. Die Büsche rund um das reetgedeckte Häuschen und die dunkle Mauer am Wasser entstehen mit kleinen kreisförmigen Bewegungen mit 2B- und 4B-Sticks.

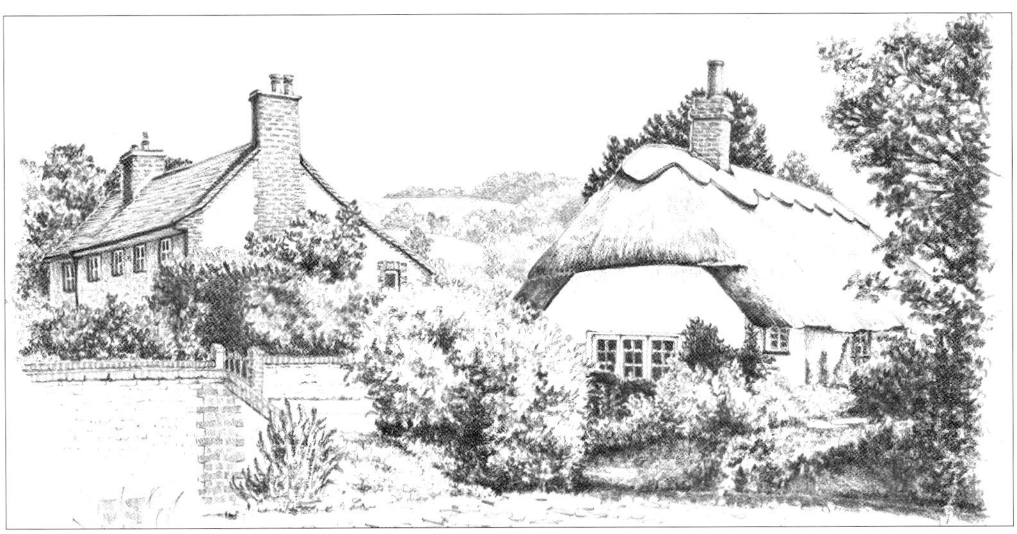

7 Die Tonwerte der Bäume außen rechts rahmen das Bild ein und ziehen den Blick in die Szene hinein. Zeichnen Sie die Zweige, Äste und das Laub mit starken Strichen und unterschiedlichem Druck mit einem 8B-Grafitstick. Achten Sie beim Zeichnen des runden Buschs in der Mitte darauf, dass die Tonwerte dunkler sind und mit den hellen Stellen des Blattwerks kontrastieren. Die Iris am Wasser entstehen mit einem 6B-Grafitstick, wobei die Striche unten stärker sind.

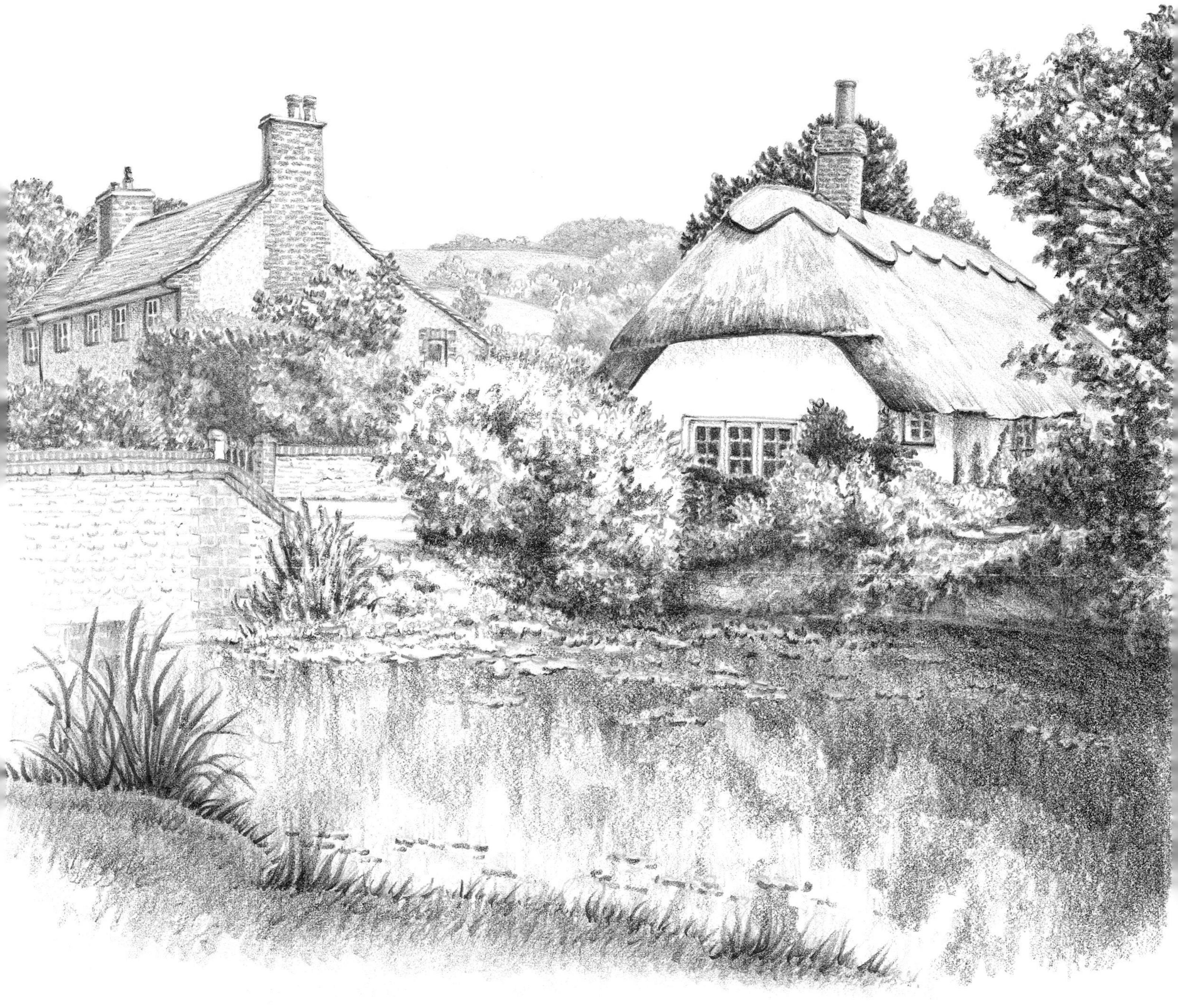

Die fertige Zeichnung

Gestalten Sie in der letzten Phase die Reflexionen im Wasser mit vertikalen Strichen mit 2B-, 4B- und 6B-Grafitsticks und sparen dabei das auf der Oberfläche schwimmende Laichkraut aus. Setzen Sie mit einem 2B-Stick horizontale Akzente unter die Wasserpflanzen. Schattieren Sie das Gras mit einem 6B-Grafitstick etwas dunkler als auf den Fotos zu sehen und zum reetgedeckten Häuschen hin ausgerichtet, sodass das Gras die Zeichnung unten einrahmt. Betonen Sie die Iris auf dieser Seite des Teiches stark mit einem 8B-Grafitstick und verstärken Sie den Grasrand im Tonwert. Die beiden dunklen Rechtecke, durch die das Wasser unter der Brücke hindurchfließt, sollen diese Seite der Zeichnung nicht dominieren, da sie vom Hauptthema ablenken würden. Stellen Sie also sicher, dass die dunklen Irisblätter nach vorne kommen.

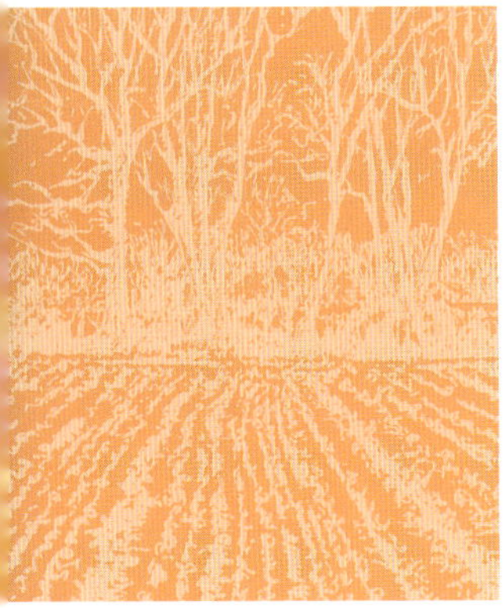

Perspektive

Perspektive verleiht einer zweidimensionalen Zeichnung Tiefe und erzeugt die Illusion eines dreidimensionalen Bildes.

Luftperspektive

Luftperspektive oder atmosphärische Perspektive in der Landschaft beruht im Grunde auf der Tatsache, dass Objekte mit zunehmender Entfernung immer schwächer erscheinen.

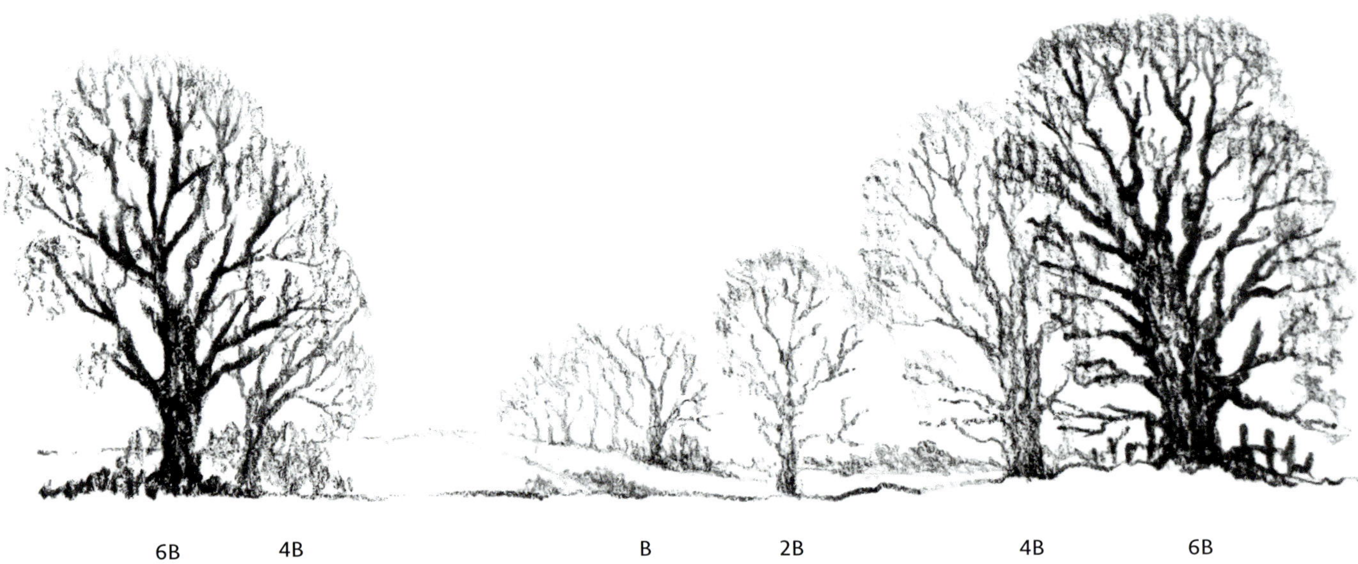

Diese Eichenbäume wurden mit Grafitstiften verschiedener Härten gezeichnet und verschwinden langsam in der Ferne. Sie werden auch zunehmend kleiner, da sie weiter entfernt. Das nennt man Linearperspektive. Dies verleiht der Landschaftszeichnung den Eindruck von Tiefe und zunehmender Entfernung.

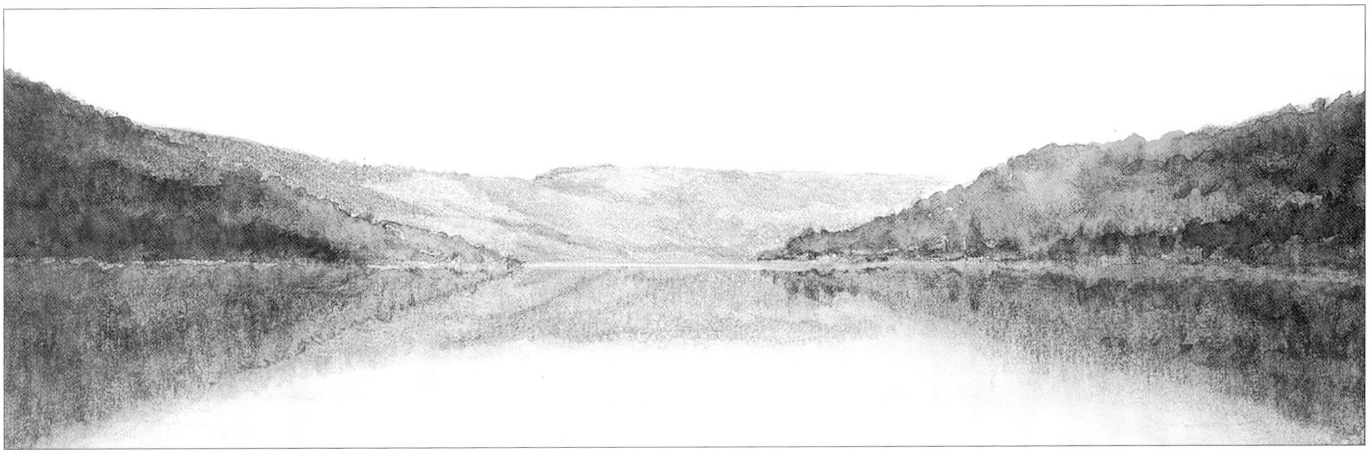

Abend am Loch Ness, Schottland

Aquarellstifte in Grau und Schwarz und Bleistift 6B auf 300 g/m² satiniertem Aquarellpapier. Die Ufer des Sees und ihre Reflexionen wurden mit den Aquarellstiften gezeichnet und dann angefeuchtet, um sie dunkler erscheinen zu lassen. Die entfernten Hügel wurden ganz leicht mit einem 6B-Grafitstift gezeichnet, um sie blasser erscheinen zu lassen, wenn sie um die Biegung herum im Nebel verschwinden. Die Luft war so still, dass ein fast perfektes Spiegelbild entstand, das nur wenig blasser ist als die Bäume und das Land an den Ufern des Sees.

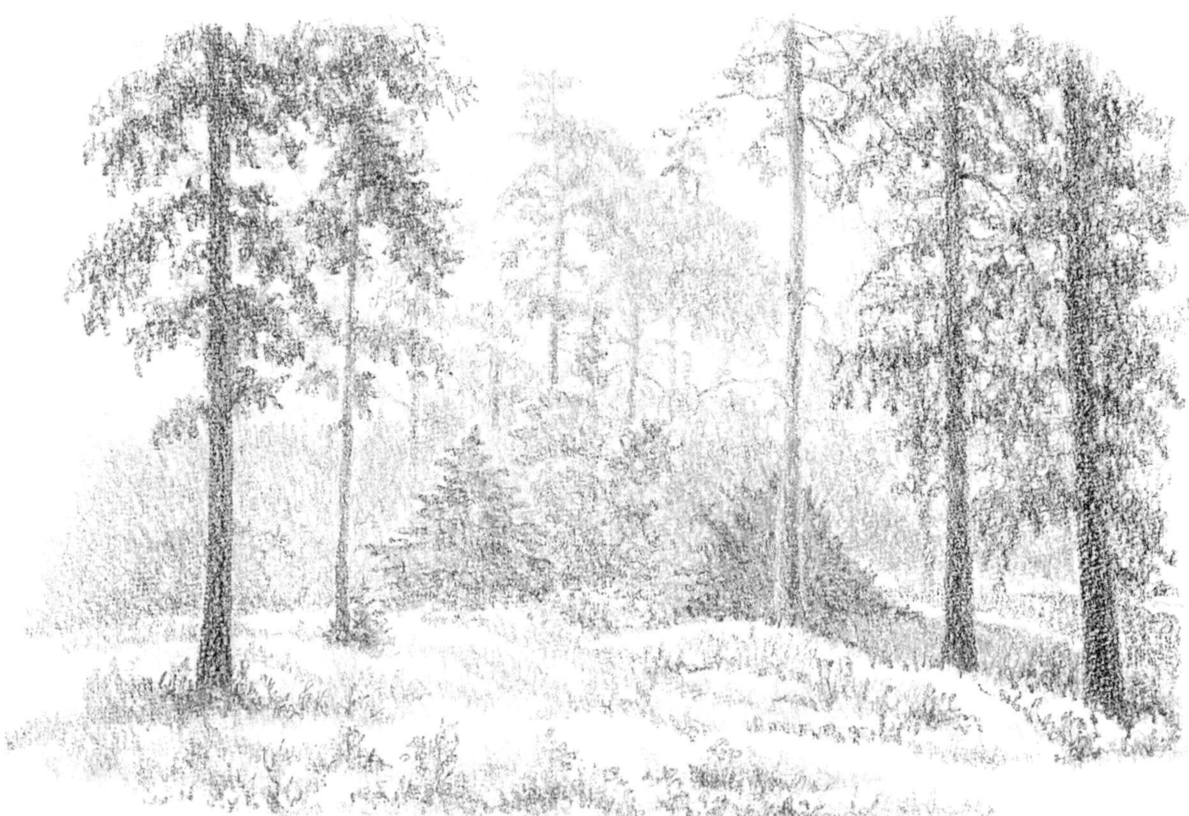

Waldlichtung

Farbstift in Grau und Schwarz und Bleistift 6B auf 300 g/m² Feinkorn-Aquarellpapier. Das Aquarellpapier verleiht dieser Zeichnung mehr Textur, wobei die Bäume auf beiden Seiten näher am Betrachter sind. Am Ende wurde einige detaillierte Akzente mit dem Grafitstift gesetzt.

Linearperspektive

Die Regeln der Linearperspektive können etwas verwirrend sein. Nur sehr wenige Gebäude sind vollkommen gerade. Ein Teil des Charmes ländlichen Gebäuden ist ihre Unregelmäßigkeit. Es ist bereits viel über Perspektiven geschrieben worden, was für viele Menschen zu kompliziert ist, insbesondere bei Gebäuden. Diagramme mit Linien, die quer durch eine Zeichnung verlaufen und alle zu einem Fluchtpunkt an der Seite führen, sind nur dann anwendbar, wenn das zu zeichnende Motiv vollkommen gerade und rechtwinklig ist und alle Gebäude in einer vollkommen geraden Linie entlang einer absolut geraden Straße liegen! Bei Häusern auf dem Land, in der Landschaft, trifft das nicht zu, und ihre durchhängenden Dächer und die unterschiedlichen Höhen der Anbauten und Fenstern sind Teil ihrer Attraktivität.

Wenn Sie eine Szenerie zeichnen wollen, stellen Sie zunächst Ihre Augenhöhe fest, d. h. wo Sie stehen würden, wenn sich das Haus ganz auf einer Ebene befindet. Die Seiten der meisten Gebäude verlaufen mehr oder weniger parallel zu den Seiten des Papiers.

Wenn das Haus in einem Winkel zu Ihnen steht, laufen alle Linien an einem Fluchtpunkt zusammen, aber dies lässt sich oft besser durch Beobachtung feststellen, als durch mit dem Lineal über Ihre Zeichnung gezogenen Linien.

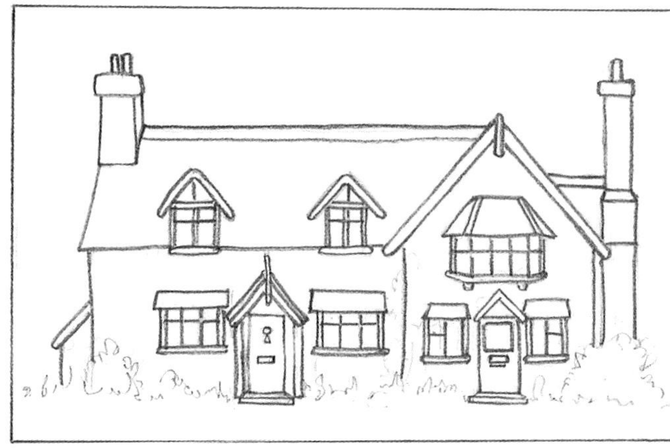

Dieses Landhaus war mir frontal zugewandt, und weil ich von einem höherem Standpunkt aus auf es hinunterblickte, waren meine Augen auf gleicher Höhe mit der Unterseite des Daches. Es gibt viele Linien, des Daches, der Fenster, der Türen und des Bodens, die parallel oder fast parallel zur Ober- und Unterseite meines Papiers verlaufen. Ich zeichnete zuerst die horizontalen Linien im Verhältnis zueinander ein, dann die vertikalen Linien parallel zu den Papierrändern. Als nächstes setzte ich die diagonalen Linien, wobei ich sorgfältig auf ihre genauen Winkel und die Symmetrie der Giebel und Fenster achtete. Unter dem Satteldach befindet sich ein Erkerfenster, das aus der Vorderseite des Hauses herausragt, sodass die Winkel der Fensterbänke an jeder Seite leicht nach oben gehen und die Linien des Ziegeldachs darüber an den Seiten nach unten abgewinkelt sind.

Gepflügtes Feld

Tuschefeder und Acryltinte auf 300 g/m² satiniertem Aquarellpapier. Die Furchen auf diesem Feld, insbesondere die beiden dunkelsten, sind nicht ganz gerade, aber man kann sehen, dass sie an einem Punkt über den Häuschen hinter den Bäumen zusammenlaufen und die Aufmerksamkeit des Betrachters auf sich ziehen. Die Bäume stehen größtenteils fast parallel zu den Seiten des Papiers und im rechten Winkel zum Feldrand, sodass sie aufrecht aussehen und den Eindruck Tiefe und zunehmender Entfernung vermitteln.

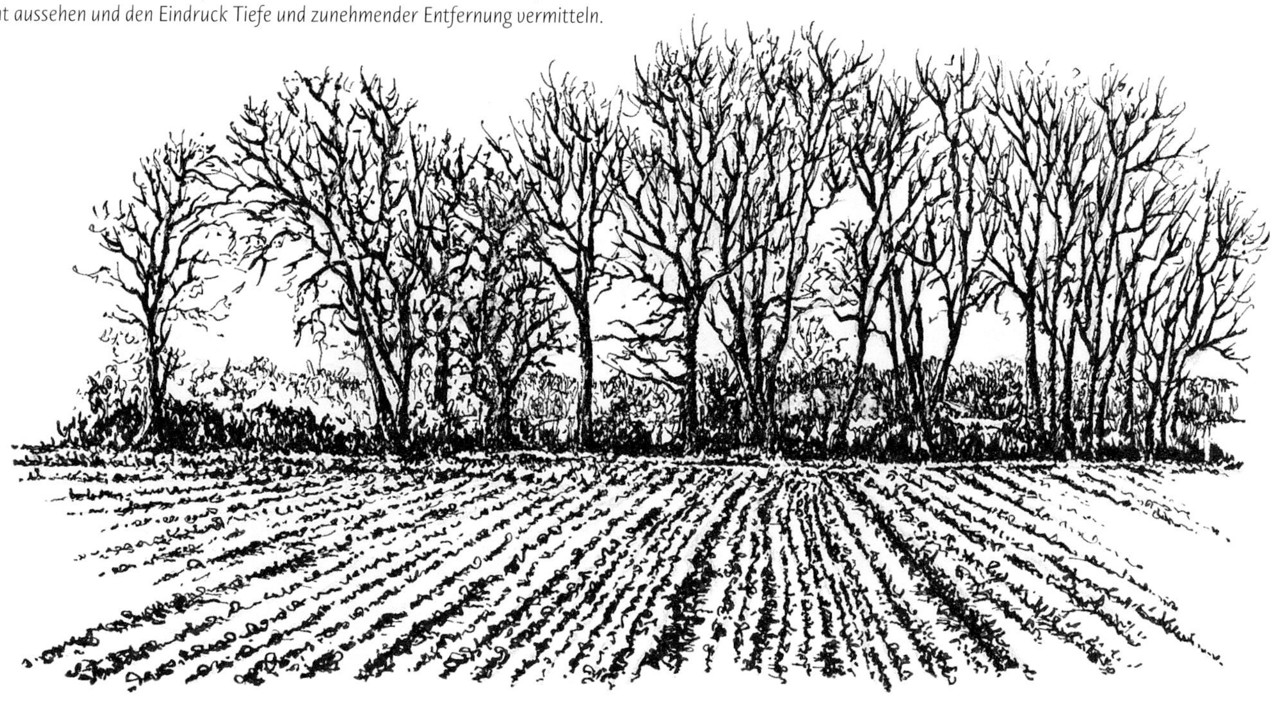

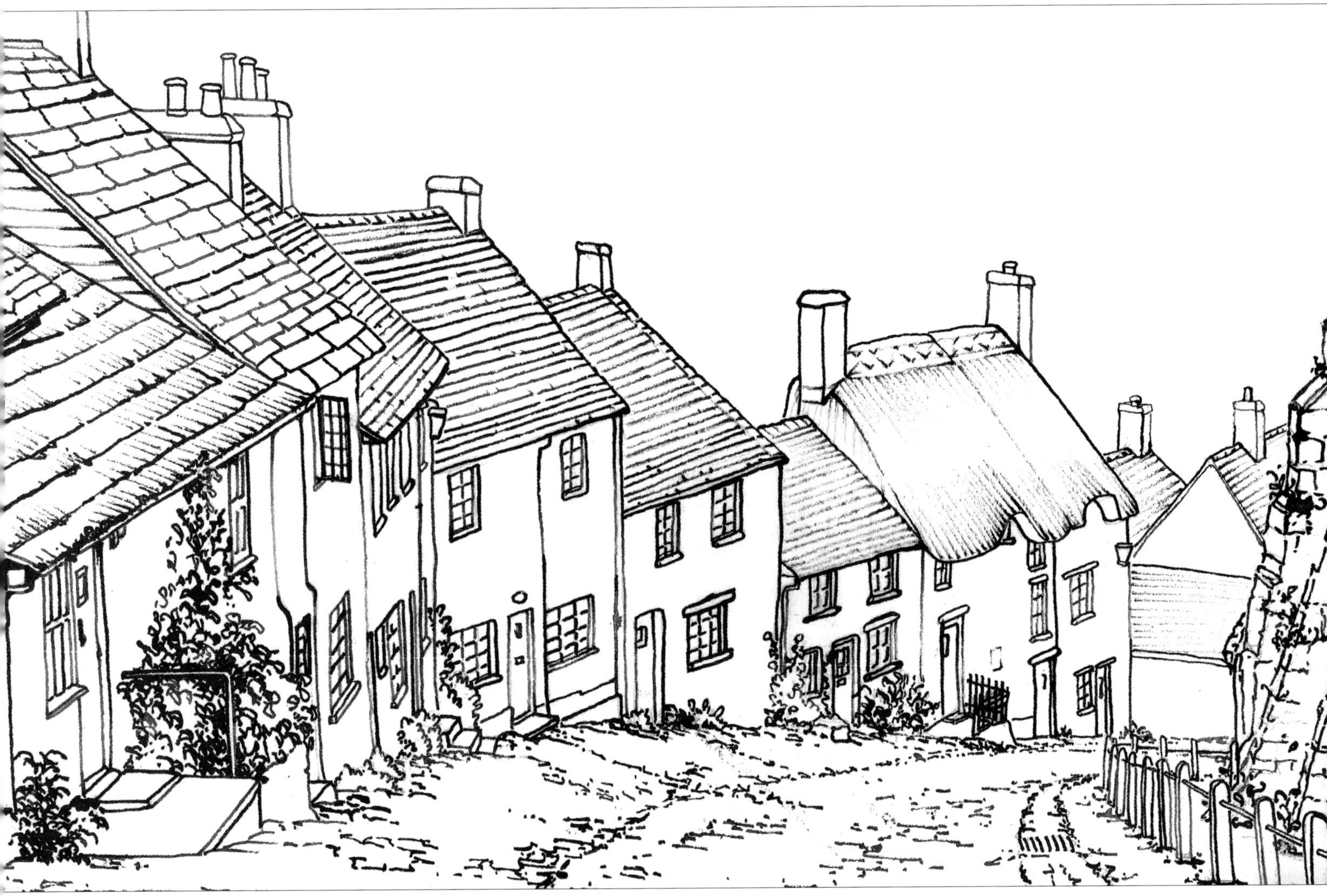

Goldhill, Shaftesbury

Meine Augenhöhe befindet sich über den Dächern der meisten dieser Häuschen, etwas über den Schornsteintöpfen auf der linken Seite. Die Reihen der Ziegel auf den Dächern zeigen, dass jedes Häuschen in einem anderen Winkel zum Betrachter steht. Auch wenn dies eine komplizierte Perspektive auf einem steilen Hügel ist, sind alle Seiten der Gebäude parallel zu den Seiten des Papiers. Sie könnten diese Zeichnung durch sorgfältige Beobachtung der vertikalen Winkel im Verhältnis zueinander auf Ihr Papier übertragen.

Bäume und Laub

Ich habe Bäume immer als inspirierend empfunden. Ihre Formen und Tonwerte sind so interessant und vielfältig. Immer, wenn ich ein paar freie Momente habe, hole ich mein Skizzenbuch hervor und skizziere kurz die Baumgruppen, die meine Aufmerksamkeit erregt haben.

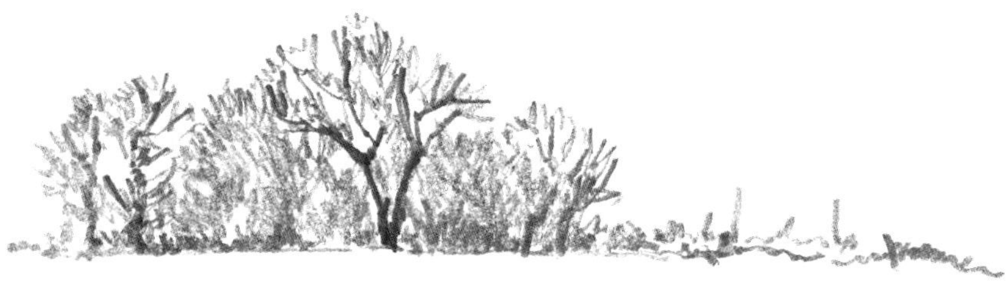

West Sussex. Bleistift 4B auf Patronenpapier.

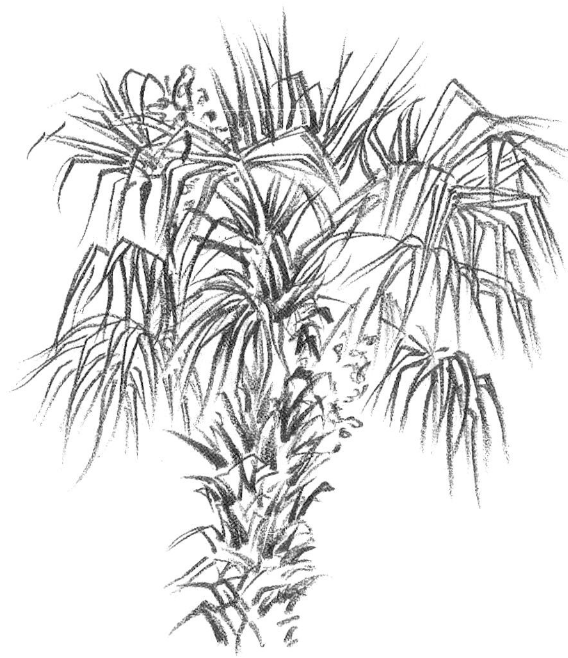

Mediterrane Dattelpalme. Bleistift 4B auf Patronenpapier.

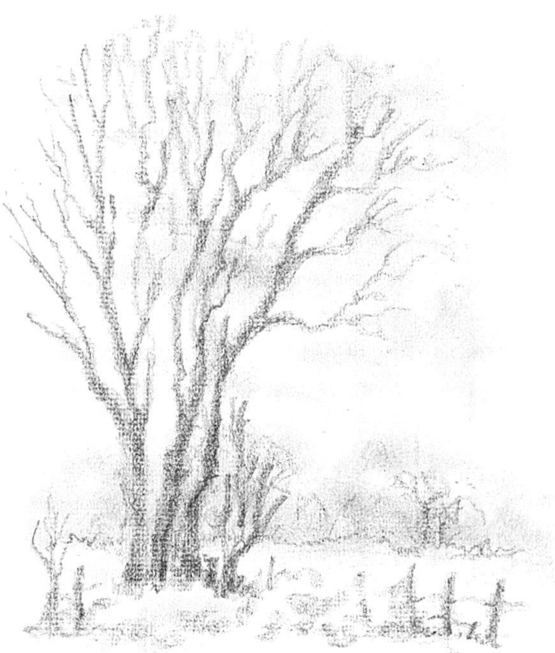

Kohlestift auf Fabriano-Papier.

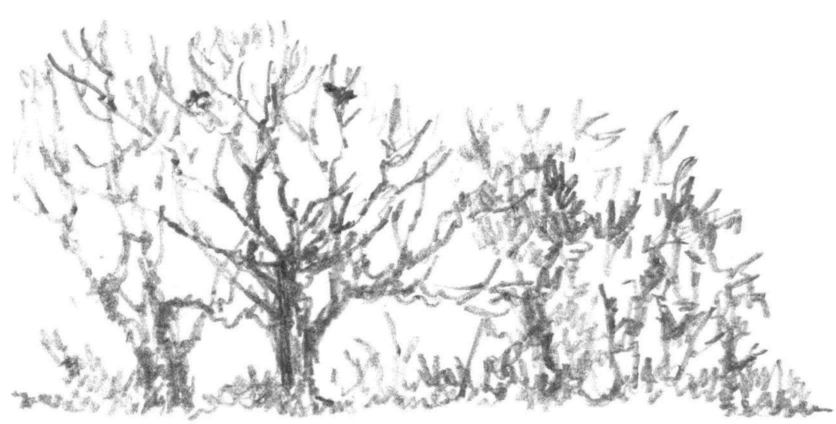

Schwarze Vögel im Gebüsch. Bleistift 4B auf Patronenpapier.

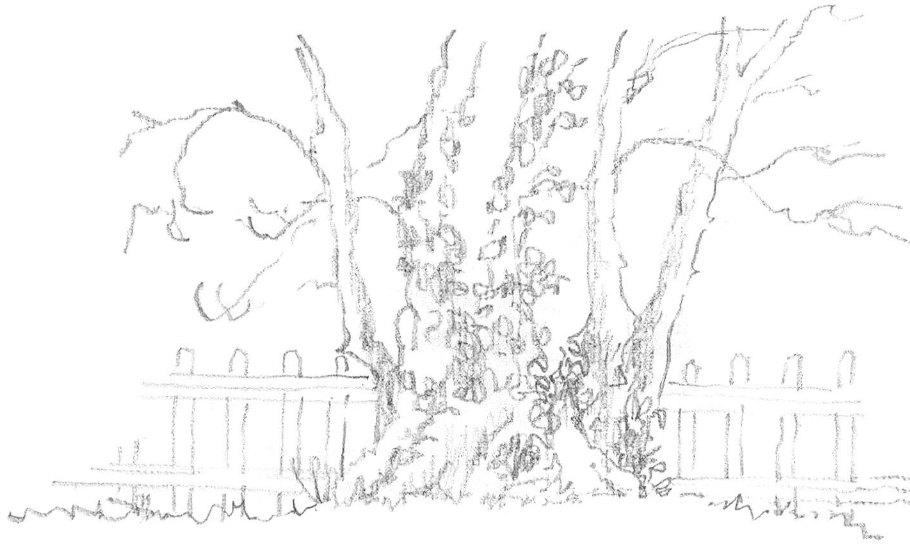

Am Zaun am Kanal. Bleistift 4B auf cremefarbenem Fabriano-Classico-Papier.

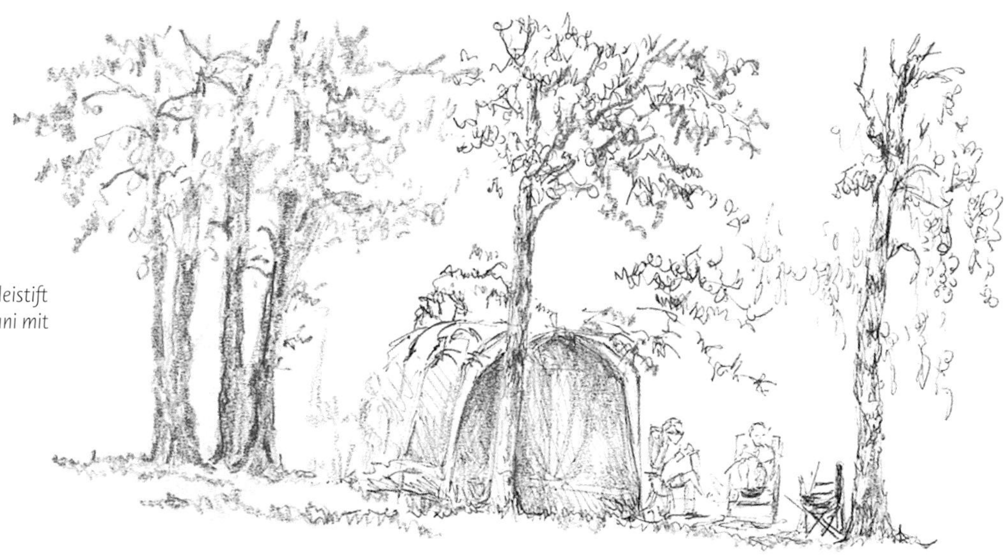

Camping in Sandringham, Norfolk. Tinte und Bleistift auf Patronenpapier. Schlanke Silberbirken im Juni mit neuem, hellem Laub.

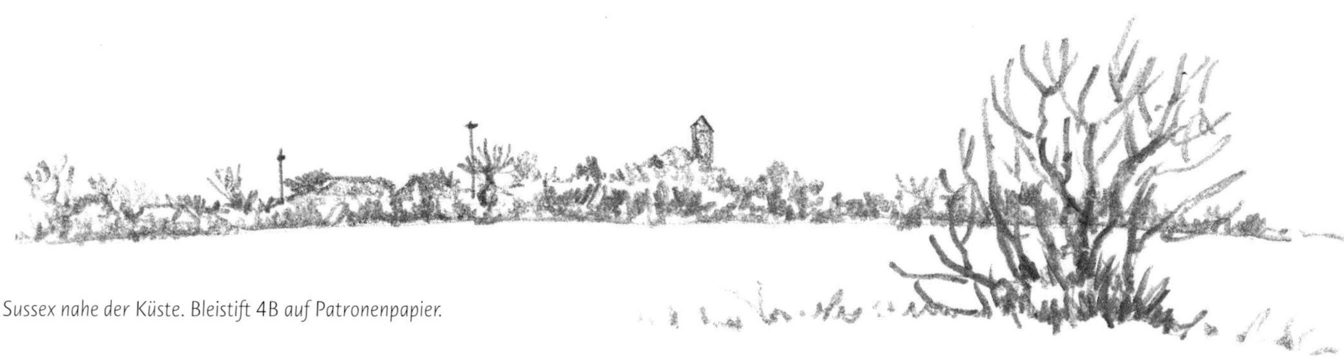

Sussex nahe der Küste. Bleistift 4B auf Patronenpapier.

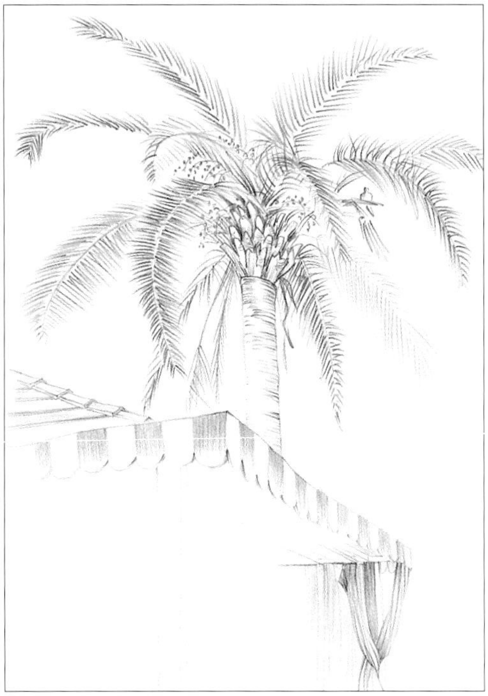

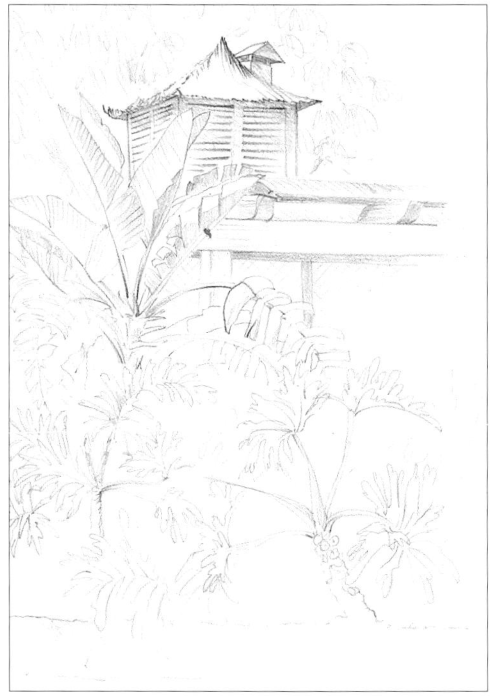

Zwei Zeichnungen von Palmen in Los Cristianos, Teneriffa. Aquarellstift, trocken auf Patronenpapier verwendet.

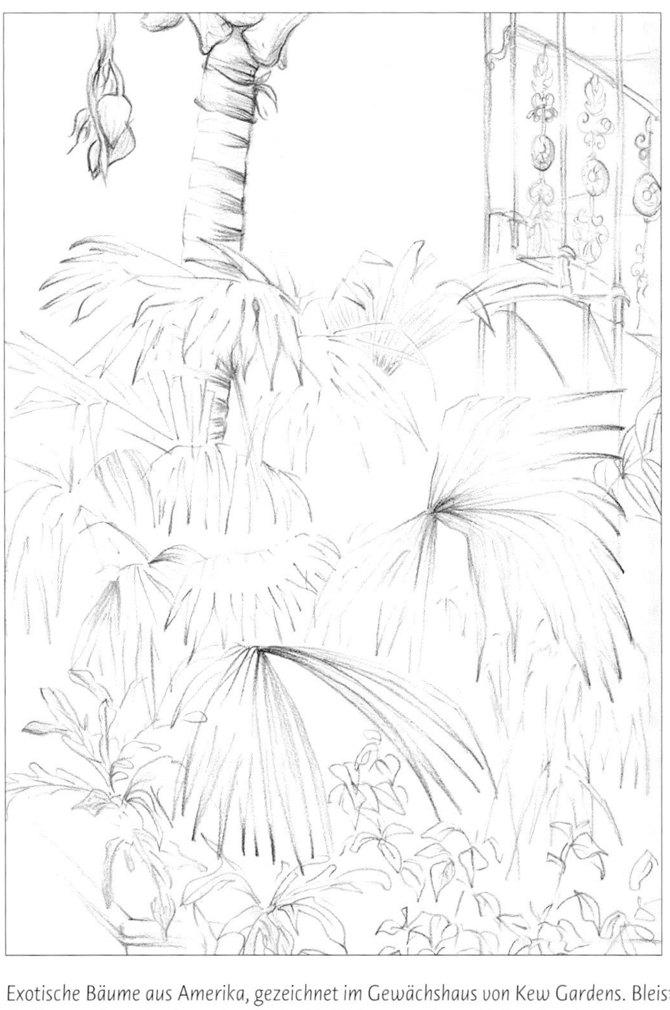

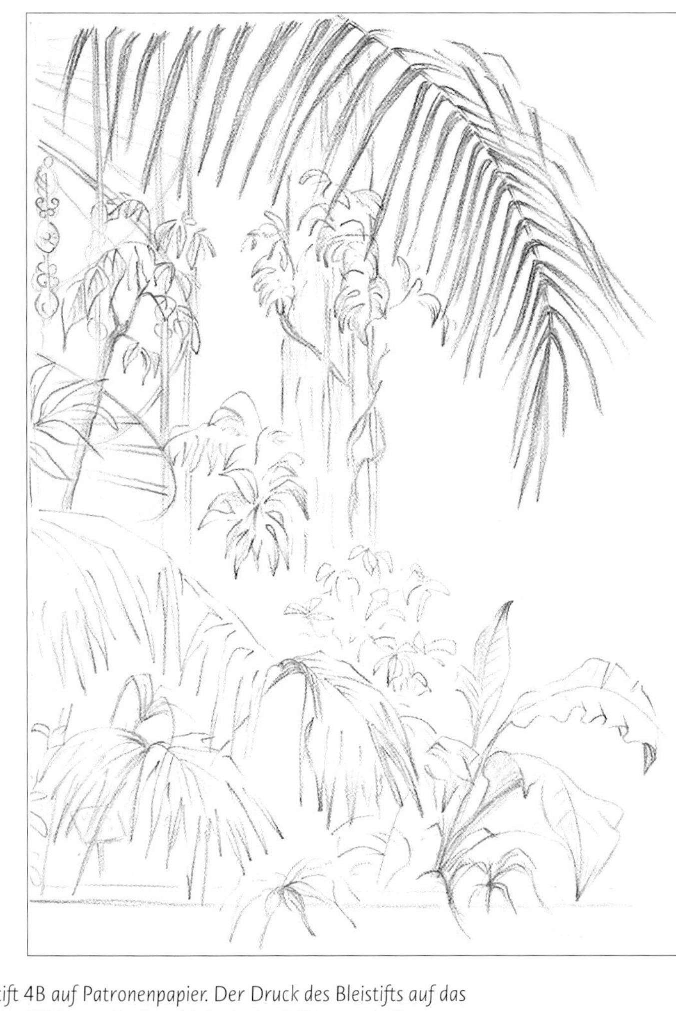

Exotische Bäume aus Amerika, gezeichnet im Gewächshaus von Kew Gardens. Bleistift 4B auf Patronenpapier. Der Druck des Bleistifts auf das Papier wurde variiert, um starke, dunkle Linien am unteren Teil und an den Spitzen der Blätter und hellere Linien in der Mitte zu erhalten.

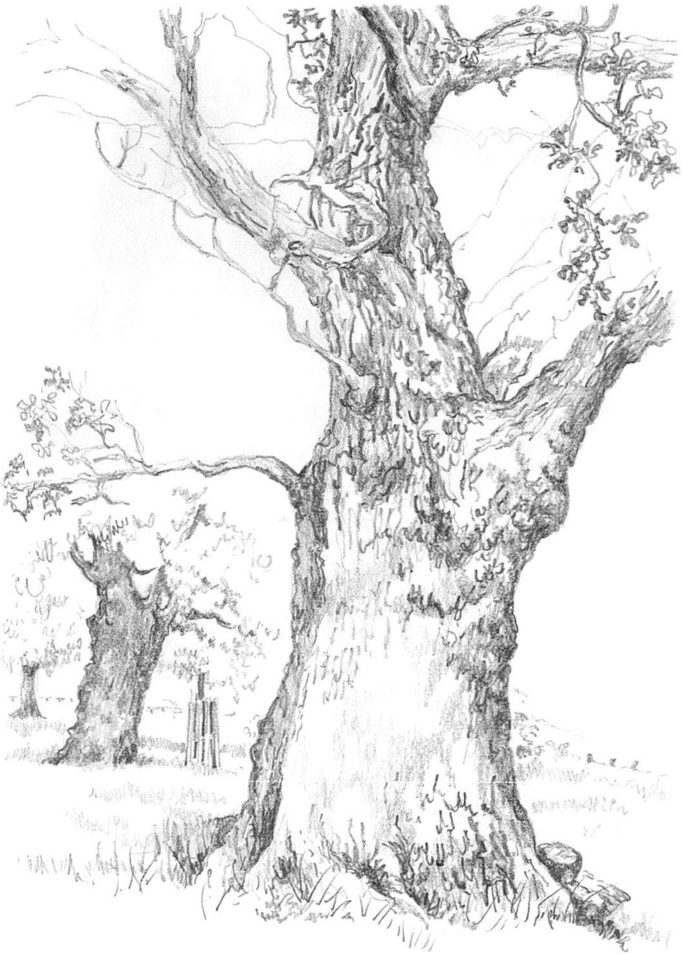

Mir gefiel die Textur der Rinde dieser alten Eichen im Richmond-Park. Die kräftigen Tonwerte der Stämme kontrastieren mit dem helleren Laub und Gras. Jeder Baum hat eine eigene Persönlichkeit, genau wie jeder Mensch. Bleistift 6B auf Patronenpapier.

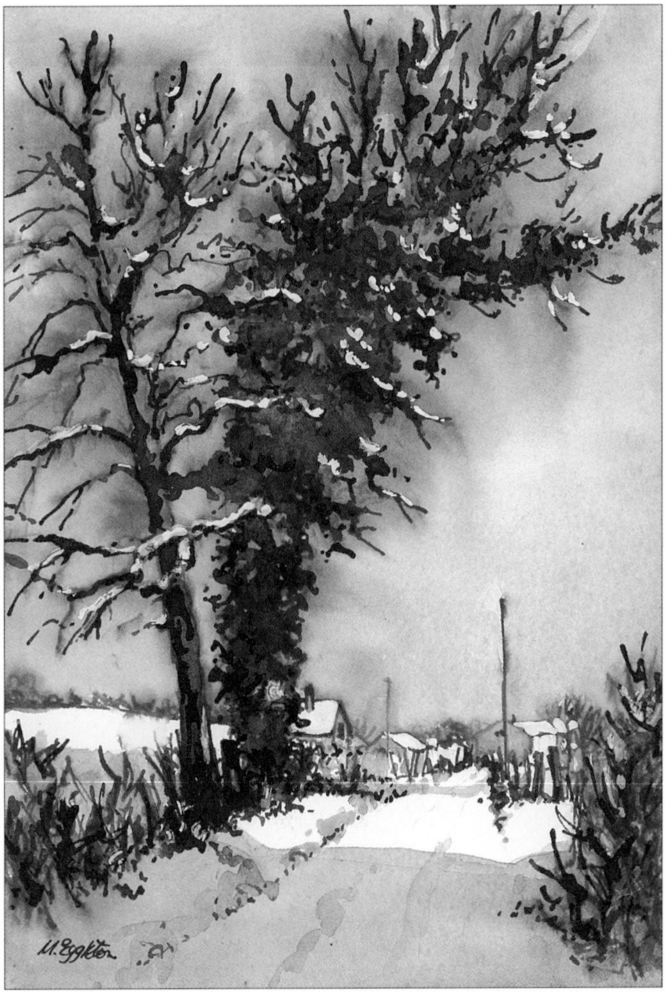

Schnee im Winter

Am Morgen nach Schnee in der Nacht ging ich in der Wintersonne den Weg entlang, um diese Häuschen und Bäume zu fotografieren. Ich habe mit einer Mischung aus Acryltinte und wasserlöslicher Tinte mit einem Tauchfeder auf 28 × 19 cm Patronenpapier gezeichnet. Als die Zeichnung trocken war, habe ich den Bereich des Himmels, die Schatten in den Büschen und auf der anderen Straßenseite mit sauberem Wasser angefeuchtet, wodurch die wasserlösliche Tinte verlief und sich ausbreitete. Ich fügte ein wenig weiße Gouachefarbe für den Schnee auf den Zweigen hinzu, aber das hätte man auch mit weißer Korrekturflüssigkeit machen können. Für den Schnee auf dem Boden und auf den Dächern habe ich sehr sorgfältig das Papier ausgespart.

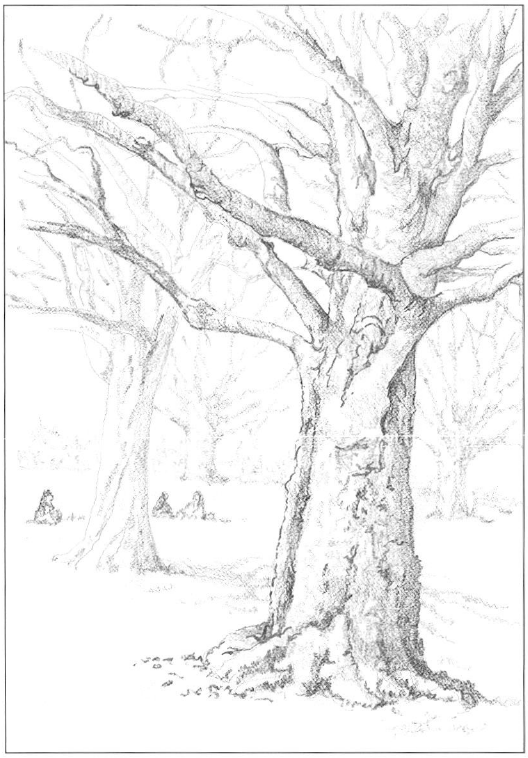

Ich habe diese Buchen im Cheam-Park skizziert, in der Nähe meines Wohnortes in Surrey. Es war ungewöhnlich warm für März, und ich genoss es, draußen sitzen zu können, um die Stämme und Äste ohne Blätter zu zeichnen. Die weiter entfernten Bäume wurden mit einem 2B-Grafitstift und der vorderste Baum wurde mit 6B- und 8B-Grafitstiften auf Patronenpapier, 30 × 21 cm, gezeichnet.

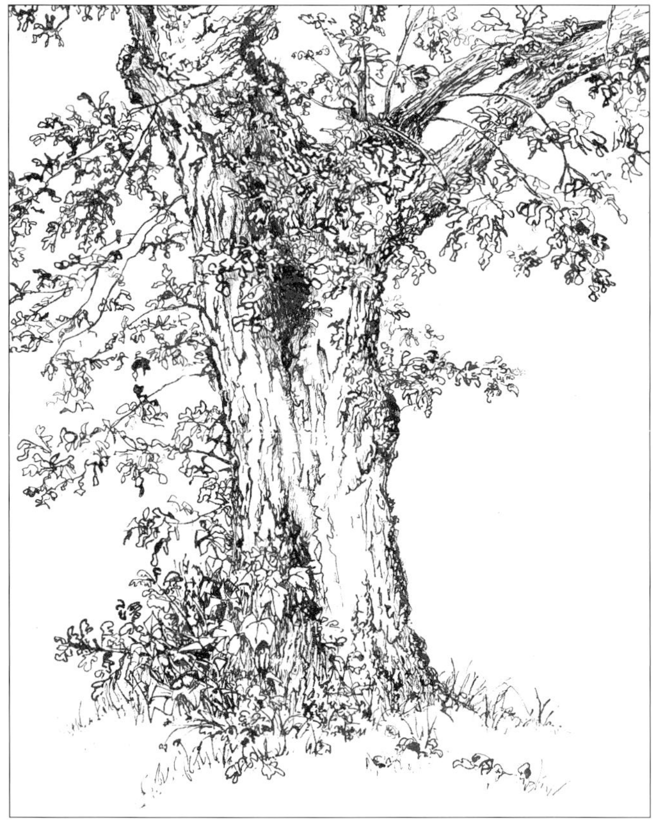

Eiche

Acryltinte mit Tauchfeder auf Aquarellpapier, 30,5 × 38 cm. Mir gefielen die Form des Stammes und der Äste, die Textur der Rinde, die Vielfalt der Tonwerte und die komplementären Formen der Blätter.

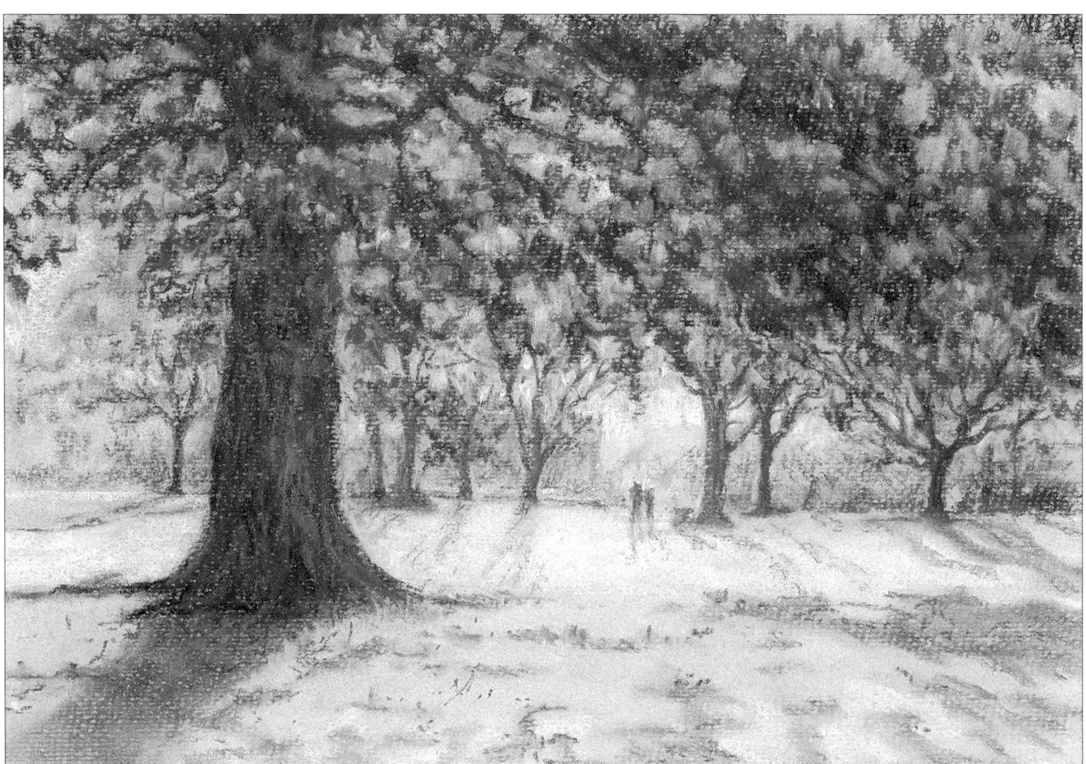

Frühes Morgenlicht

Conté-Kreiden in Schwarz, Sepia, Grau und Weiß auf neutralem Pastellpapier, 30 x 21 cm. Ich bin auf diese Szene gestoßen, als ich mit meinem Hund im Nonsuch-Park spazieren ging, wo vor 500 Jahren der Nonsuch-Palast von Heinrich VII. erbaut wurde. Ich habe die Bäume, die Menschen und das Gebäude sanft mit einem B-Bleistift positioniert, und begann dann die Zeichnung mit schwarzer Conté-Kreide. Ich verwendete Weiß für den Himmel hinter den Figuren und dem Gebäude und Grau für die helleren Formen und achtete dabei auf die Negativformen zwischen den Blättern und Zweigen.

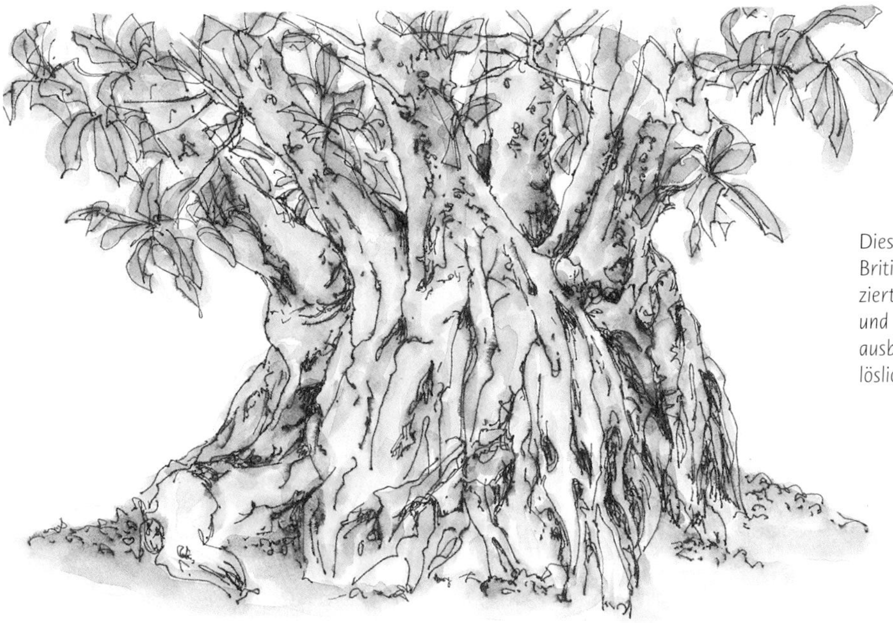

Dieser Banyanbaum stand für eine Sonderausstellung vor dem Britischen Museum. Ich war fasziniert von den starken, komplizierten Formen des Stammes, die ineinander verflochten waren und dann nach oben hin starke Äste mit üppigem Blattwerk ausbildeten. Die Zeichnung ist 30 × 21 cm groß und mit wasserlöslicher Tinte auf festem Patronenpapier entstanden.

Laubbäume im Winter und Sommer

Die folgenden Beispiele wurden alle mit einem 6B-Bleistift gezeichnet.

WINTERBAUM

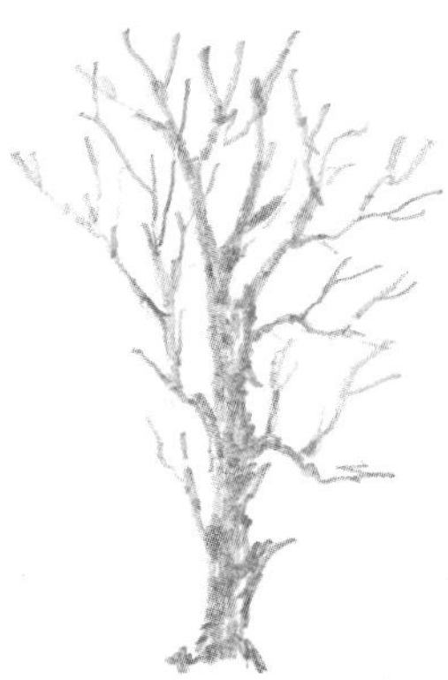

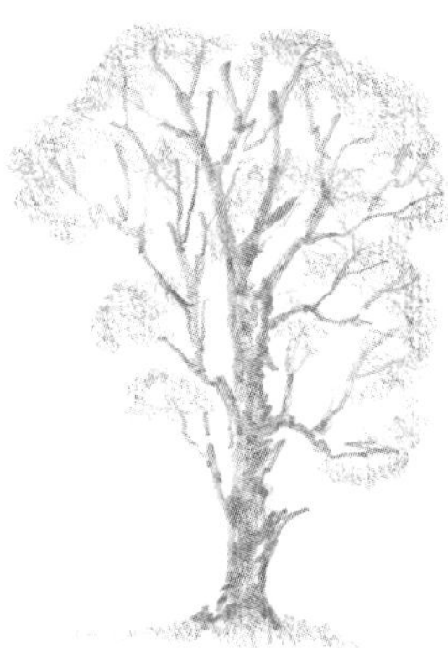

1 Wenn ich Winterbäume zeichne, beginne ich mit einem 6B-Bleistift von unten mit dem Stamm und arbeite mich nach oben zu den größeren Ästen und Zweigen vor. Dabei nehme ich immer wieder kurze, zufällige Richtungsänderungen vor.

2 Mit der Seite des 6B-Bleistifts zeichne ich das helle Laub und kleinere Zweige um den Rand herum ein, um dem Baumes seine Form zu geben. Dabei platziere ich auch etwas Laub in der Mitte, um nach vorn kommende Zweige darzustellen.

SOMMERBAUM

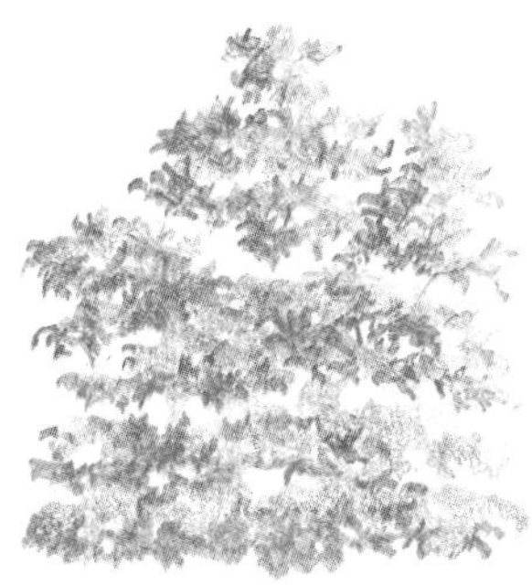

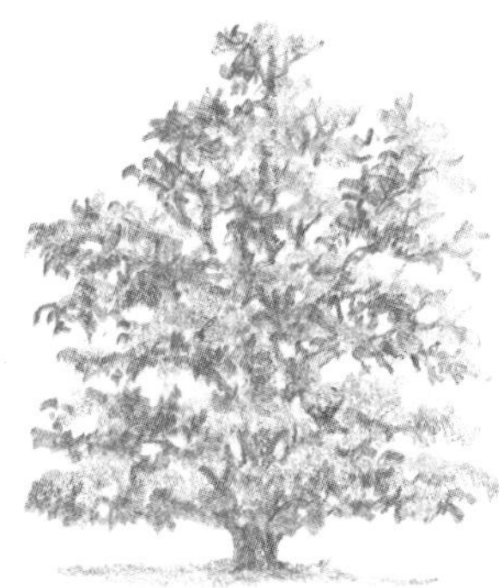

1 Wenn ein Baum mehr Laub trägt, zeichne ich dieses zuerst. Es ist hilfreich, sich die Blätter als Blättergruppen vorzustellen. Die Blättergruppen sind in drei Abschnitte unterteilt - oben, mittig und unten. Ich habe das Laub leicht mit einem 6B-Bleistift gezeichnet, das Licht kommt von rechts. Ich setzte stärkere Markierungen für die dunkleren Tonwerte in den Schatten links und unten.

2 Der Stamm und die Äste wurden dann in die Zwischenräume eingepasst und der Schatten wurde sanft auf das Gras schattiert.

Tannenbaum-Übung

Diese Übung entstand mit einem Künstlerstift mit wasserlöslicher Tinte auf satiniertem 300 g/m² Aquarellpapier.

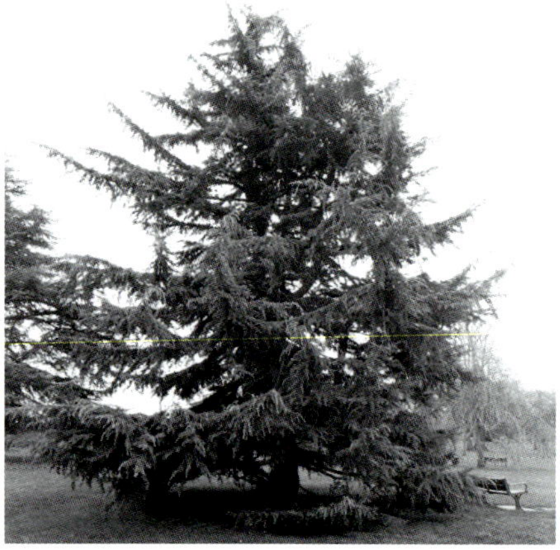

Dieser schöne Tannenbaum sieht zu jeder Jahreszeit gut aus.

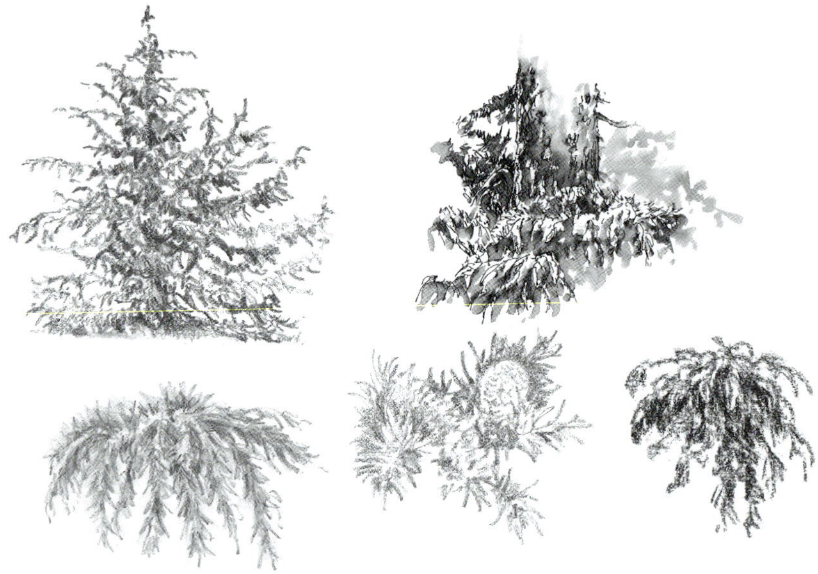

Oben: Ich skizzierte den Baum mit einem 3B-Bleistift. Ich begann oben und setzte kurze, zufällige Striche nach rechts und links, dann den Stamm hinunter, bis ich das Gras darunter erreichte. Dann habe ich mit einem wasserlöslichen Künstlerstift die Details der Äste und Nadeln ausgearbeitet. Unten: Mit einem 3B-Bleistift habe ich untersucht, wie die Tannennadeln von einem kleinen Zweig herabhingen. Ich zeichnete mit einem 5B-Grafitstick einen zylindrischen Tannenzapfen auf einen Zweig. Zum Schluss habe ich ein paar Zweige mit einem Conté-Stift skizziert.

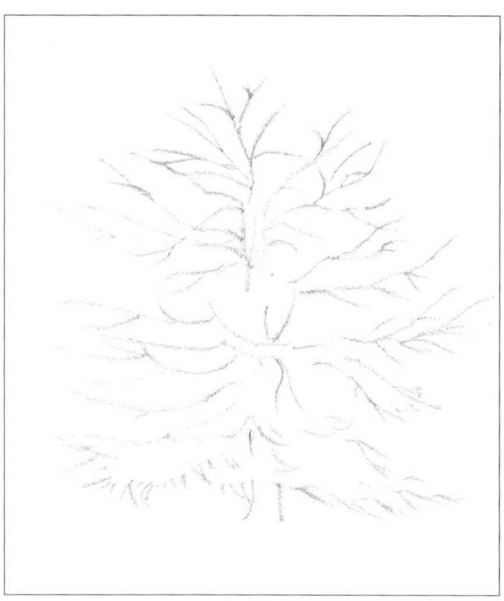

1 Zeichnen Sie den Umriss zum Festlegen der Form mit einem 3B-Bleistift mit losen, gebogenen Formen für die Zweige.

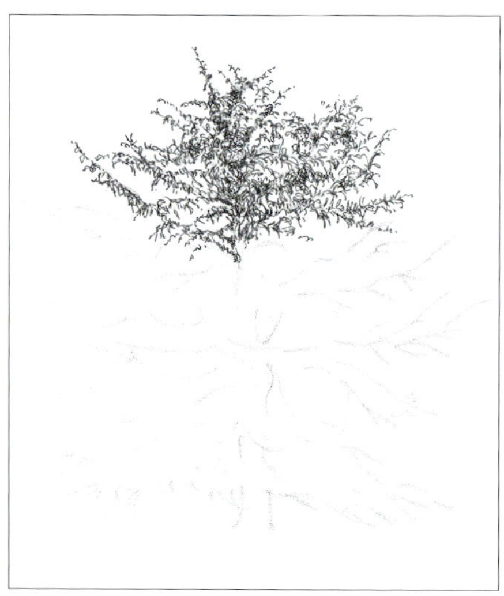

2 Bei den meisten Bäumen lassen sich drei Laubbereiche unterscheiden: oben, mittig und unten. Verwenden Sie einen feinen wasserlöslichen Stift und schauen Sie auf das Foto oder die Vorlage (und nur gelegentlich auf Ihr Papier) und zeichnen Sie mit kurzen Strichen und Punkten den oberen Teil. Achten Sie darauf, dass die Nadeln in verschiedenen Winkeln aus den Zweigen an den Ästen herauskommen.

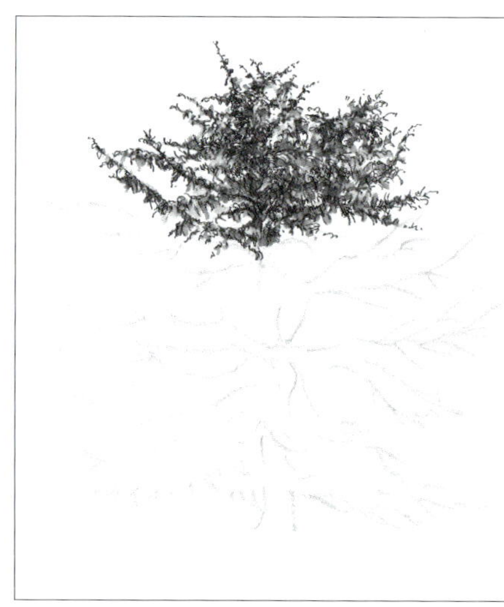

3 Benutzen Sie einen mittelgroßen Wassertankpinsel und befeuchten Sie einige der Tintenmarkierungen mit kleinen Strichen und Punkten, um die Tonwerte zu verteilen und weicher zu machen. Übertreiben Sie es nicht, da es nicht rückgängig gemacht werden kann! Tintenstifte unterscheiden sich; wenn Ihrer also zu dick ist, tupfen Sie die nasse Tinte schnell mit einem Papiertaschentuch ab, bevor sie trocknet.

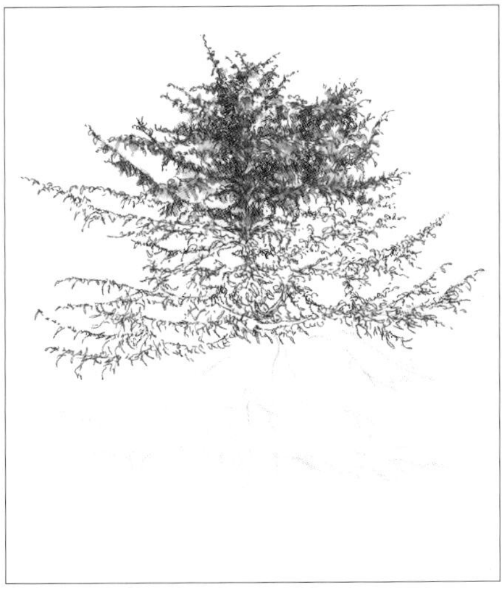

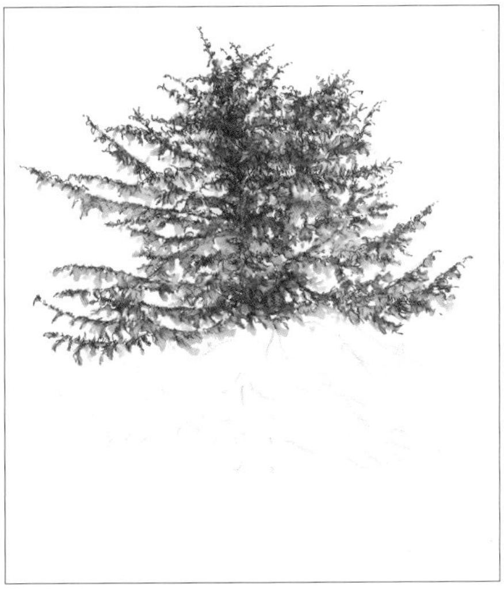

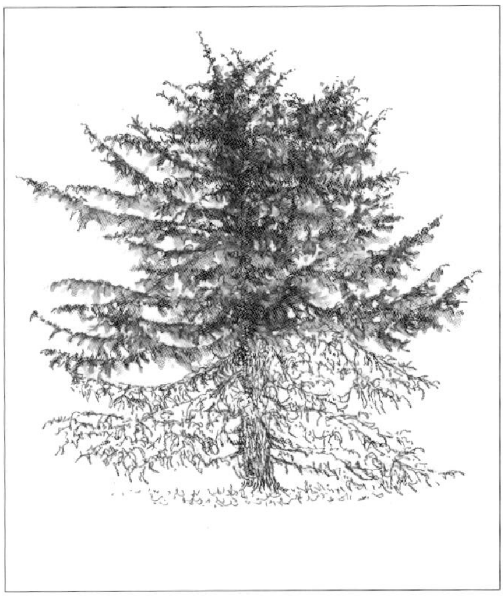

4 Zeichnen Sie die nadelartigen Blätter wieder mit dem Stift und halten Sie die Form der Zweige in Übereinstimmung mit Ihrer ursprünglichen Zeichnung. Sehen Sie sich Ihre Referenz genau an, um einen natürlichen Effekt zu erzielen.

5 In diesem mittleren Abschnitt fangen mehr Zweige das Licht ein, daher verwenden Sie hier zuerst den Wassertankpinsel mit kurzen, schnellen Strichen und betupfen jeden Zweig, bevor er trocknet. Lassen Sie einige Bereiche trocken und scharf, um Kontrast zu schaffen. Machen Sie dasselbe mit den dunkleren Zweigen und lassen Sie sie auf natürliche Weise trocknen. Achten Sie darauf, dass die Negativformen zwischen den Zweigen und Nadeln in Form und Größe variieren.

6 Zeichnen Sie die unteren Zweige und den Stamm locker in kurzen und langen Strichen. Setzen Sie mehr Striche für den dunkleren Teil, wo der Stamm zu sehen ist und wo die Zweige im Schatten liegen. Zeichnen Sie ein, wo der Schatten auf dem Gras unter dem Baum liegt.

Die fertige Zeichnung

Zum Schluss befeuchten Sie den Rest der helleren Zweige mit schnellen, kurzen Strichen mit dem Wassertankpinsel. Lassen Sie dabei schmale Papierstreifen für die hellsten Nadeln frei und tupfen sie vorsichtig mit einem Papiertuch ab. Befeuchten Sie dann die dunkleren Formen des Stamms und der Äste und lassen Sie diese auf natürliche Weise trocknen. Drücken Sie den Wassertankpinsel leicht zusammen, damit er mehr Wasser abgibt, um den Schatten auf dem Gras unter dem Baum zu vermalen. Treten Sie zurück und betrachten Sie Ihre Zeichnung, um zu sehen, ob sie stellenweise tiefere Tonwerte benötigt. Wenn sie das Funkeln auf den hellsten Nadeln verloren hat, können Sie auch ein Bastelmesser verwenden, um ein paar schmale Glanzlichter vorsichtig heraus zu kratzen.

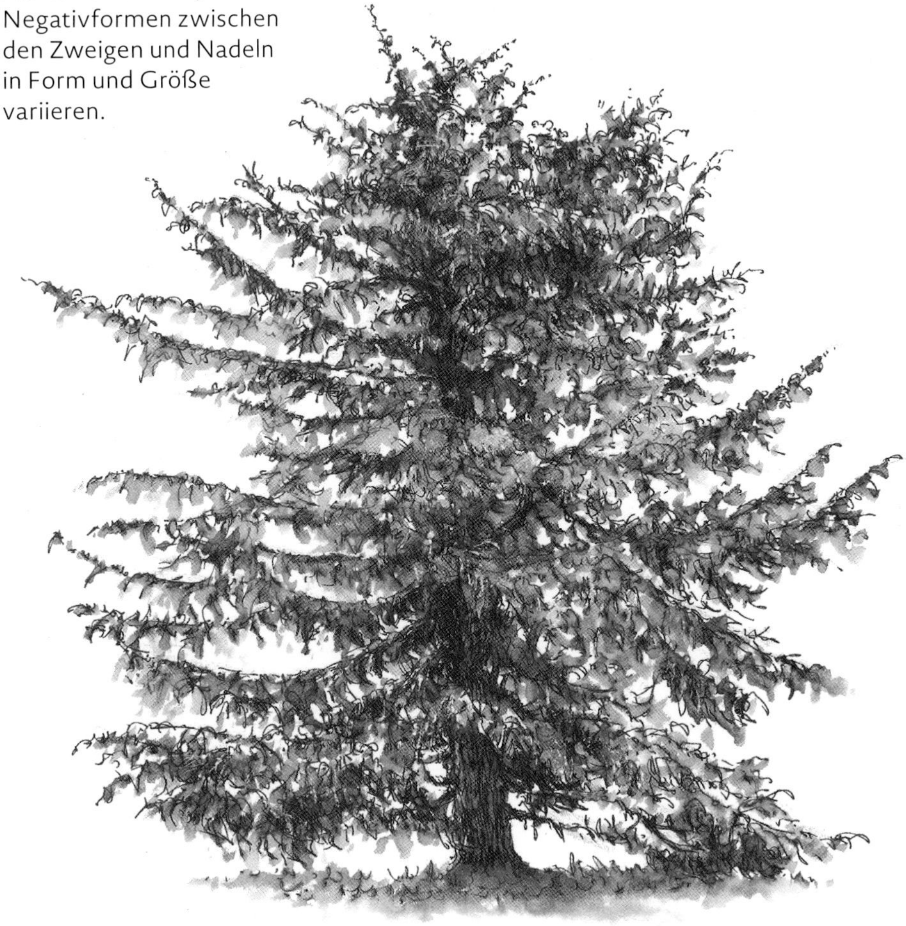

Hügel und Berge

Viele der dramatischsten und interessantesten Zeichnungen zeigen Hügel oder Berge. Die blassere Darstellung entfernter Hügel oder Berge (mit Hilfe der Luftperspektive) lässt sie in der Zeichnung in die Ferne zurückweichen. Dunkle, kontrastierende Tonwerte im Vordergrund oder im Bildschwerpunkt können den Blick des Betrachters in die Komposition hineinziehen.

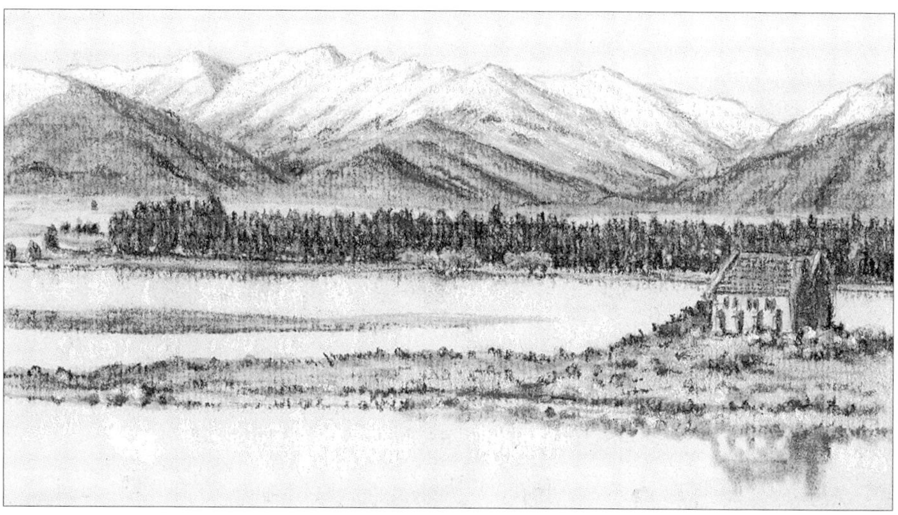

Schnee auf den Südalpen, Neuseeland

PanPastels®, Pastellstifte in Grau und Schwarz und Kreide in Weiß, auf getöntem, 200 g/m² Feinkorn-Aquarellpapier, 17,7 × 10 cm.

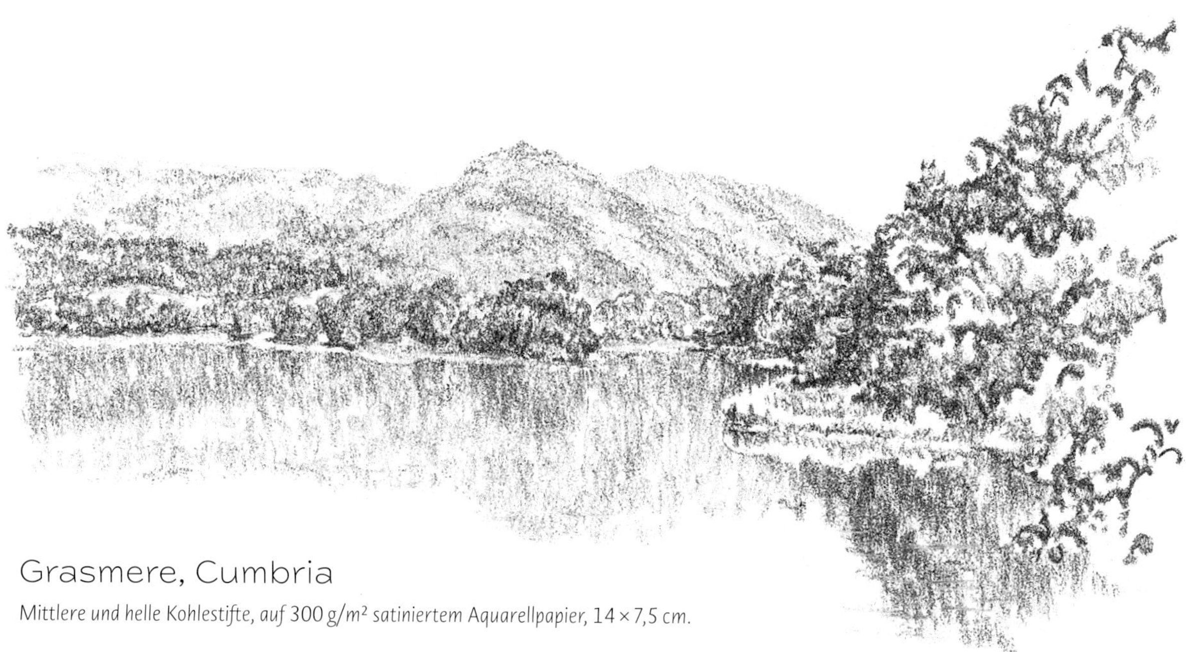

Grasmere, Cumbria

Mittlere und helle Kohlestifte, auf 300 g/m² satiniertem Aquarellpapier, 14 × 7,5 cm.

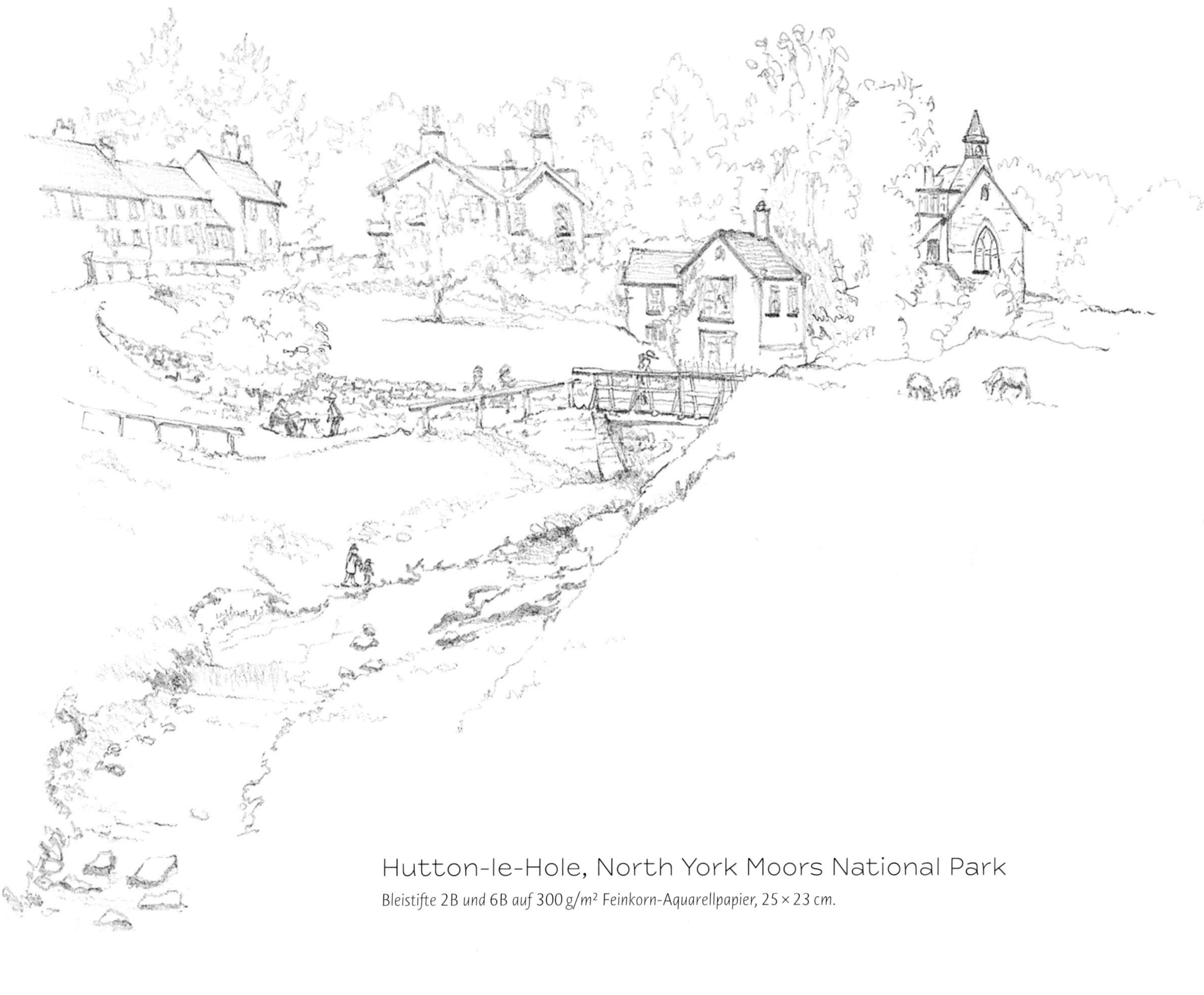

Hutton-le-Hole, North York Moors National Park

Bleistifte 2B und 6B auf 300 g/m² Feinkorn-Aquarellpapier, 25 × 23 cm.

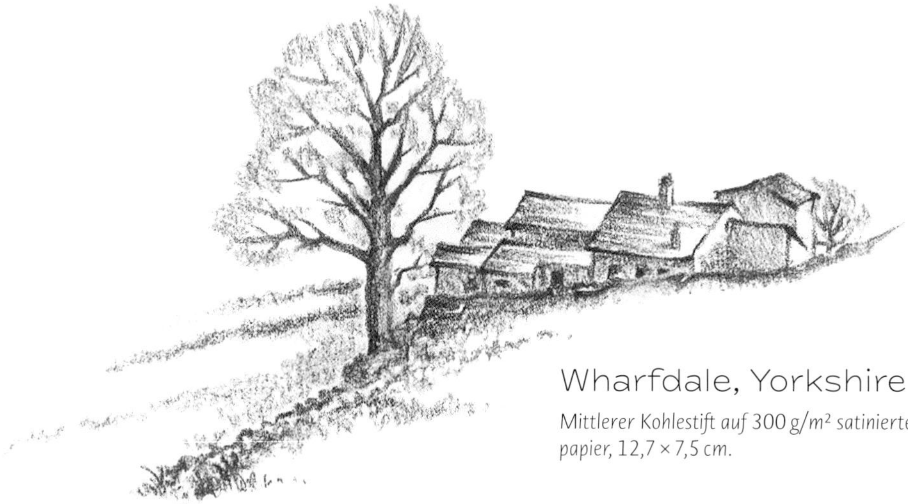

Wharfdale, Yorkshire Dales

Mittlerer Kohlestift auf 300 g/m² satiniertem Aquarellpapier, 12,7 × 7,5 cm.

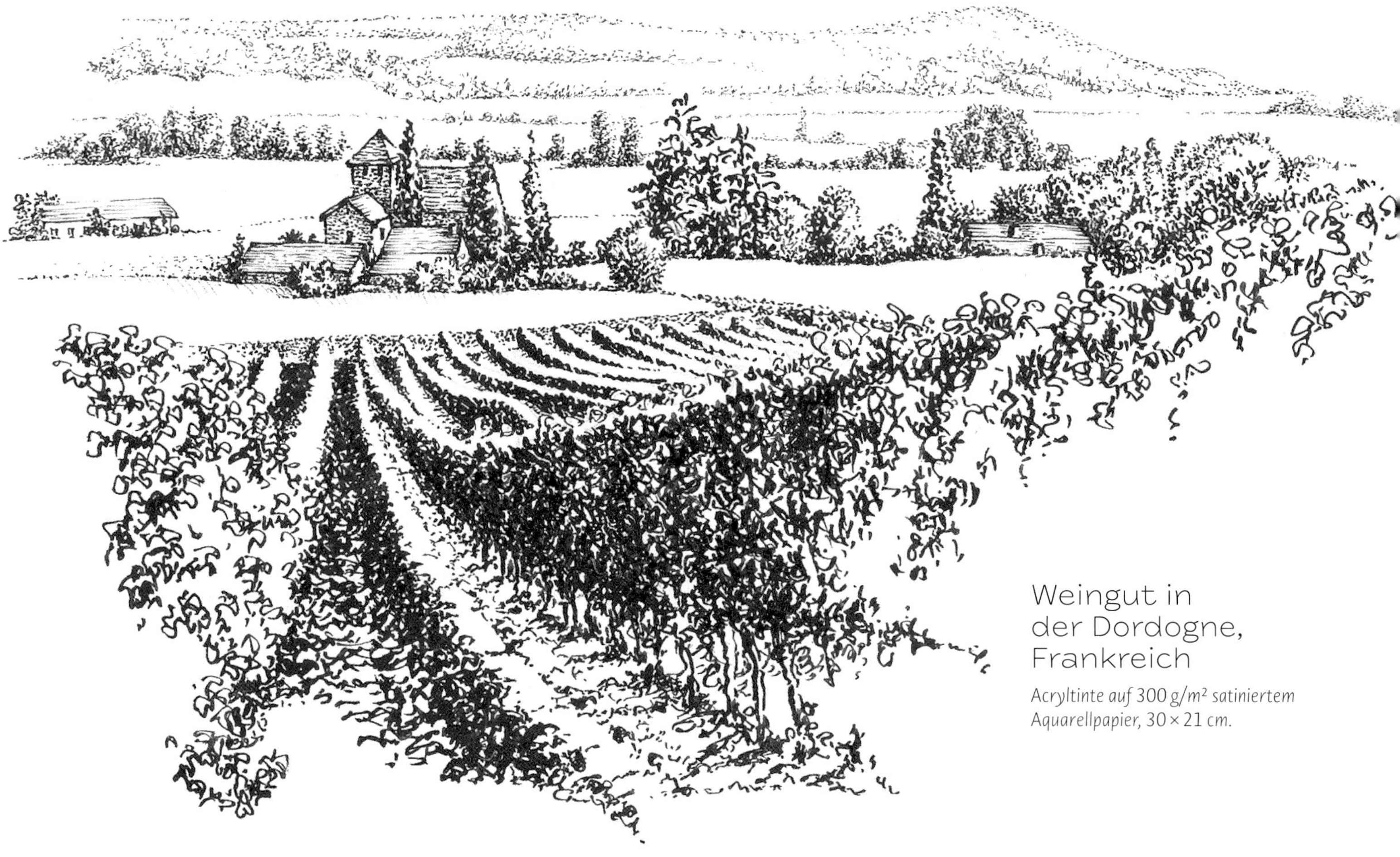

Weingut in der Dordogne, Frankreich

Acryltinte auf 300 g/m² satiniertem Aquarellpapier, 30 × 21 cm.

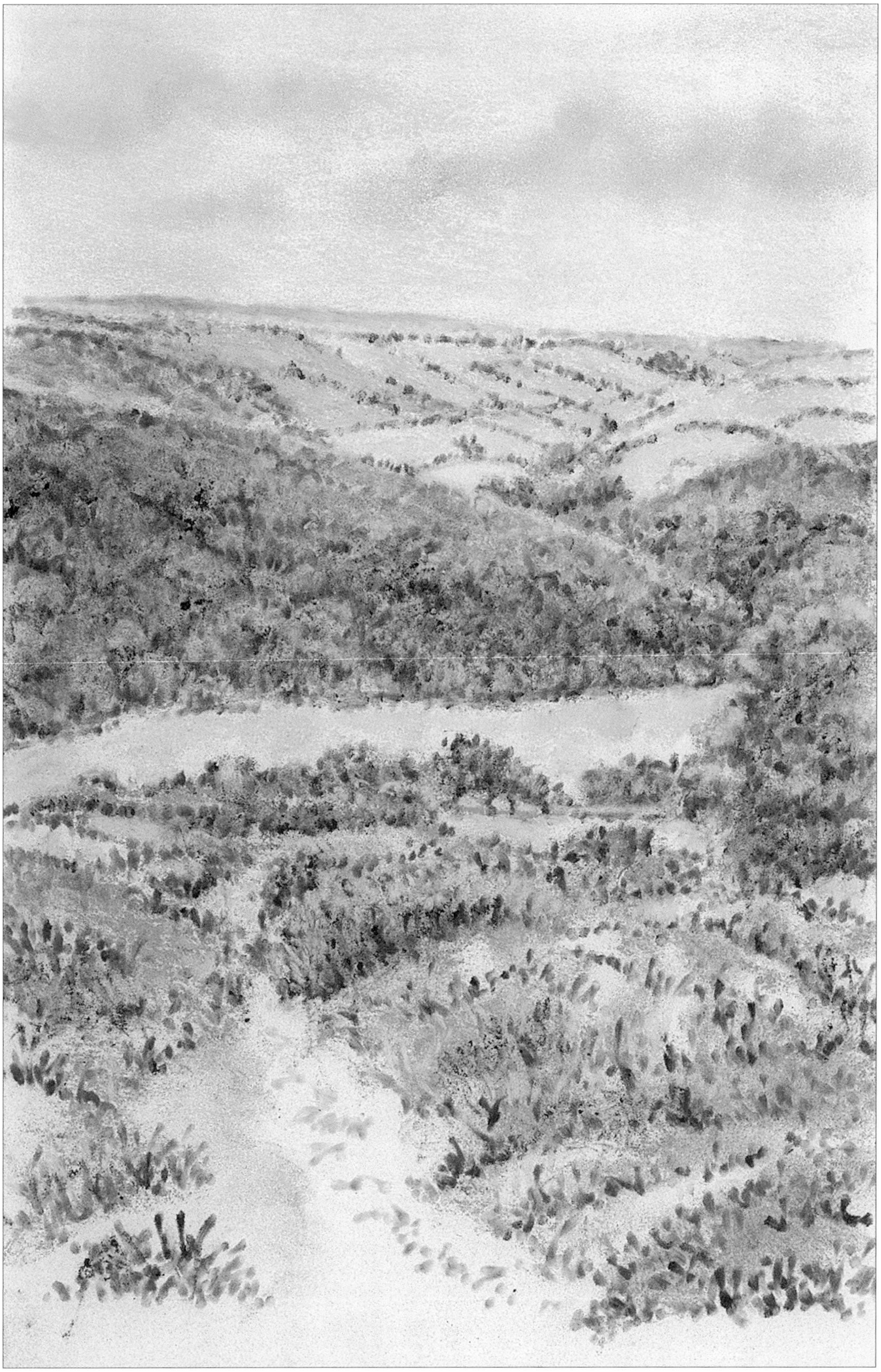

Exmoor, Devon

Soft-Pastell auf cremefarbenem feinem Pastellpapier, 21,5 × 30,5 cm.

Fernsicht auf Berge

Als ich auf der Straße von Ballater nach Braemar in Schottland unterwegs war, bemerkte ich die Cairngorm-Berge, die die Linie der dunklen Nadelbäume überragten und blass und majestätisch aussahen. Auch die Laubbäume entlang der Ufer des Flusses Dee standen im Kontrast zu den Tannen. Zu meiner Freude waren noch einige verbliebene Schneeflecken in den höchsten Felsspalten zu sehen.

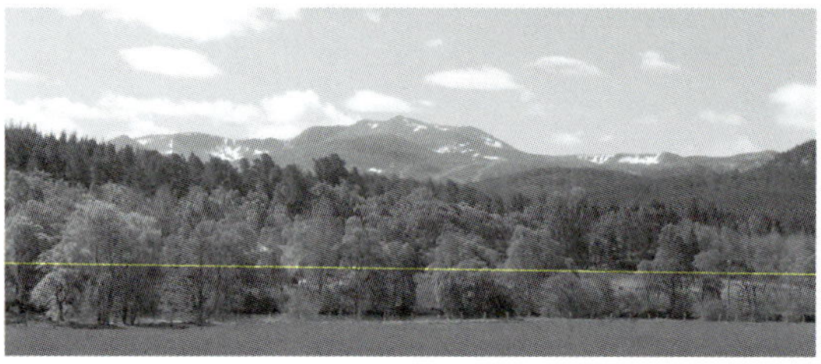

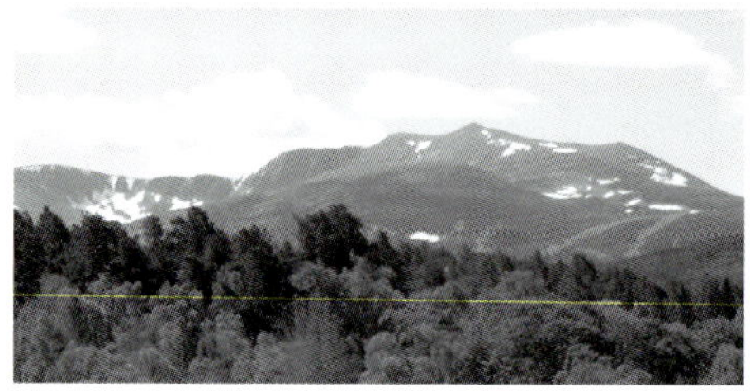

Die Referenzfotos.

MATERIALIEN

- 300 g/m² satiniertes Aquarellpapier
- Weidenkohle
- Helle, mittlere und dunkle Kohlestifte
- Bleistiftanspitzer oder Taschenmesser
- Radiergummi
- Wattestäbchen oder Papierwischer
- Kleines Stück Schwamm

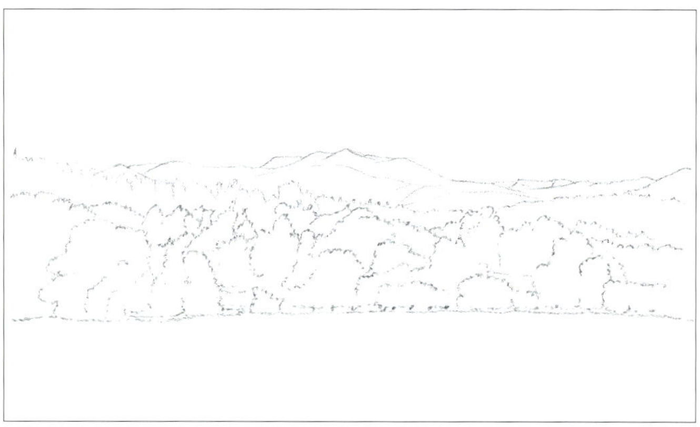

1 Zeichnen Sie den Umriss mit einem hellen Kohlestift.

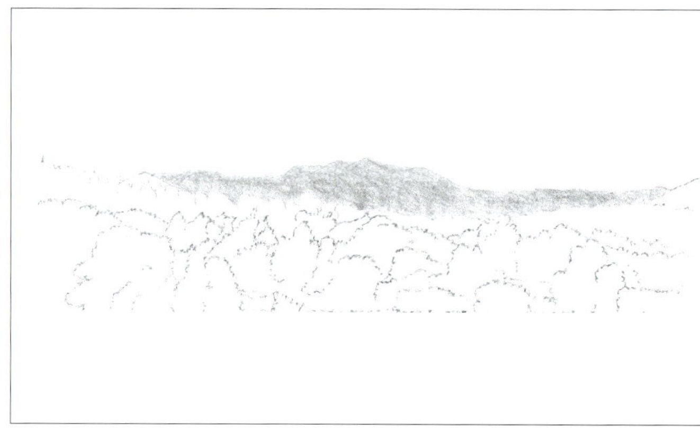

2 Schattieren Sie mit der Seite einer Weidenkohle die Berge gleichmäßig und leicht: Wischen Sie dabei die Kohle innerhalb der Umrisse mit einem Wattestäbchen oder Papierwischer mit kleinen kreisenden Bewegungen in das Papier. Weidenkohle lässt sich sehr leicht ausradieren.

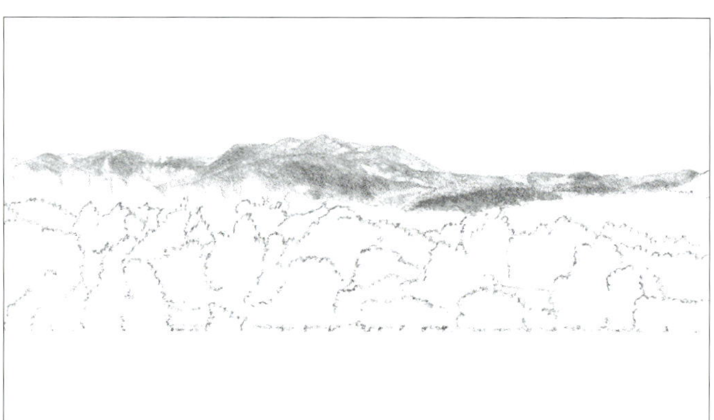

3 Schattieren Sie die dunkleren Tonwerte des Berges mit Weidenkohle und verwischen Sie diese sorgfältig. Entfernen Sie mit einem zu einer Spitze geformten Knetradiergummi die Holzkohle von den Schneeflecken auf den Bergen.

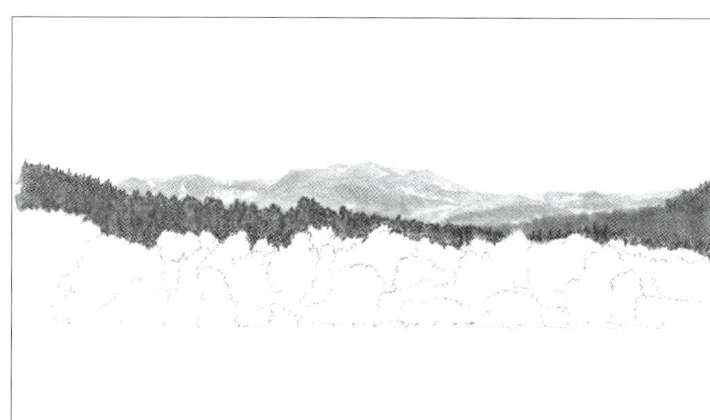

4 Schattieren Sie mit der Weidenkohle die gesamte Fläche der dunklen Tannenbäume mit vertikalen Strichen und verwischen Sie diese in das Papier. Zeichnen Sie dann mit einem angespitzten dunklen Kohlestift die Spitzen der Bäume und die Schatten an den Seiten darüber. Halten Sie den Hügel rechts etwas heller.

5 Schattiert Sie mit der Weidenkohle die mittleren Tonwerte der Laubbäume an den Flussufern und verwischen sie leicht. Sparen Sie dabei die Baumwipfel dort, wo sie das Licht einfangen, aus. Zeichnen Sie dann mit dem angespitzten, mittleren Kohlestift die Tonwerte der Baumstämme und des Laubes jedes Baumes ein und verwischen Sie diese leicht – ich habe dafür meinen kleinen Finger benutzt!

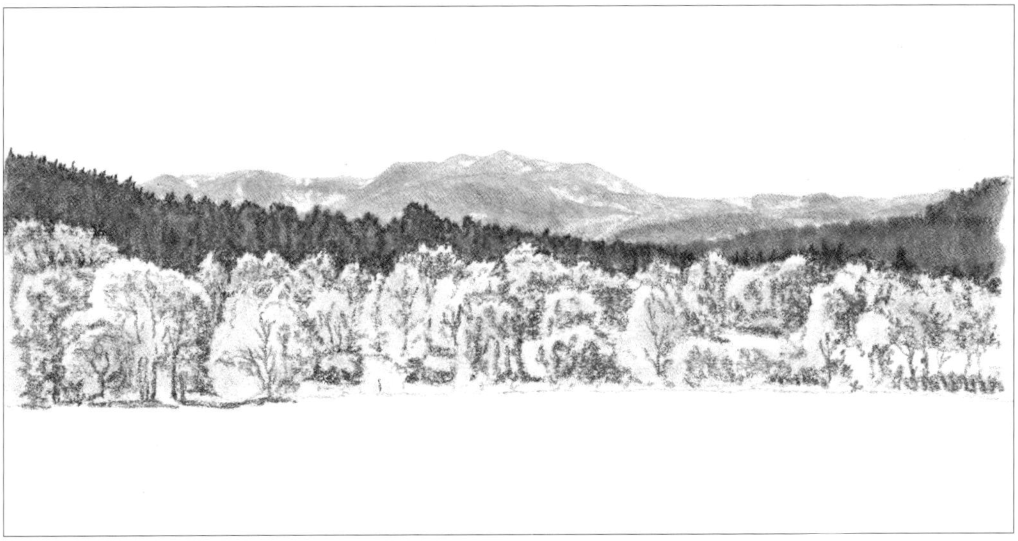

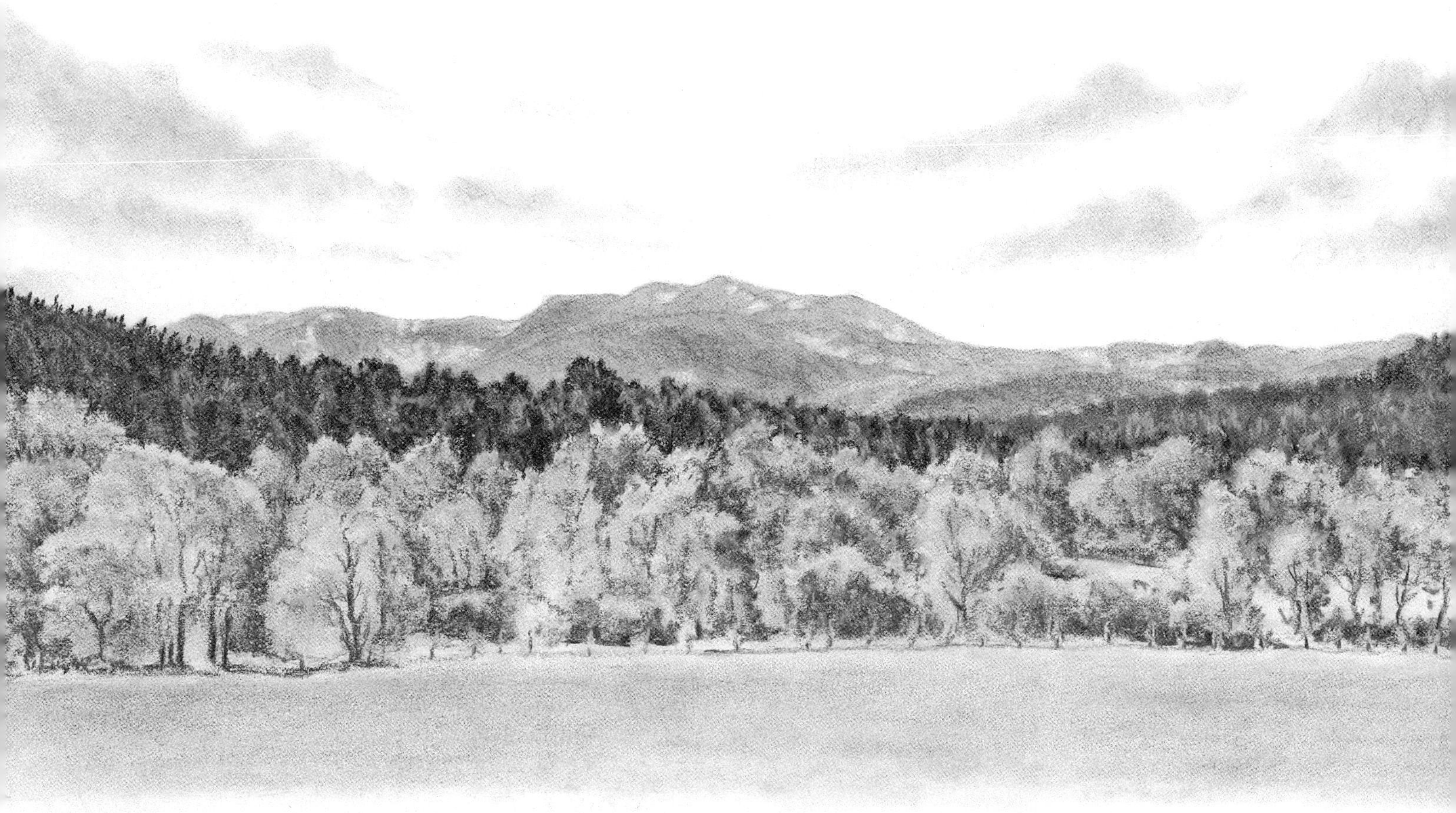

Die fertige Zeichnung

Zum Schluss betonen Sie mit einem Stück Weidenkohle die Bereiche der Baumstämme und die dunkelsten Schatten zwischen den Bäumen. Einige dieser Schatten sind so dunkel wie die Tannenbäume. Die Zaunpfosten vor den Bäumen stehen dunkel auf dem hellen Gras und hell vor den dunklen Bäumen dahinter. Entfernen Sie also die Kohle mit dem spitzen Knetradierer dort, wo sie heller sein müssen. Verwenden Sie Kohlestaub auf einem Finger oder einem kleinen Schwamm, um einen hellen Ton horizontal über das Gras im Vordergrund zu reiben. Verwenden Sie schließlich Kohlestaub auf dem Finger oder einem kleinen Schwamm, um die Wolken darzustellen.

Moore und Wiesen

Ich habe viele Spaziergänge auf dem Land, im Urlaub oder zuhause mit meinem Golden Retriever unternommen. Wenn ich spazieren gehe, suche ich nach inspirierenden Ansichten und halte oft an, um zu skizzieren und zu fotografieren. Mein Hund ist immer geduldig und wartet, bis ich weitergehe!

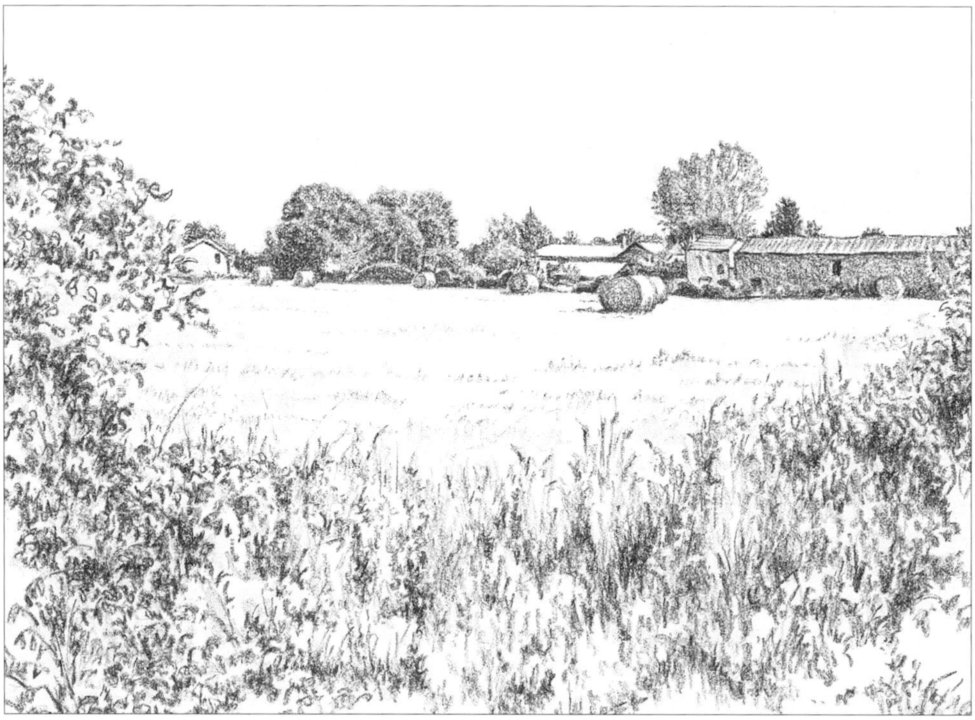

Heuwiese bei Ardin, Frankreich

Mittlerer Kohlestift auf 300 g/m² weißem, satiniertem Aquarellpapier, 30 × 21 cm. Der Busch auf der linken Seite verbindet den Vordergrund mit den Bäumen und Gebäuden.

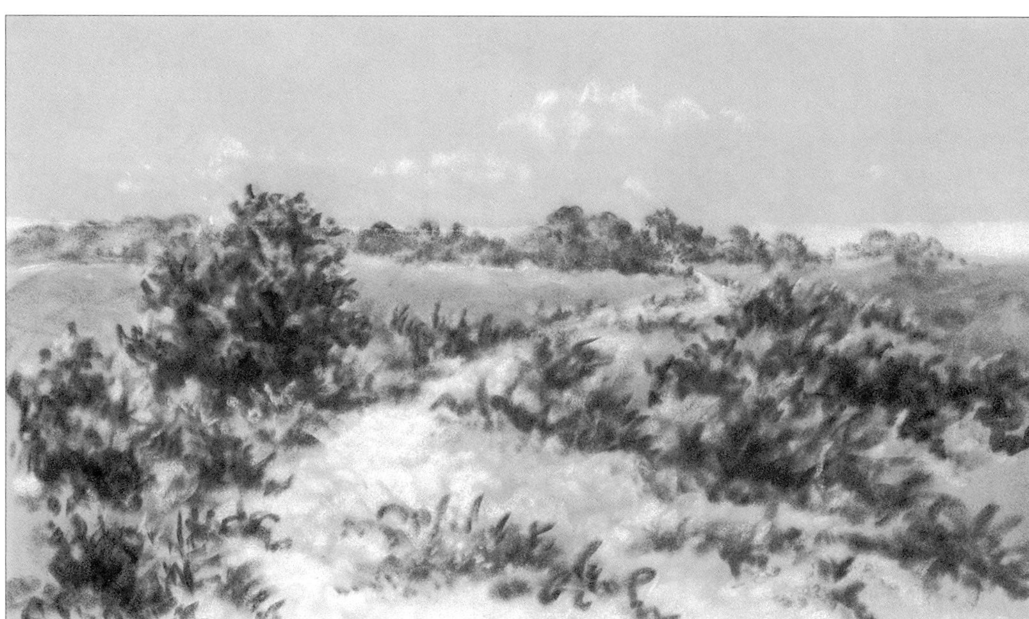

Am Rande des New Forest

Soft-Pastell und Conté-Kreide auf grauem Velours-Pastellpapier. Die Pastelle hinterlassen auf diesem Papier schöne weiche Spuren.

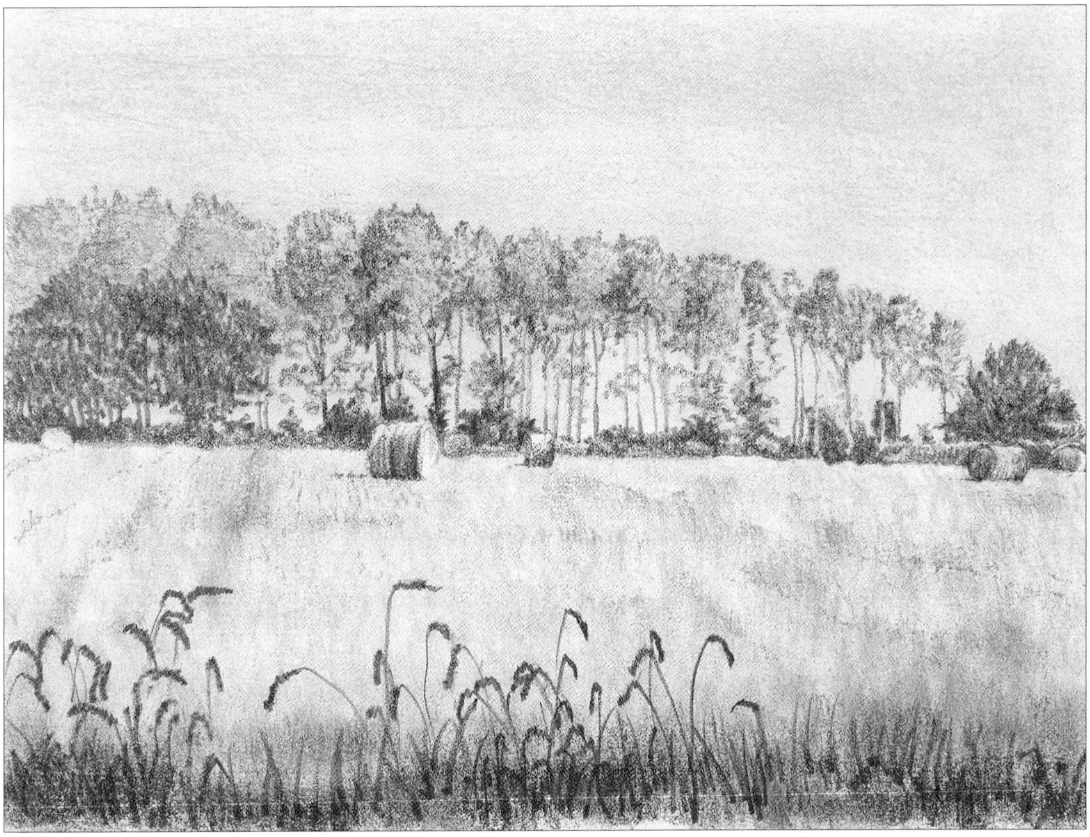

Wiese in der Vendée, Frankreich

Conté und Bleistifte 3B, 5B und 7B auf weißem 300 g/m² satiniertem Aquarellpapier. Beachten Sie den Kontrast von dunkel gegen hell im Vorder- und Hintergrund.

Oxshott-Heide

PanPastel® in Sepia, aufgetragen mit einem winzigen Schwamm auf weißem Velours-Pastellpapier. Durch das Aussparen des weißen Papiers im Mittelgrund entsteht der Eindruck von Sonnenlicht.

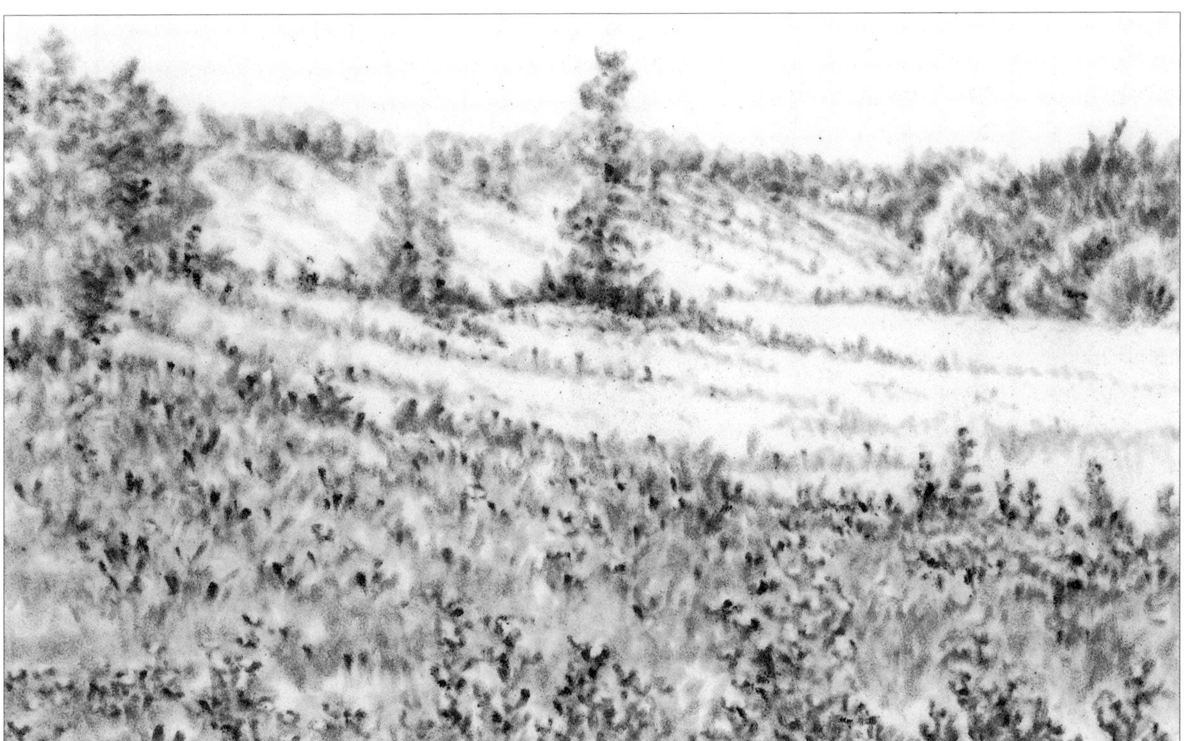

BANSTEAD DOWNS

Ich bin schon immer gern in der Nähe von Banstead in Surrey spazieren gegangen. Nicht die ganze Landschaft dort ist so flach. Meinem Hund Gemma, der hier an den Pflanzen schnüffelt, gefiel es sehr. Dieser Anblick sprach mich wegen des weißen Bärenklaus an, der sich vor den dunklen Bäumen abhebt, und wegen der Form der überhängenden Bäume am Feldrand.

Mir gefällt auch der Schatten, der den Konturen der Pflanzen, des Weges und des Feldes folgt, sowie die Luftperspektive, die durch die hellen Bäume in der Ferne entsteht.

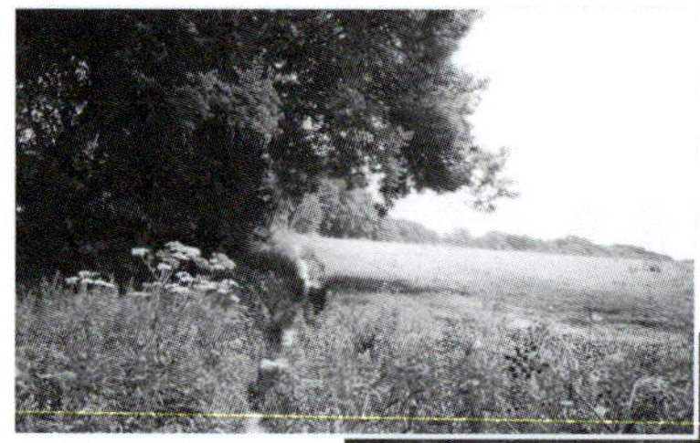

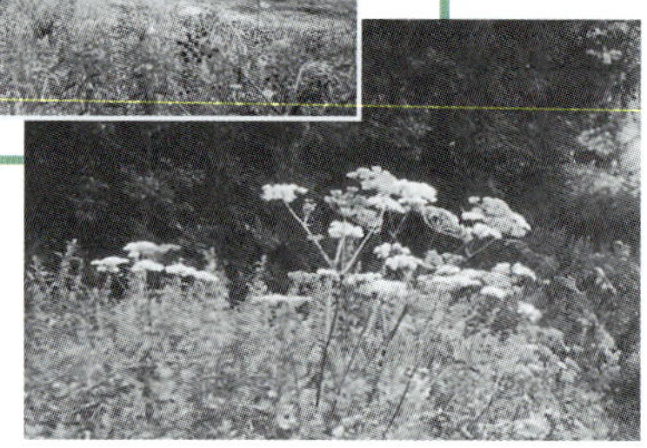

MATERIALIEN

- 300 g/m² satiniertes Aquarellpapier
- Mittlerer wasserlöslicher Grafitstift und Grafitstift 6B
- Knetradiergummi
- Transparentpapier
- Mittelgroßer Wassertankpinsel oder Pinsel

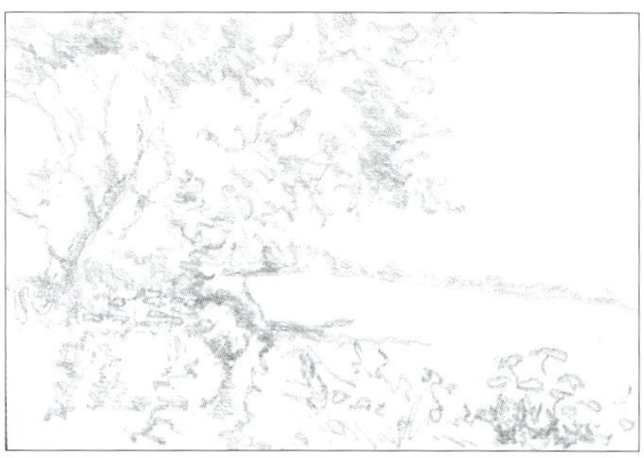

1 Legen Sie mit einem in flachem Winkel zum Papier geführten Bleistift 6B und mit sanften kreisenden Bewegungen die Tonwerte an. Das Hauptaugenmerk liegt auf dem Bärenklau vor dem dunklen Blattwerk. Platzieren Sie diesen etwa ein Drittel von links und ein Drittel von unten. Übertreiben Sie die Kurve des Weges und lassen Sie den Schatten der Bäume den Konturen der Vegetation folgen. Zeichnen Sie rechts mehr Blumen dunkler als auf dem Originalfoto, um die Tonwerte auf der linken Seite auszugleichen. Diese Bleistiftlinien können ausradiert werden, aber die wasserlöslichen Bleistiftlinien können nie ganz ausradiert werden.

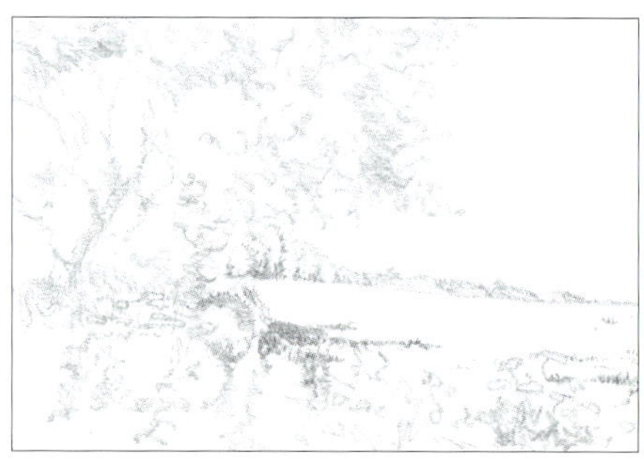

2 Zeichnen Sie mit einem mittleren wasserlöslichen Grafitstift mit kurzen, geschwungenen Strichen sanft die Formen und Tonwerte der blassen, weit entfernten Bäume. Dann zeichnen Sie mit meist senkrechten Strichen des wasserlöslichen Stifts dunklere Töne für den Schatten – geschwungen über den Pflanzen, flach unten auf dem Weg, dann nach oben und gerade über das Feld.

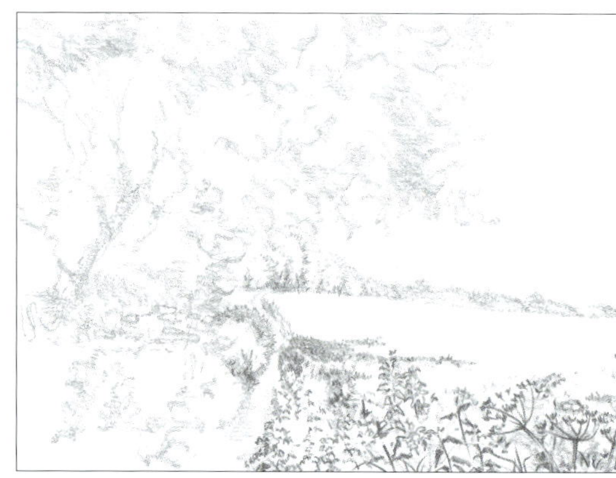

3 Die Wildblumen auf der rechten Seite des Weges waren dunkel und vertrocknet, übrig vom Vorjahr. Zeichnen Sie sie mit kräftigen, festen Strichen, die sich als Silhouette gegen das helle Feld abheben.

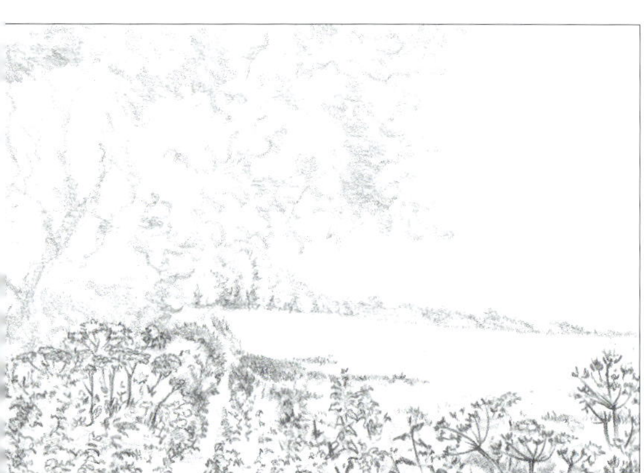

4 Zeichnen Sie die Formen der Blumen und des Blattwerks auf der rechten Seite des Weges mit wasserlöslichem Grafit und achten darauf, das Weiß des Papiers für den Bärenklau auszusparen.

5 Legen Sie ein Stück Pauspapier unter Ihre Hand, damit die Zeichnung nicht verschmiert. Zeichnen Sie mit wasserlöslichem Grafit und kurzen gekrümmten Strichen das hellere Laub und die Äste im rechten Teil der Esche.

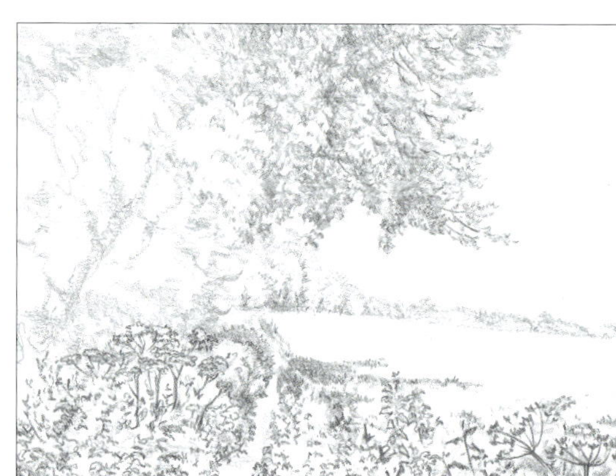

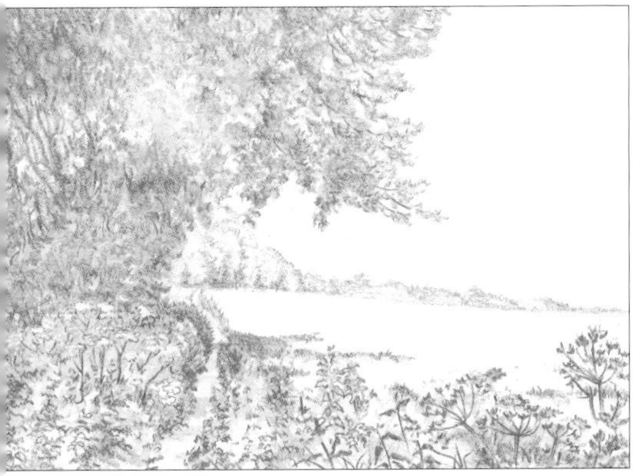

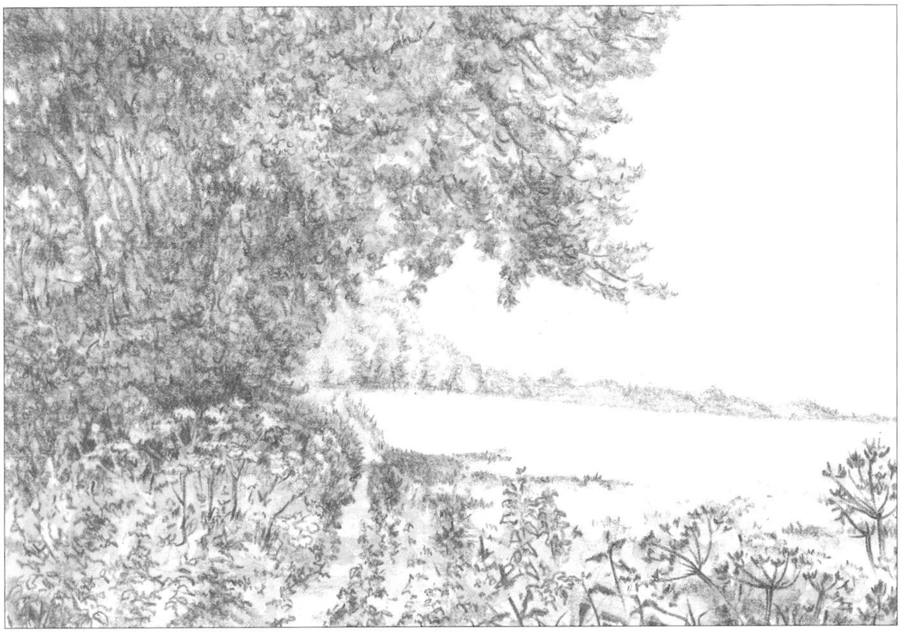

6 Zeichnen Sie den dunklen Baumstamm und die Äste links, dann das dunkle Laubwerk. Als nächstes tupfen Sie mit einem Wassertankpinsel vorsichtig Wasser auf die Zeichnung. Beginnen Sie dabei mit den entfernten Bäumen und gehen zu den Schatten auf dem Feld, den Wildblumen davor und schließlich zum Baum und seinem Laub.

7 Verstärken Sie mit wasserlöslichem Grafit die Tonwerte hinter dem Bärenklau und um die helleren Blätter oben und einige der dunkleren Blätter herum.

Die fertige Zeichnung

In der letzten Phase wurde erneut Wasser aufgetragen, um einen Teil des Grafits vorsichtig aufzulösen.

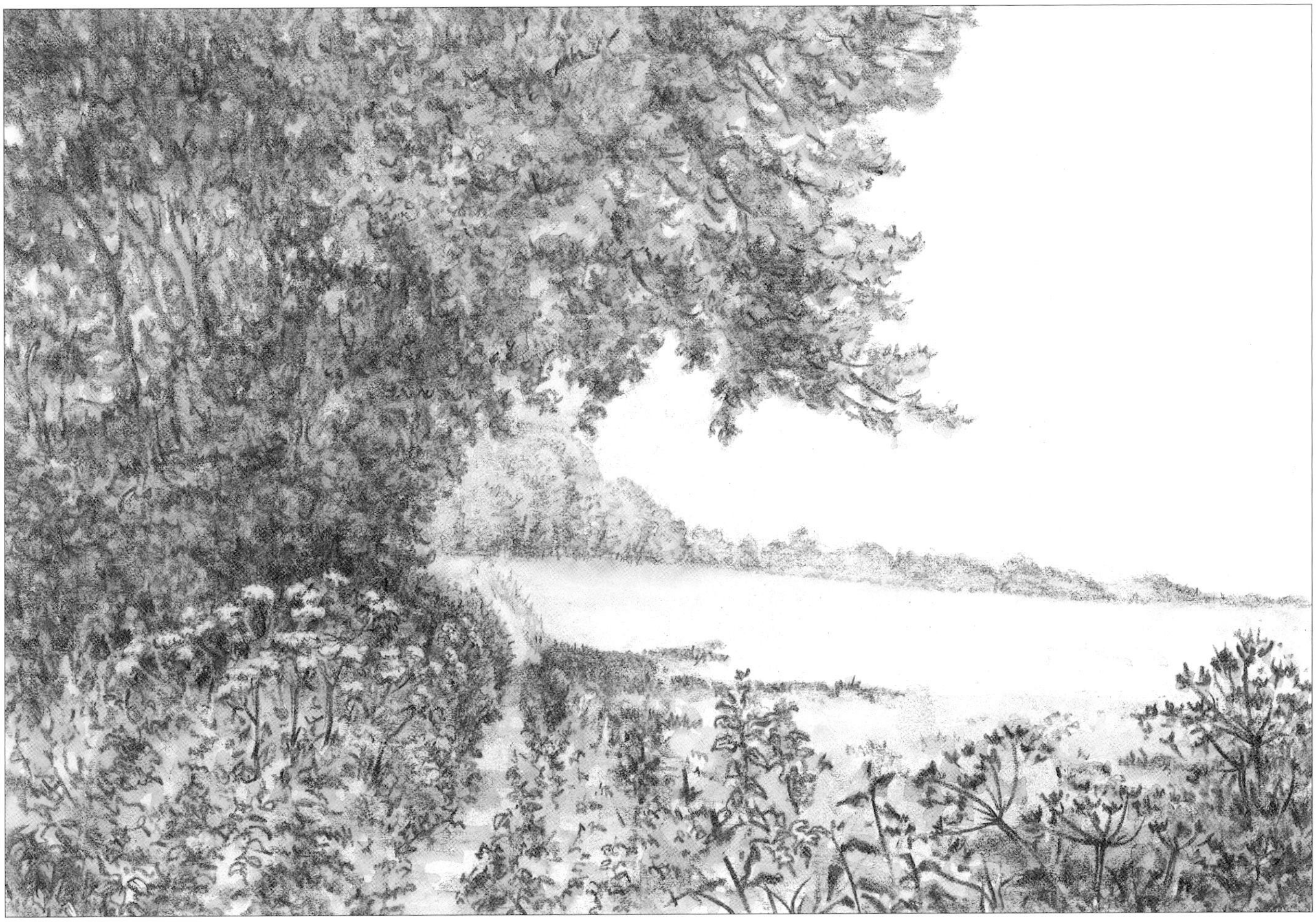

Himmel

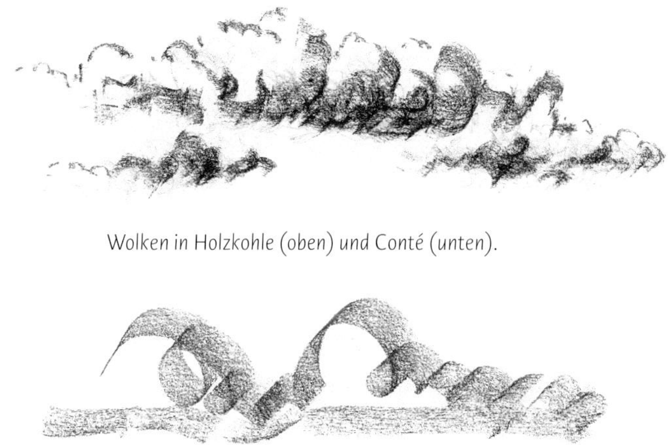

Wolken in Holzkohle (oben) und Conté (unten).

Der Himmel ist in der Landschaftszeichnung sehr wichtig, weil er das Wetter anzeigen und die Stimmung und Atmosphäre für das gesamte Kunstwerk festlegen kann. Manchmal sollte der Himmelsbereich völlig leer bleiben, wenn die Zeichnung bereits recht detailliert ist. Die Zeichnung kann jedoch oft durch die zarte Andeutung einer Wolkenformation oder durch dunkle Wirbel, die einen stürmischen Himmel suggerieren, verbessert werden.

Cumuluswolken in 5B-Bleistift, ausgeführt mit geschwungenen Strichen mit unterschiedlichem Druck.

Cumuluswolken in HB-Bleistift, gezeichnet mit punktierten und gestrichelten geschwungenen Linien.

Stratuswolken in 5B-Bleistift. Der Bleistift wird zum Zeichnen fast horizontal zum Papier gehalten und dann mit einem um den Finger gewickelten Tuch verrieben.

Abendhimmel

Auf 300 g/m² satiniertem Aquarellpapier, 10 × 15 cm. Der Himmelsbereich wurde mit einem horizontal gehaltenen 5B-Bleistift sanft schattiert. Diese Stratuswolken sind nahe dem Horizont dünner und blasser. Das Grafit wurde dann mit einem um den Finger gewickelten Tuch verrieben, um die Tonwerte weicher zu machen und zu verwischen. Schließlich wurde eine Linie entlang der Baumwipfel gezogen, darunter mit dem 5B-Bleistift schattiert und vorsichtig mit einem Wattestäbchen verrieben, wobei der Rand scharf gehalten wurde.

Stratocumulus-Wolken

Künstlerstift mit wasserlöslicher Tinte auf 300 g/m² satiniertem Aquarellpapier, 7 × 25 cm. Die Form der Wolken wurde mit dichteren Punkten gepunktet, wo die Wolken dunkler waren. Dann wurde die Tinte mit einem Wassertankpinsel (oder einem feuchten Pinsel) verdünnt und vorsichtig vom Wolkenrand nach oben hin und von unten in die Wolken hinein vermalt. Beachten Sie, dass die Wolken kleiner und näher erscheinen, je näher sie am Horizont sind. Dadurch entsteht Perspektive, die der Szene das Gefühl von Tiefe und Entfernung verleiht.

Schritt 1

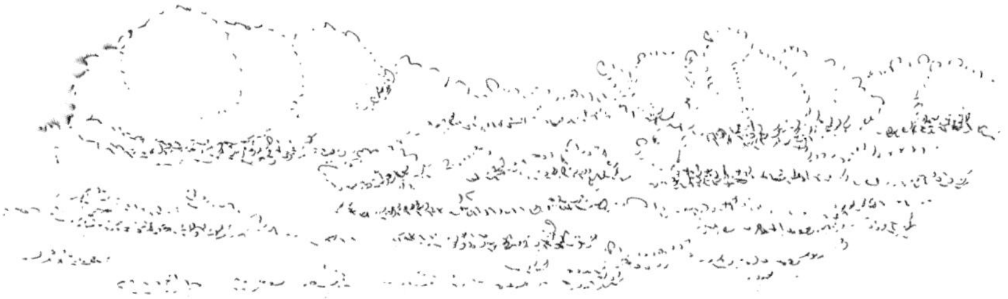

Die fertige Zeichnung

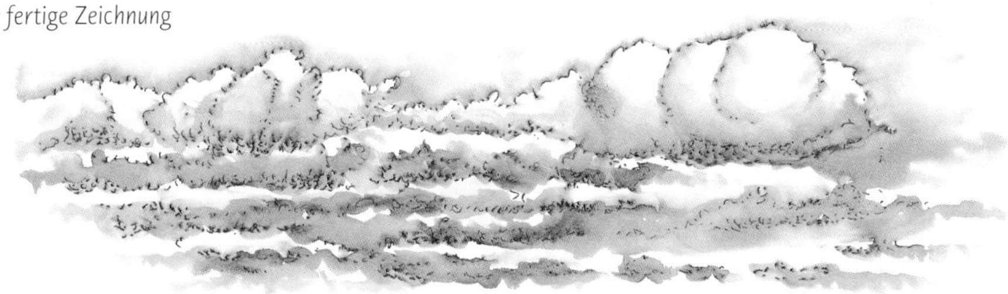

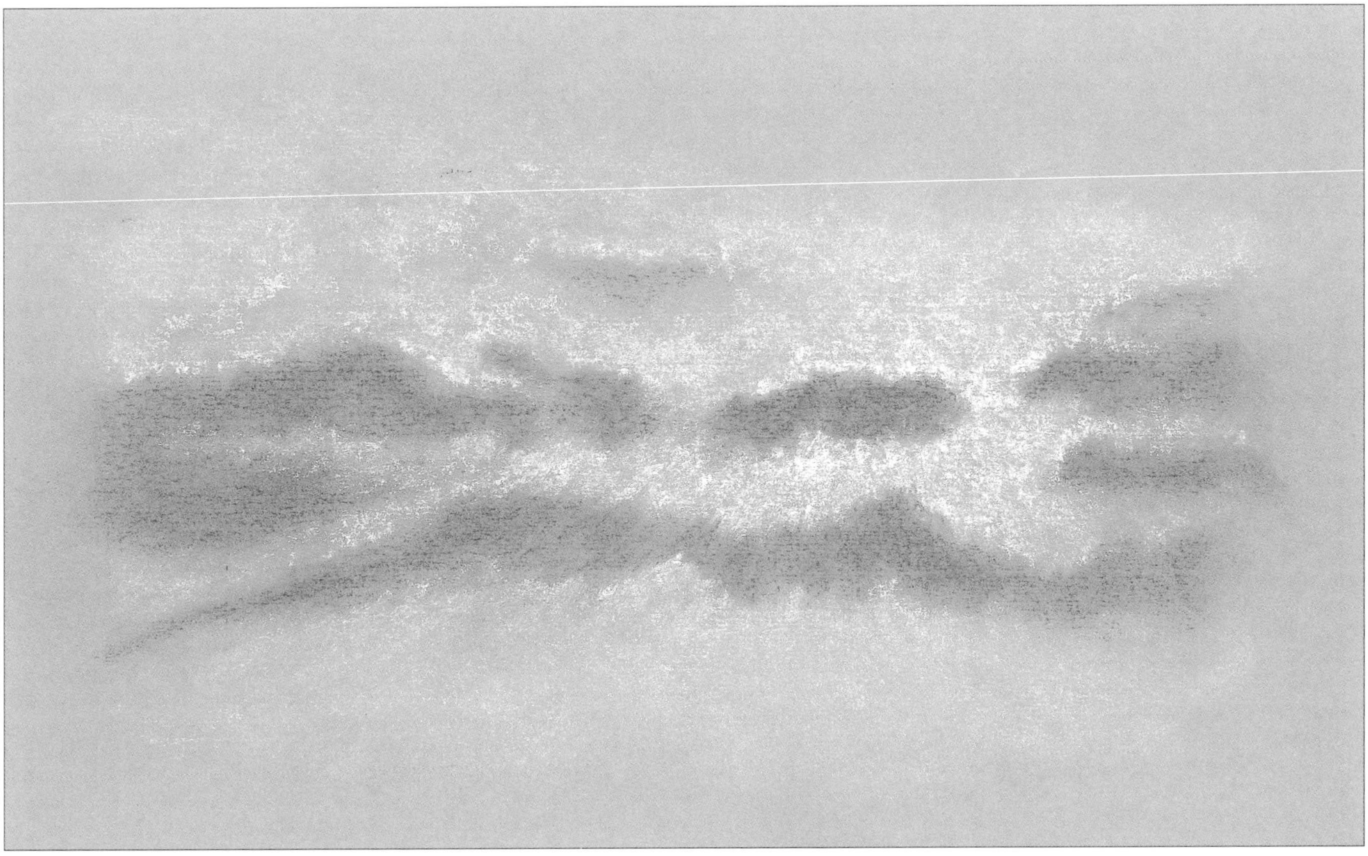

Silberstreif am Horizont

Mittlerer Kohlestift mit weißer Kreide auf grauem Pastellpapier. Die Wolken wurden mit dem mittleren Kohlestift sanft schattiert und mit einem Tuch um den Finger leicht verwischt. Dann wurde zwischen den Wolken die weiße Kreide aufgetragen, am stärksten um die kleine Wolke herum, die die untergehende Sonne verdeckt. Die Kreide wurde vorsichtig hineingewischt, dann wurden die Wolken mit Kreide umrandet, am stärksten in der Nähe der Sonne. Das Papier bietet einen mittleren Ton zwischen der dunklen Holzkohle und der weißen Kreide.

Das Referenzfoto für den Himmel darüber.

Wolken über dem Mont Saint Michel

Ich wollte einen dramatischen Himmel, bei dem die Wolken zum Schwerpunkt der Zeichnung führen. Da der Mont Saint Michel mich, als ich dort war, sehr fasziniert hat, wollte ich, dass meine Zeichnung gerade detailliert genug ist, aber dennoch viel Raum für diese Himmelslandschaft lässt.

MATERIALIEN

- Bleistift HB
- Holzkohle
- Kreide in Weiß
- Mittlerer Kohlestift
- 300 g/m² satiniertes Aquarellpapier, 30 × 42 cm
- Knetradiergummi und Wattestäbchen

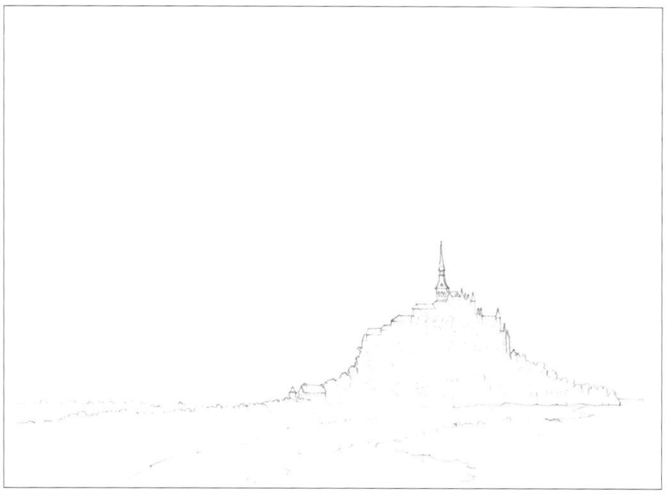

1 Zeichnen Sie erst den Felsenumriss mit einem HB-Bleistift, um seine Position innerhalb der Bildfläche festzulegen.

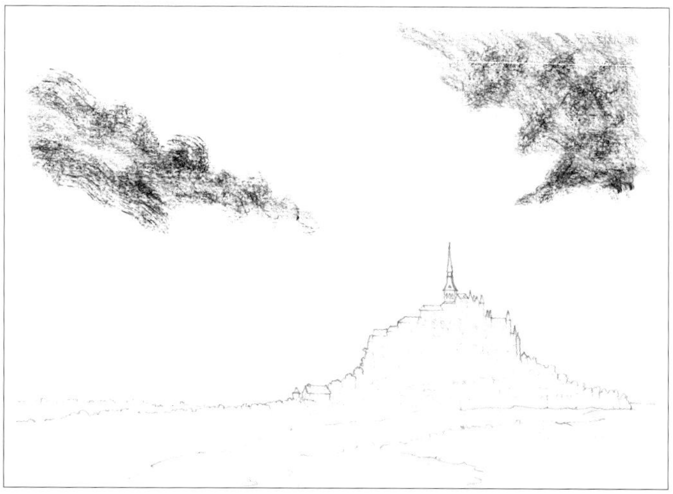

2 Schattieren Sie mit der Seite eines Kohlestücks links und rechts einige Wolken.

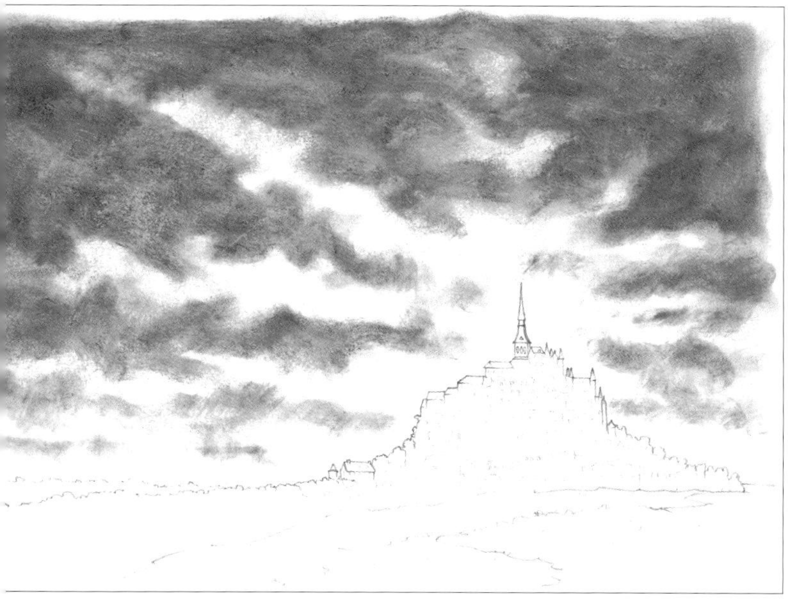

3 Mit der Seite eines kleinen Stücks weißer Kreide schattieren Sie nun in wirbelnden Bewegungen über die schwarze Kohle und fügen mehr davon ober- und unterhalb der ursprünglichen Schattierung hinzu, damit die Wolken zum Felsen hin strahlen. Gestalten Sie diese etwas weicher, indem Sie mit weißer Kreide darüber schattieren.

4 Zeichnen Sie mit einem mittleren Kohlestift die Gebäude und Büsche auf dem Felsen sowie links den Damm und rechts die Ränder der Gezeitentümpel.

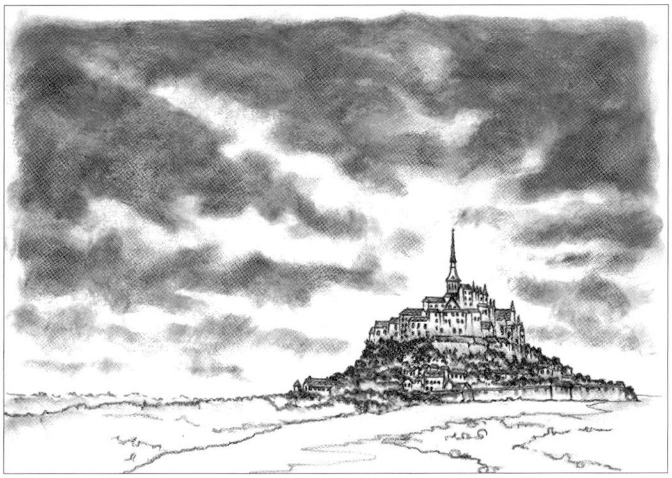

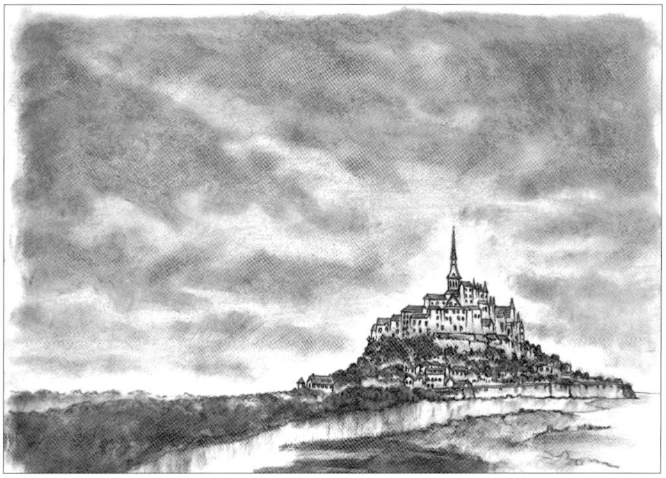

5 Schattieren Sie die Dächer der Gebäude mit einem Wattestäbchen und verwischen Sie die Seiten der Gebäude mit dem Finger nach oben. Dunkeln Sie mit einem mittleren Kohlestift die Büsche und die Turmspitze ab, um kontrastierende Tonwerte zu erzielen.

6 Zeichnen Sie mit dem mittleren Kohlestift die Vegetation, Felsen und Sand am Rande des Dammes und verwischen sie mit Ihrem Finger in wirbelnden Bewegungen. Wischen Sie Ihren Finger von den dominierenden Büschen nach unten, für den Eindruck, dass sich die Gezeitentümpel mit der Flut mit Meerwasser füllen. Hellen Sie den Tonwert der Wolken mit weißer Kreide auf und setzen helle Bereiche zwischen die Wolken.

Die fertige Zeichnung

Ich habe die Wolken mit weißer Kreide weiter aufgehellt und verwischt und links das Niveau der beiden Seiten des Dammes angehoben, um ihn mit dem Horizont auf der rechten Seite in Einklang zu bringen. Mit Holzkohle, weißer Kreide und einem kleinen Stück Knetradiergummi fügte ich im Vordergrund noch ein paar kleine Steine und Seetang hinzu.

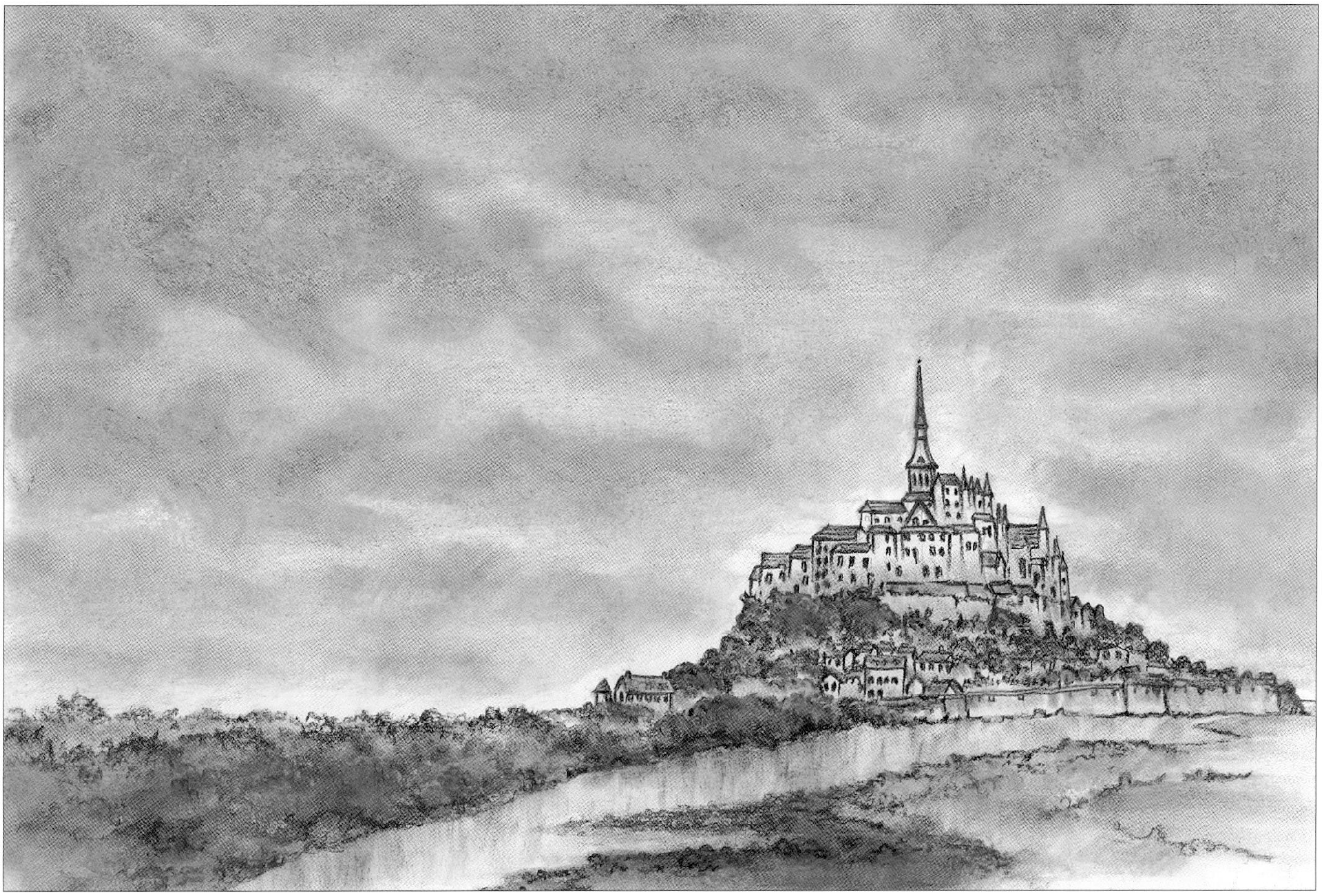

Blumen in der Landschaft

Blumen können jede Landschaft verschönern und werden oft zur Hauptattraktion. Ich zeichne häufig Blumen, *en plain air*, in meinem Garten und in den Gärten von Familie und Freunden. Mit jeder dieser Skizzen könnte man in Zeichnungen interessante Akzente setzen. Sie können selbst Ausgangspunkt einer detaillierteren Zeichnung werden.

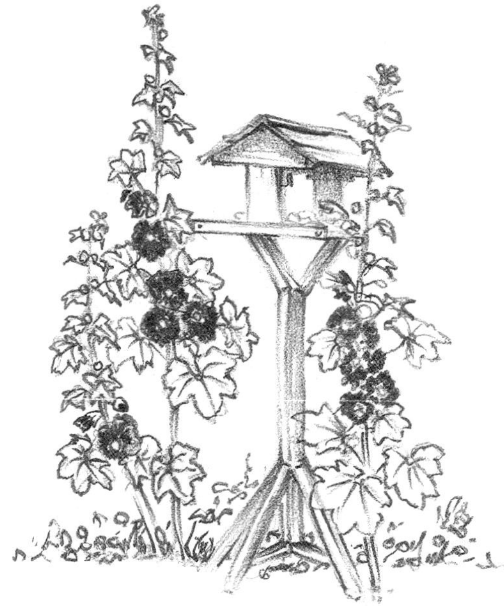

Stockrosen und Futterhaus. Bleistifte 4B und 8B.

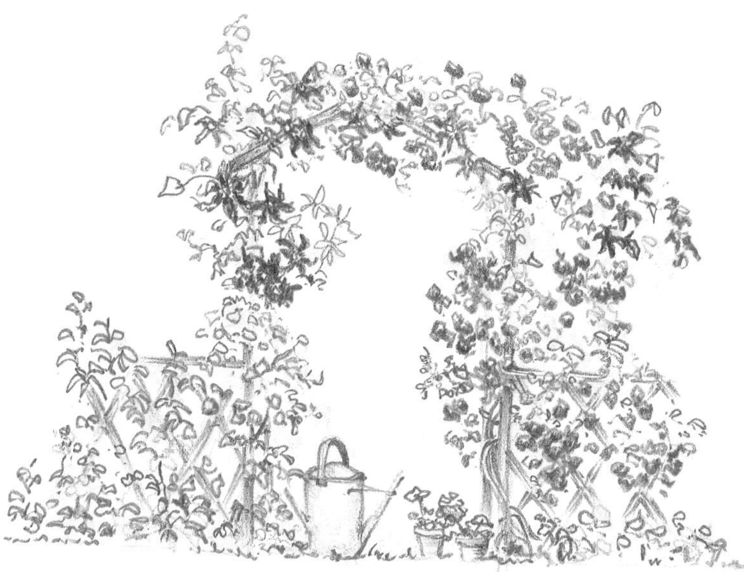

Rosenbogen und Gießkanne. Bleistifte 4B und 8B.

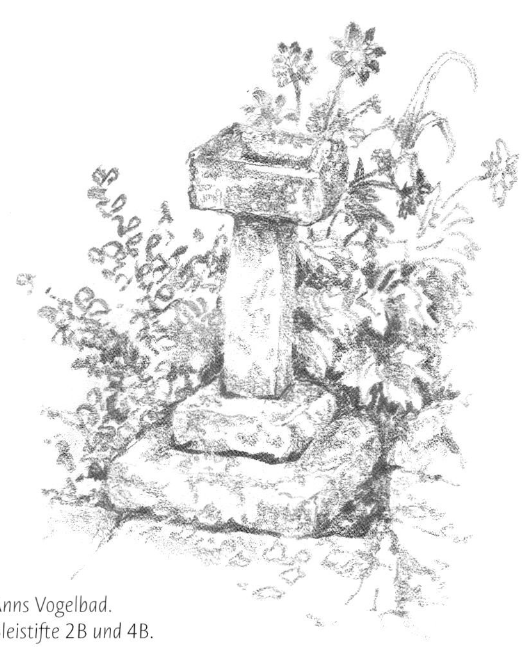

Anns Vogelbad.
Bleistifte 2B und 4B.

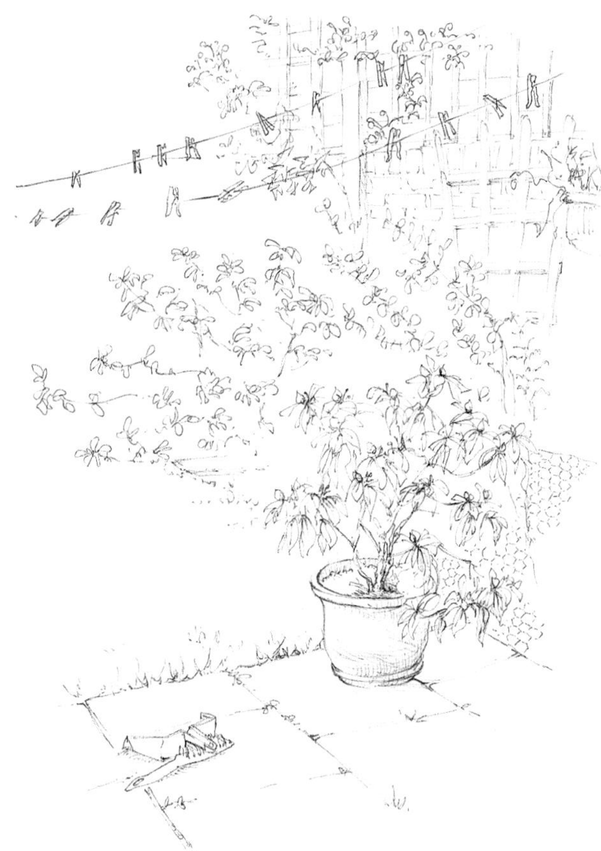

Vickys Garten. Bleistift HB. Es hat mit viel Freude gemacht, all die Details dieses kleinen Familiengartens mit seinen vielen Blumen einzubauen: die Wäscheklammern an der Leine, das Rankgitter an der Wand, das Kaninchengitter und die Kehrschaufel mit Handbesen.

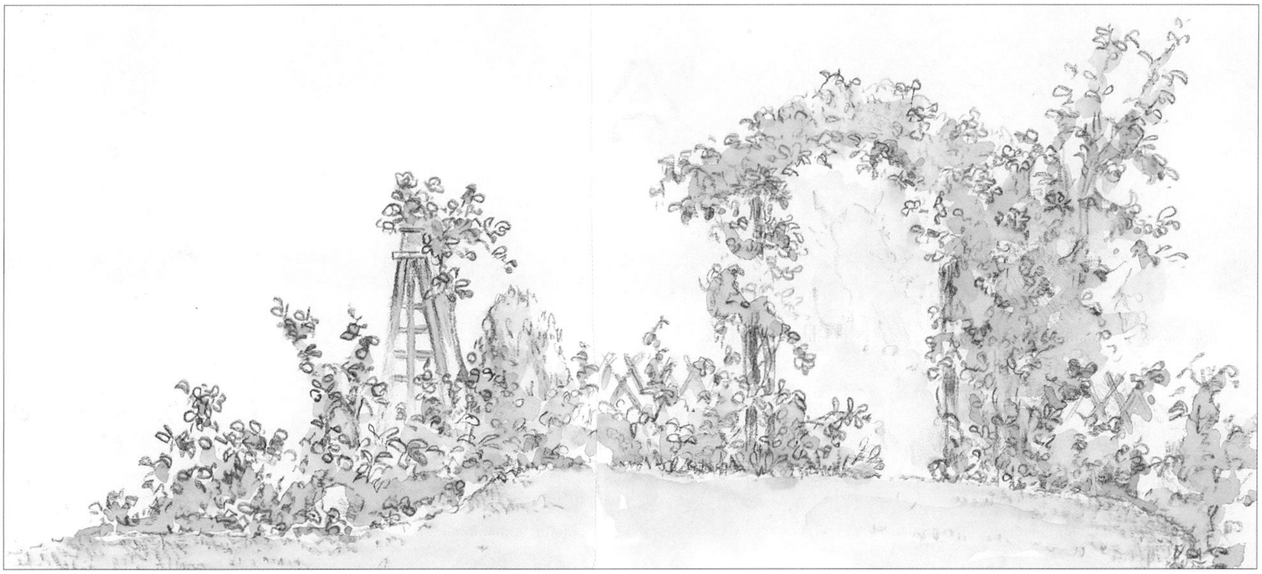

Mein Garten im Sommer, über zwei Seiten meines Skizzenbuchs gezeigt. Wasserlöslicher Tuschestift, der an einigen Stellen vorsichtig mit einem Wassertankpinsel angefeuchtet wurde, um sanfte Tonwerte zu erzeugen.

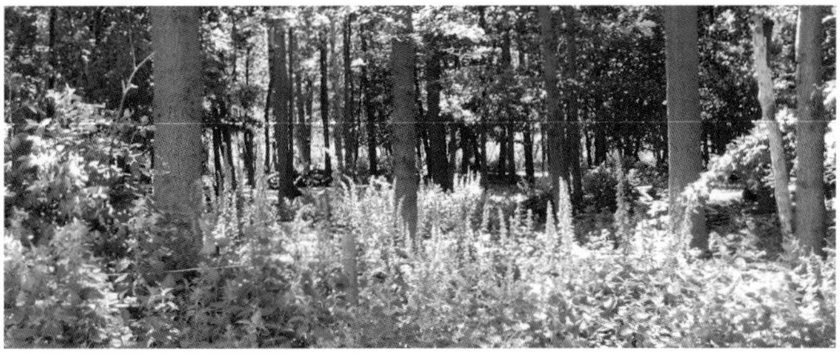

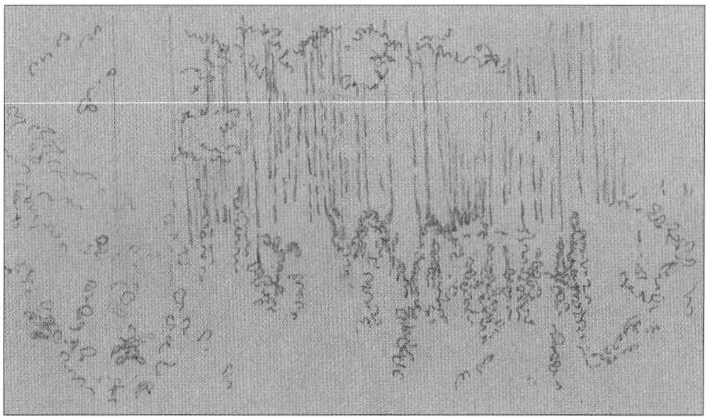

Das Referenzfoto und die ursprüngliche Zeichnung für die Zeichnung unten.

Fingerhut im Wald von Wisley

Conté in Schwarz und Weiß und Ölpastell in Weiß auf getöntem 160 g/m² Pastellpapier, 28 × 17 cm. Das getönte Papier lieferte einen mittleren Tonwert für die Zeichnung, und ich positionierte die Bäume und den Fingerhut ganz leicht mit einem HB-Bleistift, bevor ich die Baumstämme und die Blätter mit einem schwarzen Conté-Stift einzeichnete. Dann zeichnete ich mit einem weißen Conté-Stift die Blüten und helleren Teile des Laubes, die sich mit dem schwarzen Conté zu einem blassen, mittleren Ton vermischten. Schließlich fügte ich mit einem weißen Ölpastell einige Lichter ein, wo die Blüten des Fingerhuts und das Laub das helle Sonnenlicht einfingen.

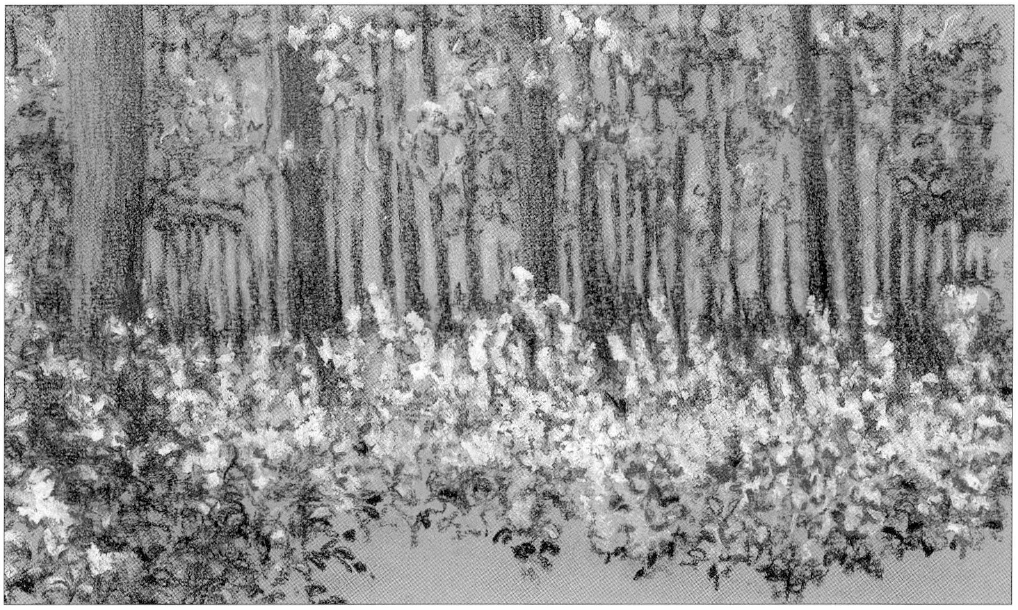

Mohnblumen auf dem Hügel

Auf einem Feld auf dem Hügel bei mir in der Nähe gibt es wilden Mohn. Wenn das Feld im Herbst gepflügt wurde und dann brach lag, wachsen im folgenden Jahr Mohnblumen heran. Das ist ein spektakulärer Anblick, dessen ich nie müde werde, und ich mache ihn oft zum Thema meiner Kunstwerke.

MATERIALIEN

300 g/m² satiniertes Aquarellpapier, 30 × 21 cm

Bleistift B

1 Stück Weidenkohle mit Kreppband

Watte

Kohlestift

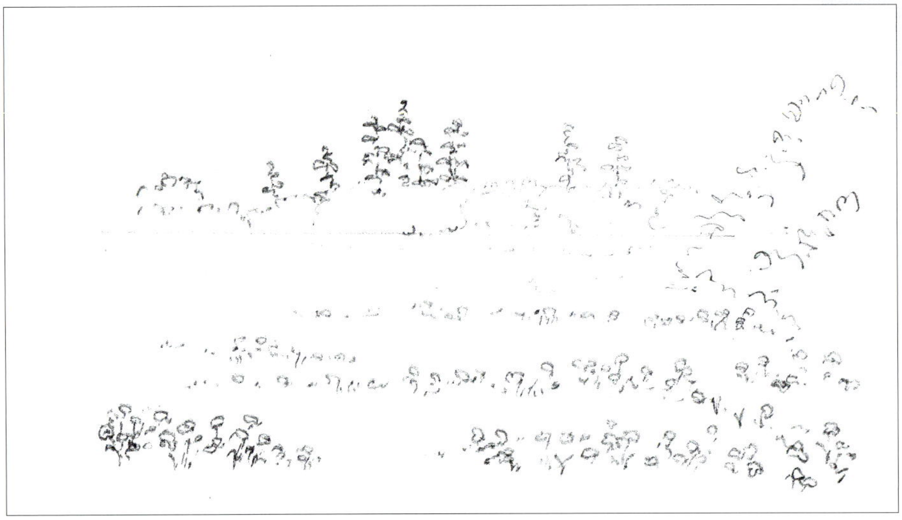

1 Zeichnen Sie mit einem B-Bleistift vorsichtig die horizontale Linie für den oberen Feldrand. Dazu habe ich kein Lineal benutzt, sondern den Aquarellblock um 90 Grad gedreht, sodass ich meine Hand in Position und über das Blatt ziehen konnte. Zeichnen Sie die Umrisse der Bäume, Sträucher und Gruppen von Mohnblumen.

2 Wickeln Sie etwas Kreppband um ein Ende der Weidenkohle, damit Ihre Hand sauber bleibt, und kritzeln Sie auf ein kleines Stück Papier, um eine Palette zu erhalten. Wischen Sie nun mit der Watte und Ihrer Fingerspitze die Wolken und helleren Tonwerte zwischen die Gruppen von Mohnblumen auf das Feld. Zeichnen Sie dann mit dem Kohlestift die entfernten Bäume und Büsche mit geschwungenen Linien und sparen Sie dabei um jede Laubgruppe herum weißes Papier aus, wo das Sonnenlicht hindurchscheint.

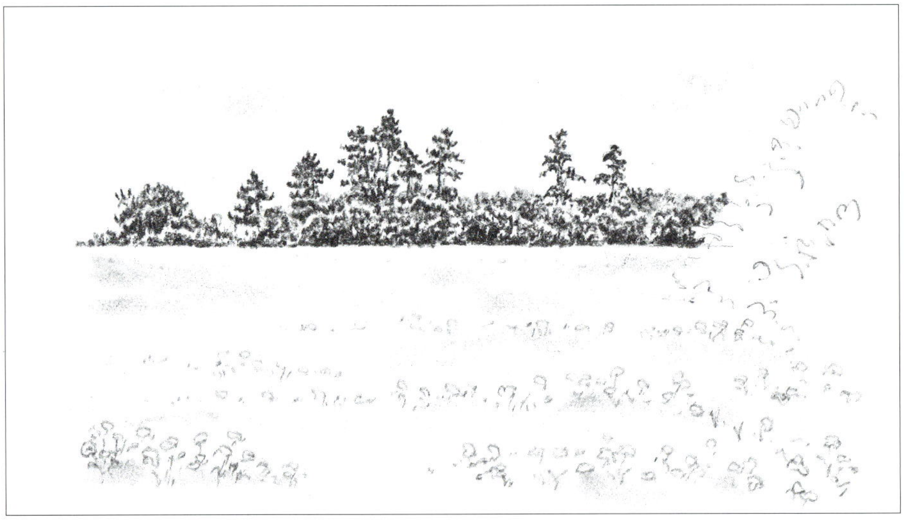

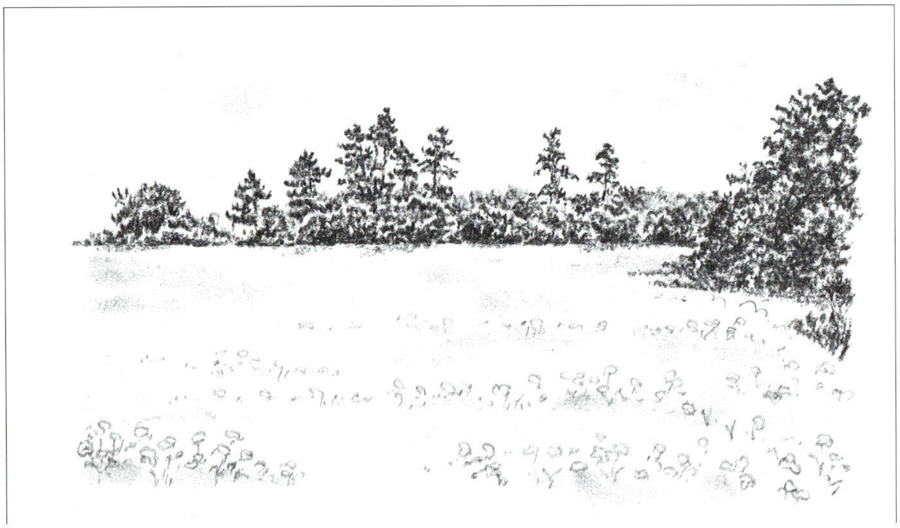

3 Zeichnen Sie die Bäume und Büsche auf der rechten Seite in ähnlicher Weise mit dem Kohlestift und sparen Sie auch hier weißes Papier am Rand jeder Laubgruppe aus. Verwenden Sie Weidenkohle, um die dunkelsten Töne dieser näher stehenden Bäume hervorzuheben.

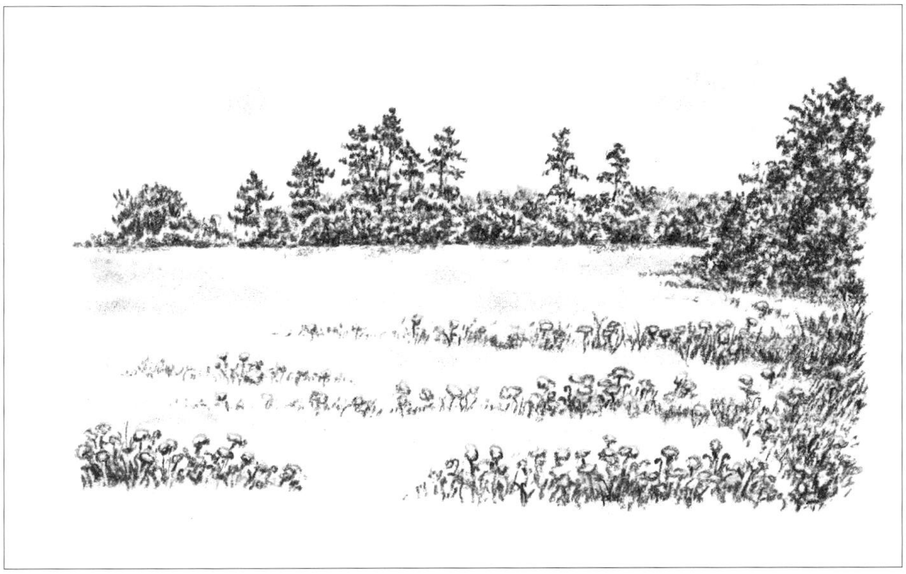

4 Ziehen Sie mit dem Kohlestift sanfte, nach oben gerichtete Striche für Schatten auf dem Gras und um die Mohnblumen herum. Setzen Sie auch dunkle Tonwerte unter jeden Blütenkopf.

Die fertige Zeichnung

Um die Zeichnung abzuschließen, dunkeln Sie einige Mohnblütenköpfe mit dem Kohlestift ab und punktieren Sie am hinteren Ende des Feldes weitere Gruppen von Mohnblumen ein. Halten Sie dabei den Bleistift aufrecht. Diese Kohlezeichnung funktioniert gut wegen der extremen Tonwertkontraste, vom Weiß des Himmels bis zu den sehr dunklen Formen der Bäume und Sträucher.

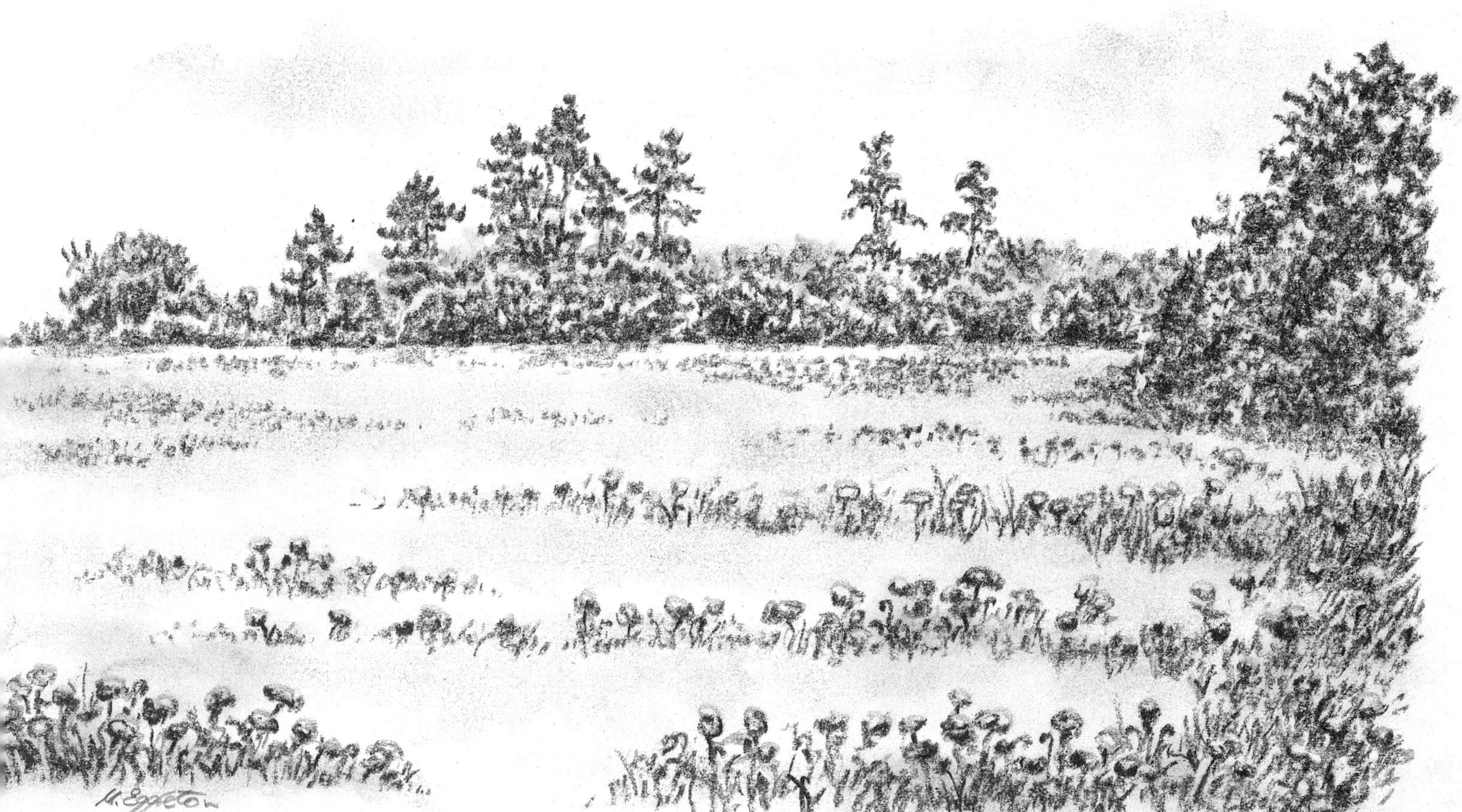

Wasser

Sehr oft werden Landschaften durch die Einbeziehung von Wasser interessanter. Flüsse, Seen, Bäche, Wasserfälle, Kanäle und sogar Pfützen sind allesamt eine Überlegung wert, denn oft sind sie das Merkmal, das einen Künstler dazu bringt, eine Szene überhaupt erst darzustellen. Reflexionen tragen zur Attraktivität bei. Der Himmel gibt dem Wasser einen blasseren Ton mit weniger Details als das umgebende Land, was die Kontraste in der Komposition ausbalanciert. Wellen, die der Wind, Vögel, Menschen oder Boote auf der Wasseroberfläche erzeugen, machen das Bild zusätzlich interessant und geben ihm Textur. Eine völlig ungestörte Wasserfläche reflektiert die Landschaft fast wie ein Spiegel. Dunkle Bilder erscheinen etwas blasser, wenn sie vom Wasser reflektiert werden, und helle Bilder sind etwas dunkler als das Objekt, das sie spiegeln.

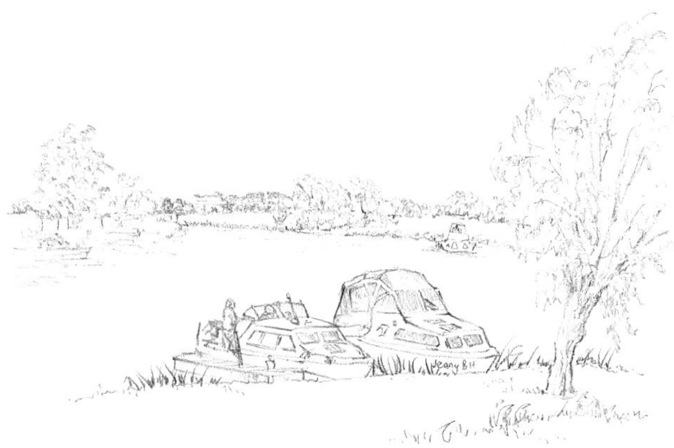

Boote an der Lazy Otter, Norfolk

Bleistifte 2B und 4B auf Feinkorn-Patronenpapier.

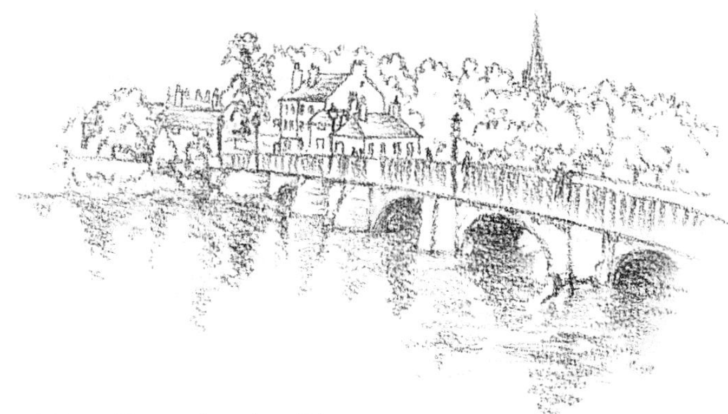

Alte Brücke in Chester

Kohlestift auf Feinkorn-Aquarellpapier. Wenn man für Kohle- oder Pastellzeichnungen raues oder Feinkorn-Papier verwendet, entstehen unterbrochene Linien, die sich hervorragend zur Darstellung von Reflexionen eignen.

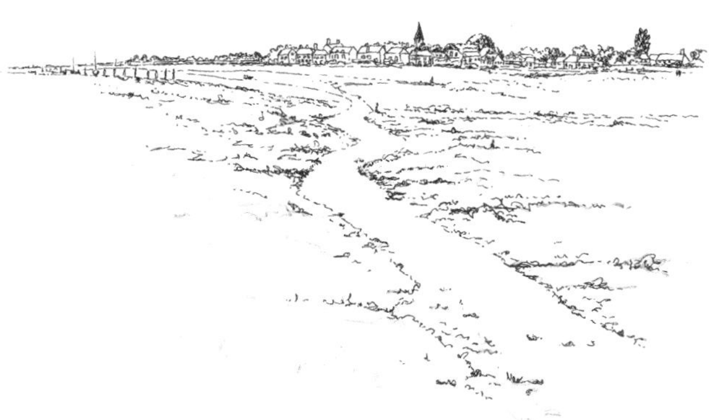

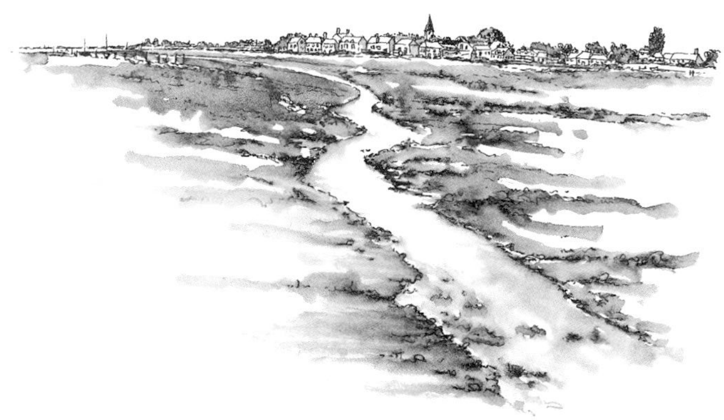

Flussmündung, Chichester, West Sussex

Ich habe die kleine Stadt von der anderen Seite der Flussmündung mit einem wasserlöslichen Tuschestift gezeichnet. Dabei habe ich die Zeichnung für die Häuser detaillierter und für das Watt lockerer und spärlicher ausgeführt. Als diese trocken war, habe ich einige der Linien mit einem Wassertankpinsel angefeuchtet, um den Effekt von einem kleinen, sich zum Meer windenden Rinnsal zu schaffen. Ich achtete darauf, die meisten Gebäudelinien trocken zu lassen, mit Ausnahme der Schattenseite auf der rechten Seite, die ich schnell mit einem Papiertuch abtupfte, damit sie nicht zu dunkel wurde. Ich habe nur die Bäume und Sträucher befeuchtet. Die Flut kommt hier sehr schnell herein und füllt diesen Raum zügig mit einer Unmenge fließendem Wasser.

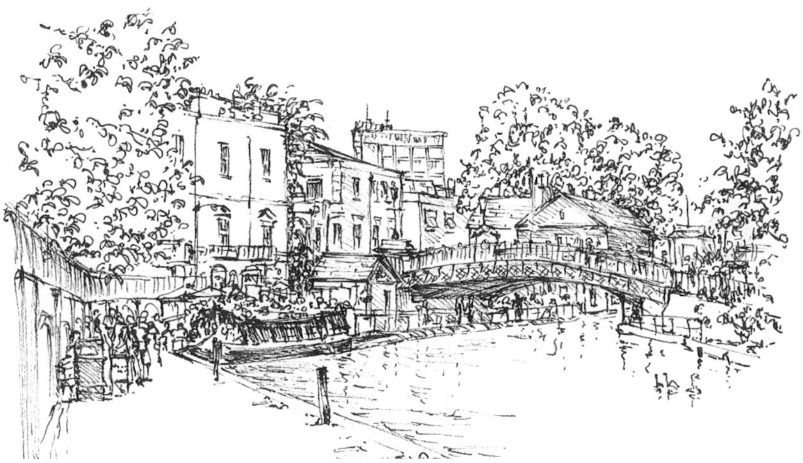

Little Venice, London

Skizziert vor Ort mit einem Künstlerstift mit wasserfester Tusche auf Alkoholbasis auf 300 g/m² Patronenpapier. Das Wasser wurde durch den Wind, Enten und Schwäne sowie gelegentlich durch einen Kahn oder ein schmales Boot bewegt, sodass die Reflexionen gebrochen sind und schnell und locker eingezeichnet werden.

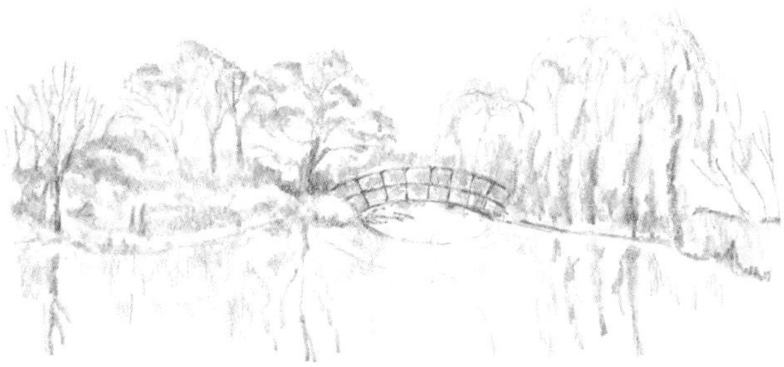

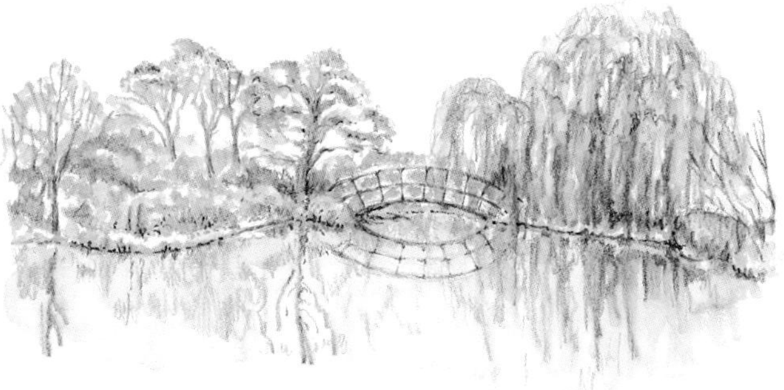

Monets Seerosengarten, Giverny, Frankreich

Ich habe die Szene zunächst locker mit einem Aquarellstift in Indigo gezeichnet. Hier ging es eher um die Beobachtung der Tonwerte als um eine Umrisszeichnung. Dann habe ich die Zeichnung vorsichtig mit einem Wasserpinsel angefeuchtet, bevor ich mit dem Farbstift weiterzeichnete, um einige dunklere Akzente zu setzen. Diese Methode ist ideal, um das herabhängende Laub der Trauerweide und ihre Reflexionen im Wasser darzustellen. Ich war schon mehrmals an diesem magischen Ort und verlasse ihn nur sehr ungern!

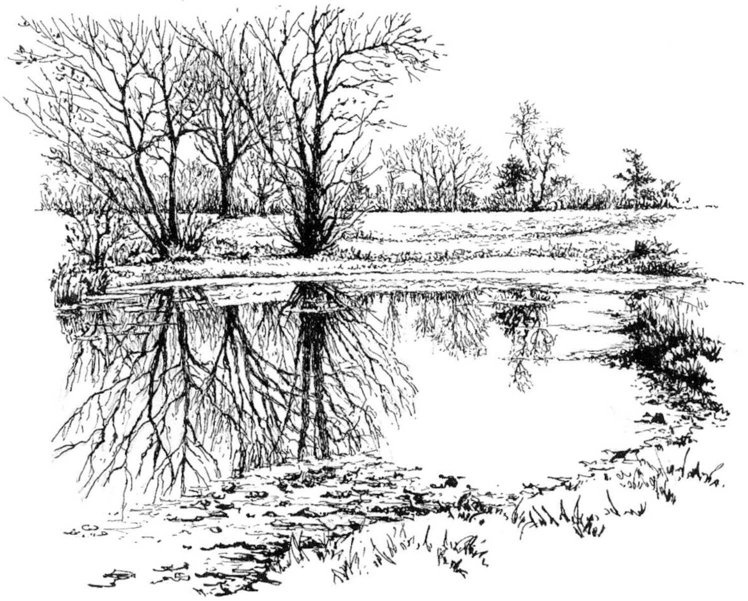

Teich im Park

Acryltinte auf 300 g/m² satiniertem Fabriano classico Aquarellpapier. Die Tonwerte der Bäume am Ufer sind stärker als ihre Reflexionen im Wasser, und der Rand des Teiches ist klar definiert. Die Wasseroberfläche und die Spiegelungen werden durch schwimmende Blätter und Wasserpflanzen unterbrochen. Die entfernten Bäume werden mit kleinen Punkten und Strichen eingezeichnet, wobei der Stift für einen schwächeren Strich verkehrt herum verwendet wird.

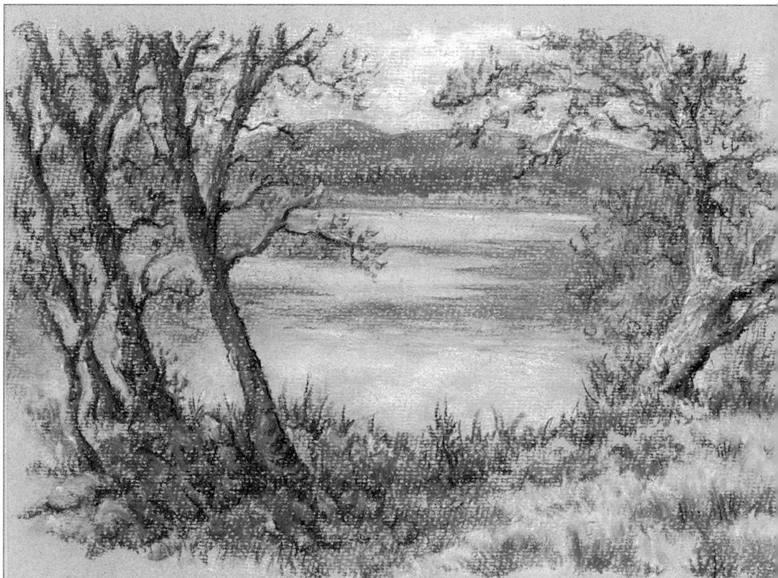

Loch Kinord, Aberdeenshire, Schottland

Getönte Kohlestifte auf Pastellpapier. Ich habe die Umrisse der Bäume mit schwarzem Kohlestift und das Gras, das Laub und die Hügel mit Grau gezeichnet. Danach habe ich zum Abschluss mit einem weißen Kohlestift Lichter auf den Bäumen, dem Boden und dem Wasser gesetzt. Mein Mann und ich sind mehrere Male um diesen See herumgelaufen. Es gibt Hinweise auf alte Siedlungen am Ufer und auf der Insel.

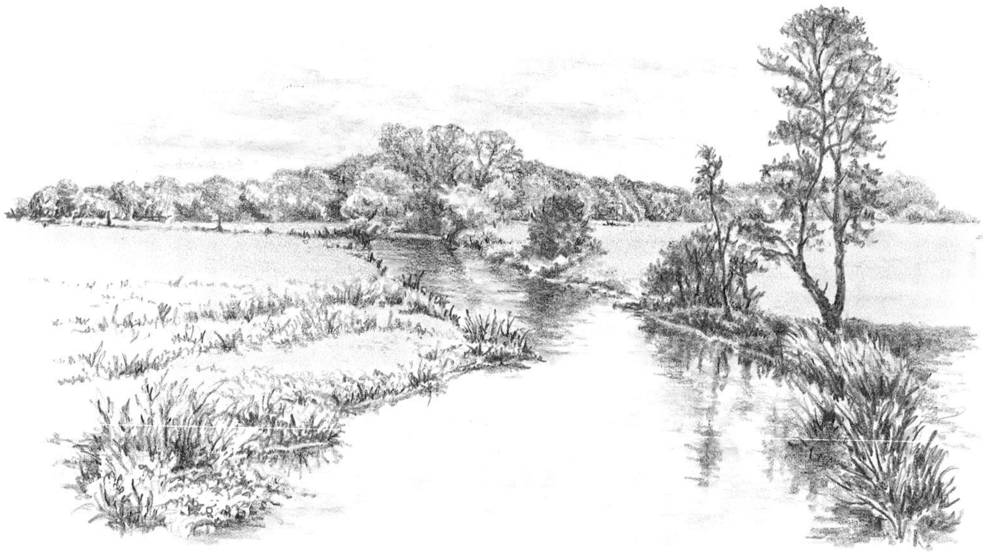

Fluss Wey, Surrey

Grafit auf 300 g/m² satiniertem Fabriano-Aquarellpapier. Nachdem ich einen schwachen Umriss gezeichnet hatte, verwendete ich einen Grafitstick für die Bäume und das Flussufer. Die Bäume im Hintergrund wurden mit einem wasserlöslichen Grafitstick 4B gezeichnet, der mit einem Wassertankpinsel vermalt wurde. Über die Wiesen habe ich ganz zart mit 7B-Grafit schattiert und dieses dann mit meinem Finger eingerieben. Die Spiegelungen und Wolken wurden mit dem wasserlöslichen Grafitstick 4B gezeichnet, der dann mit dem Wassertankpinsel vermalt wurde. Beachten Sie, dass zwischen den Spiegelungen und dem Ufer ein schmaler Streifen weißes Papier ausgespart wurde. Schließlich fügte ich mit einem Grafitstift 6B einige starke tonale Details hinzu.

Tümpel in der Heide

Acryltinte auf 300 g/m² satiniertem Fabriano-Aquarellpapier. Die Spiegelung gibt den Stamm des Baumes nicht wieder, da er nicht an das Wasser grenzt. Die Oberkante der Hecke wird reflektiert, da sie näher am Wasser liegt. Die entfernten Bäume und das Bauernhaus wurden mit kleinen Punkten und Strichen gezeichnet, wobei die Rückseite der Tauchfeder verwendet wurde.

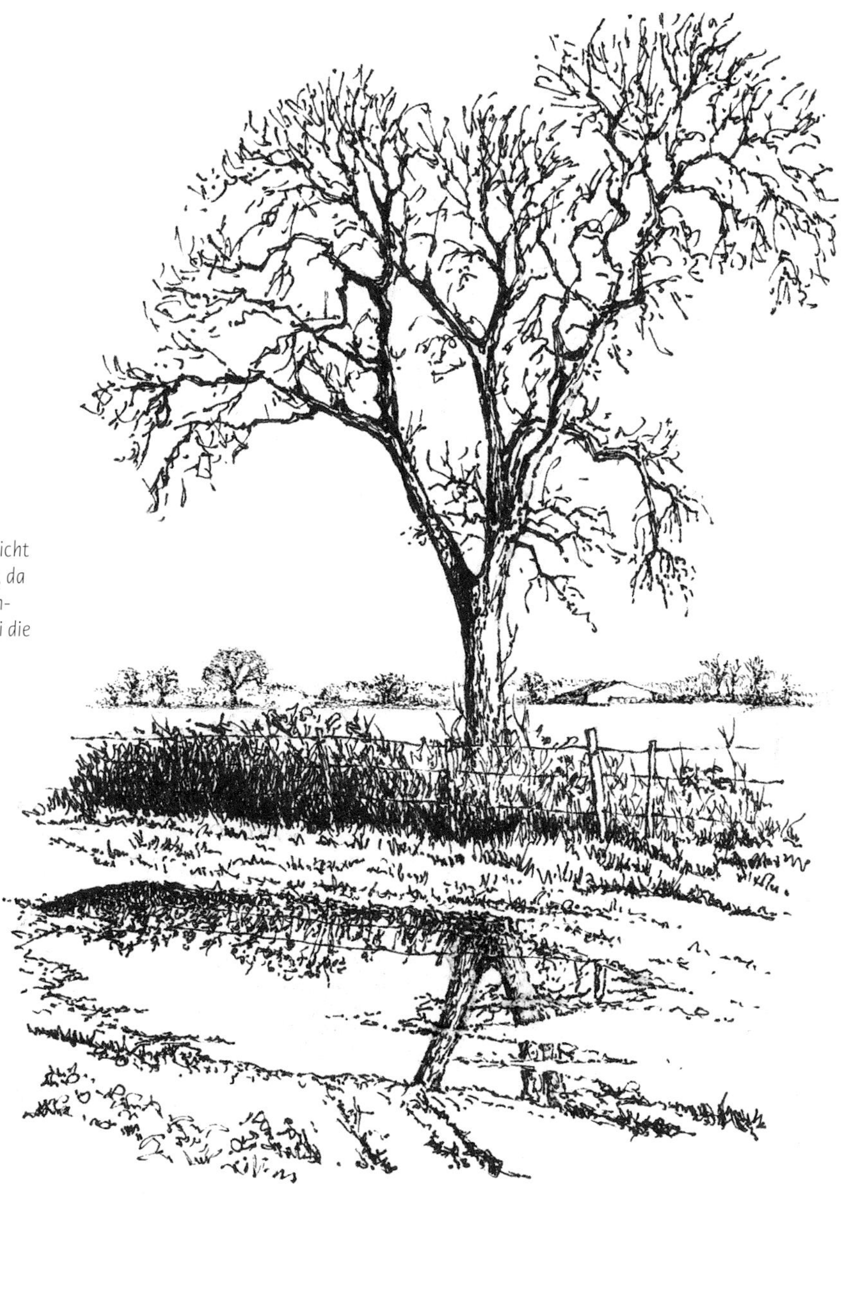

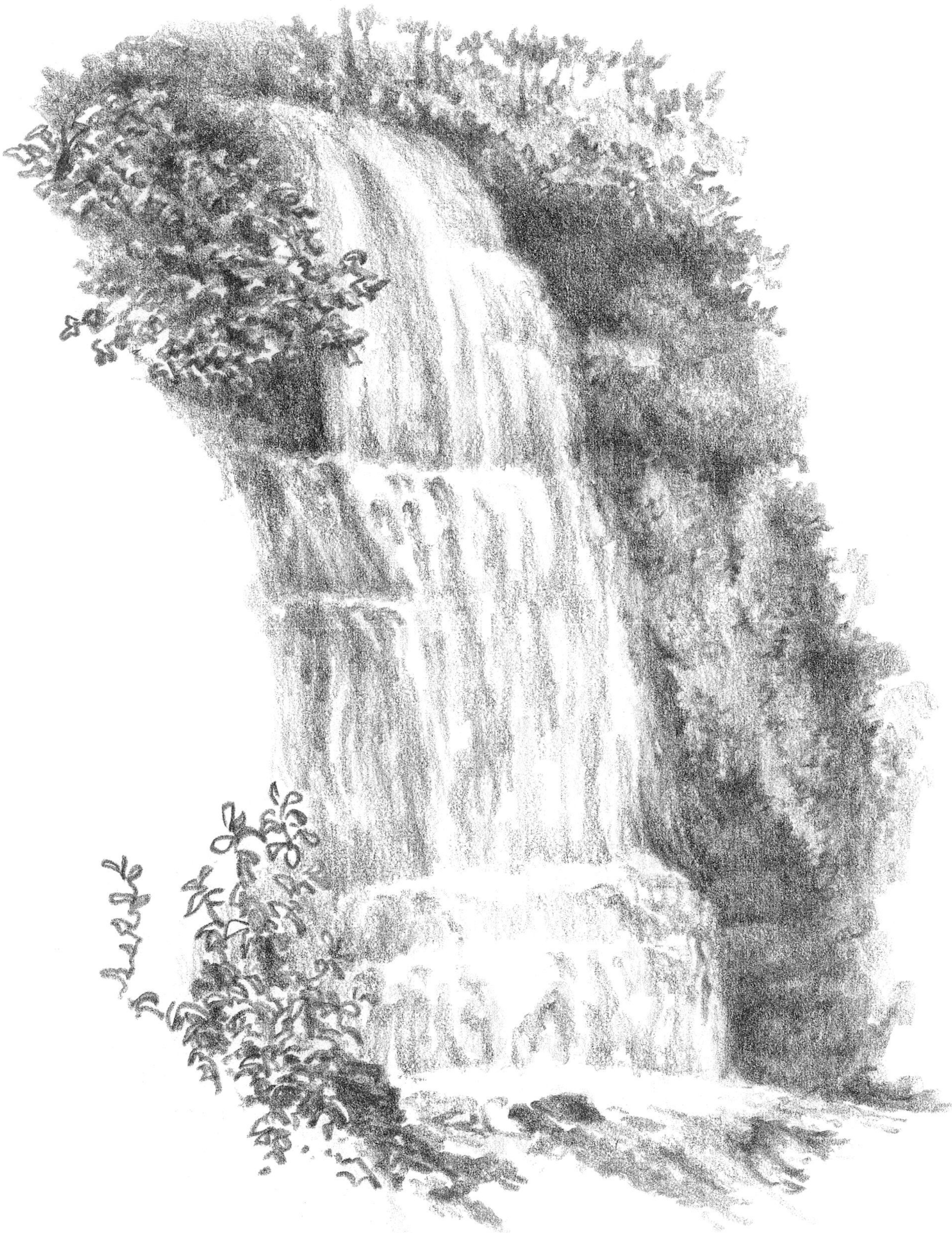

Pat's Wasserfall, Wensleydale, Yorkshire

Grafitstift 4B auf 300 g/m² satiniertem Fabriano-Aquarellpapier. Wasserfälle sind bekanntermaßen schwierig zu zeichnen und zu malen. Es ist wichtig, die Tonwerte des sich schnell bewegenden Wassers so leicht wie möglich zu halten, indem man viel Papier weiß lässt. Beginnen Sie mit den hellsten Tönen. Suchen Sie dabei nach den Formen hinter dem Wasser und verstärken sie gegebenenfalls nach und nach. Ich habe das Laub und die umgebenden Felsen mit sanften kreisenden Bewegungen abgedunkelt.

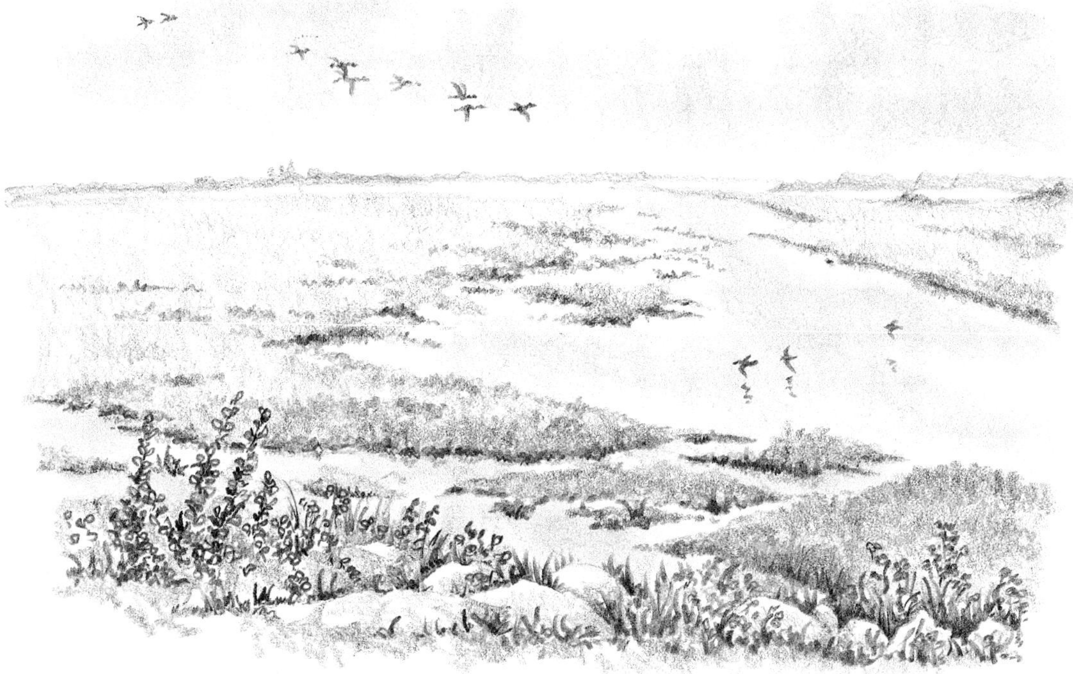

Pagham-Naturschutzgebiet

Grafitstift. Ich habe den Umriss leicht mit einem B-Bleistift gezeichnet, dann vertikale Schattierungen mit einem 2B-Grafitstift angelegt, bevor ich für die stärkeren Töne 6B verwendete. Alle mir zugewandten Uferkanten waren dunkler im Tonwert und spiegelten sich auch leicht im Wasser. Es gab einige schöne Wildblumen entlang des Weges am Wasser, auf dem wir spazierten. Diese sind hier mit dunkleren Tonwerten vor den hellen Felsen dargestellt. Ich fügte die Vögel hinzu, um der Zeichnung Leben einzuhauchen, da sie ständig über uns flogen, hauptsächlich in Gruppenformation. Die Spiegelung des Vogels, der höher über dem Wasser ist, hat eine größere Lücke als die beiden anderen.

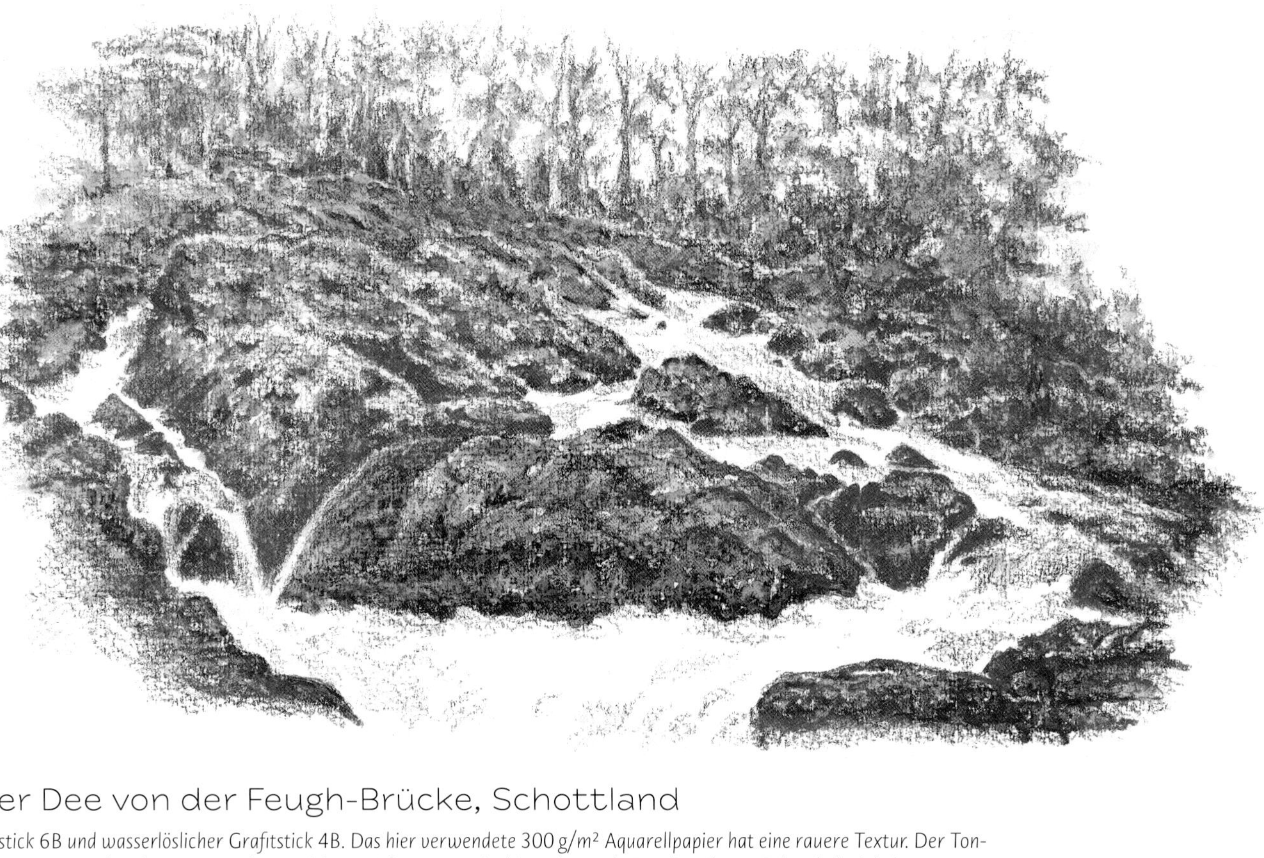

River Dee von der Feugh-Brücke, Schottland

Grafitstick 6B und wasserlöslicher Grafitstick 4B. Das hier verwendete 300 g/m² Aquarellpapier hat eine rauere Textur. Der Tonwertkontrast zwischen den nassen Felsen und dem weißen Wasser ist hier sehr stark. Für die näheren Felsen habe ich den wasserlöslichen Grafit verwendet und ihn mit einem Wassertankpinsel angefeuchtet.

Übung Kanal

Ich gehe oft mit Freunden entlang dieses Kanals, dem Wey Navigation Canal in Surrey, spazieren. Die Kurven der Kanalufer und beiderseits des Weges zeigen eine starke lineare Perspektive, die an einem Fluchtpunkt links vom großen Baum verschwindet.

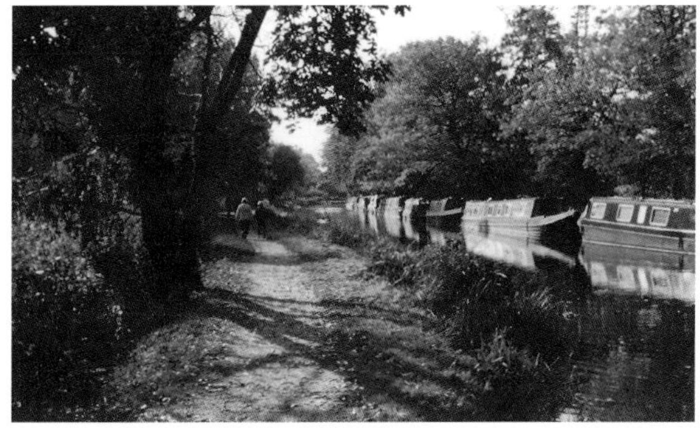

Das Referenzfoto.

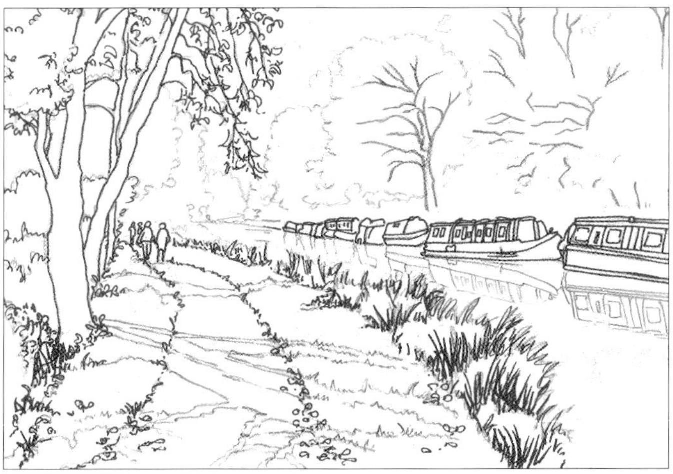

1 Zeichnen Sie den Umriss dieser Szene mit einem HB-Bleistift, dann arbeiten Sie mit einem Künstlerzeichenstift (ich habe einen mit alkoholbasierter Tinte verwendet) die schmalen Boote, das nahe Ufer, den Pfad und die näheren Bäume aus. Belassen Sie die Schatten und Spiegelungen in Bleistift.

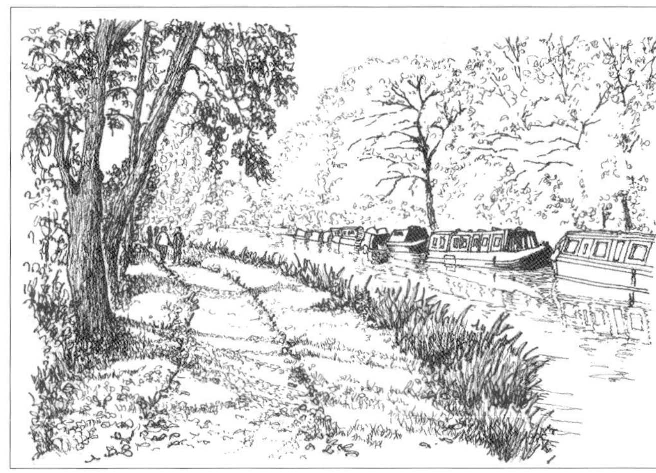

2 Zeichnen Sie die weiter entfernten Bäume, Spiegelungen, Schatten und Details von Gras und Laub mit einem feinen, wasserlöslichen Tuschestift. Halten Sie die Zeichnung locker und gehen Sie nicht zu starr über die Bleistiftlinien.

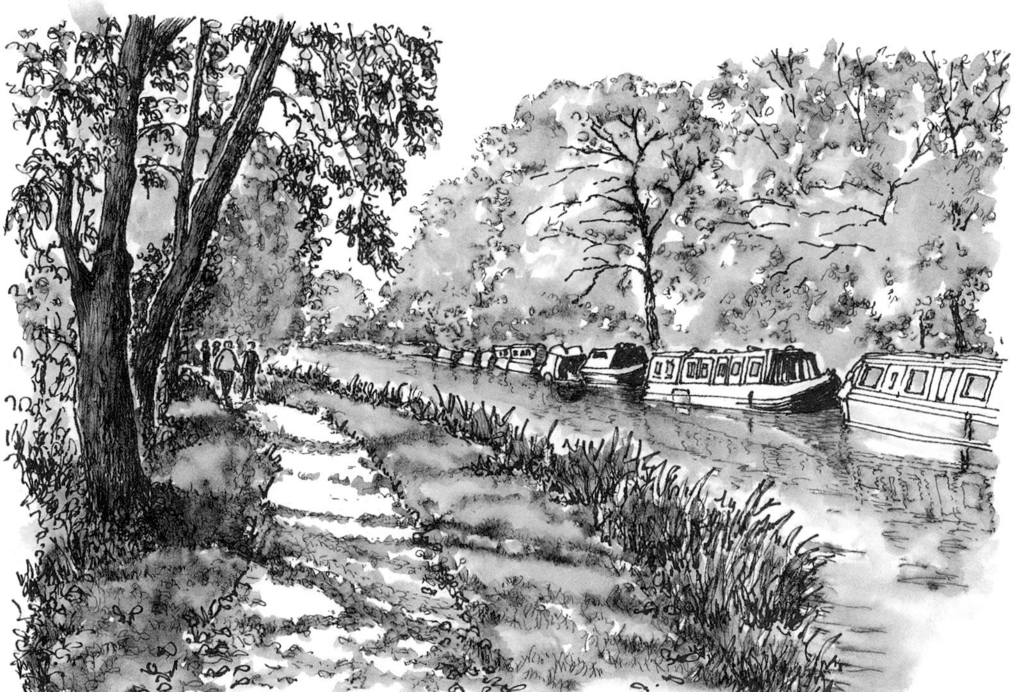

Die fertige Zeichnung

Vermalen Sie für das Laubwerk der Bäume am anderen Ufer die Tinte vorsichtig mit einem Wassertankpinsel und lassen dabei einige Stellen trocken. Vermalen Sie die Striche der Spiegelungen im Wasser, ohne die langen Schilfrohre am nahen Ufer zu berühren. Vermalen Sie auch das Gras auf beiden Seiten des Weges sowie die Schatten mit schnellen, leichten Bewegungen mit dem Wassertankpinsel, wobei Sie gelegentlich tupfen, um den Ton zu variieren. Achten Sie darauf, auf einem Großteil des Weges und auf den der Sonne zugewandten Booten etwas Papier trocken zu lassen, sodass die Tinte nur für die Schatten vermalt wird. Tupfen Sie diese sofort mit einem Tuch ab, damit sie hell bleiben. Befeuchten Sie die Tinte auf den großen Baumstämmen und tupfen Sie sie schnell auf der linken Seite ab, da das Sonnenlicht aus dieser Richtung kommt.

Bauwerke

Der Reiz vieler Zeichnungen liegt in der komplementären Beziehung zwischen künstlichen Bauwerken und natürlichen Formen. Für Anfänger und auch weiter Fortgeschrittene ist es oft einfacher, Gebäude und andere von Menschenhand geschaffene Strukturen zu zeichnen als Bäume und Sträucher. Wenn das Gebäude in einem Winkel gezeichnet wird, muss man auf die Perspektive achten. Häufig verdecke ich die Kanten von Gebäuden teilweise mit einer Andeutung von Laub ab.

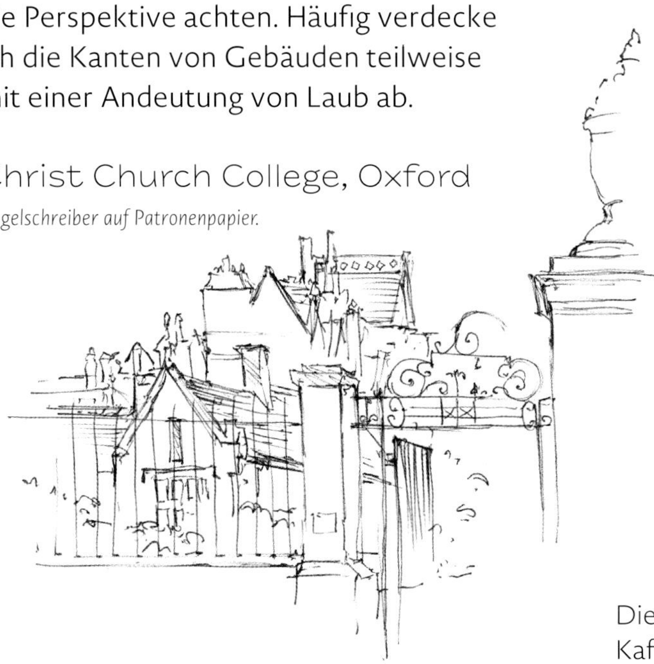

Christ Church College, Oxford

Kugelschreiber auf Patronenpapier.

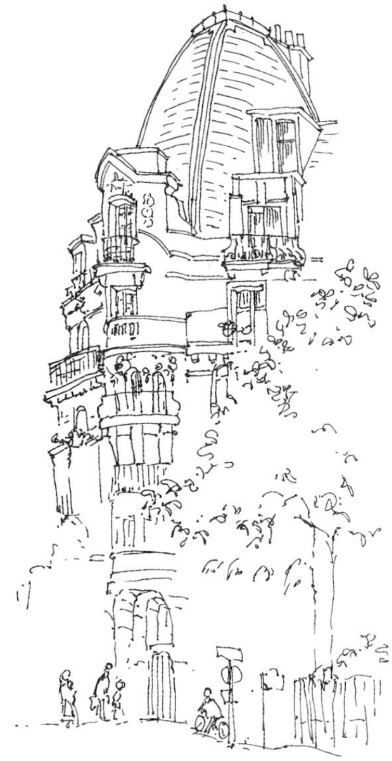

Rue de Chemin Vert, Paris, Frankreich

Künstlerstift auf Patronenpapier.

Die beiden obigen Zeichnungen wurden beide bei einer Tasse Kaffee am Morgen gezeichnet. Die erste entstand in einem Café in Oxford und die zweite vor einem Café in Frankreich. Es gibt hier genügend Informationen, um später im Atelier eine detailliertere Zeichnung anfertigen zu können.

Milchbauernhof in Yorkshire

Bleistift 4B auf Patronenpapier. Gezeichnet aus dem hohen Badezimmerfenster unseres Ferienhäuschens. Ich mag die verschiedenen Formen der Wirtschaftsgebäude mit den Kühen, die ganz in Ruhe Gras fressen. Man braucht nur eine Andeutung der Formen, um die Kühe darzustellen, doch jede ist anders.

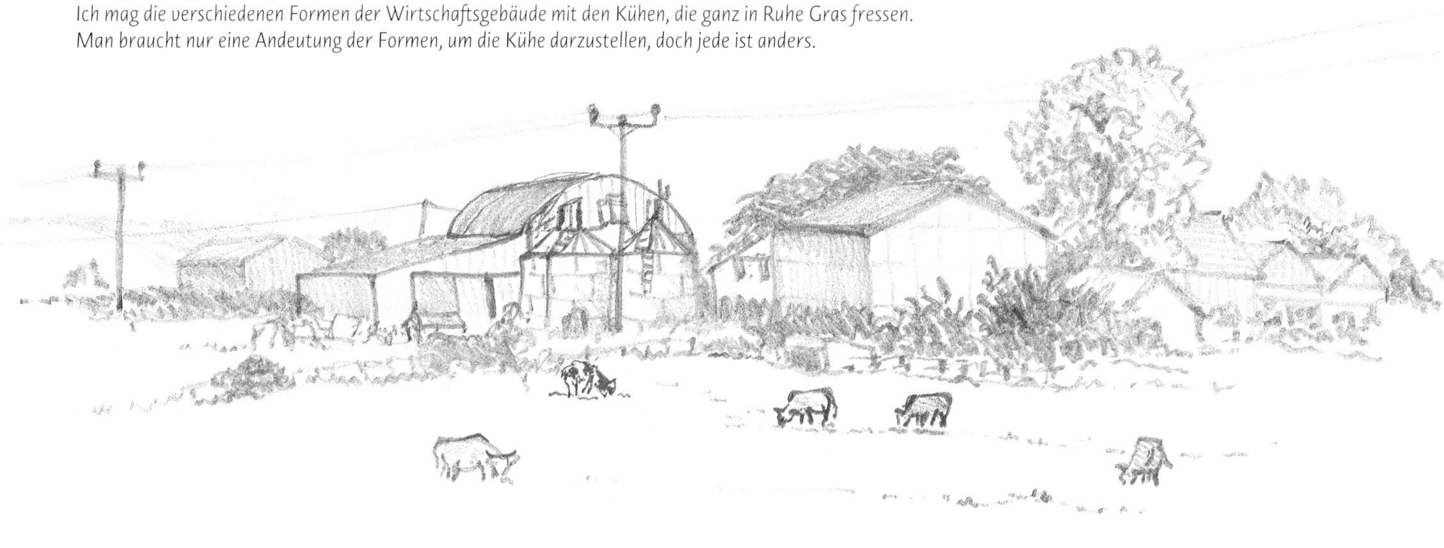

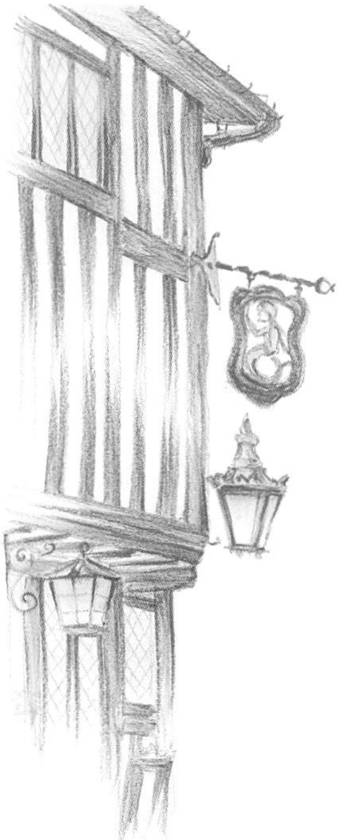

Mermaid Inn, Rye

Grafitstick 6B.

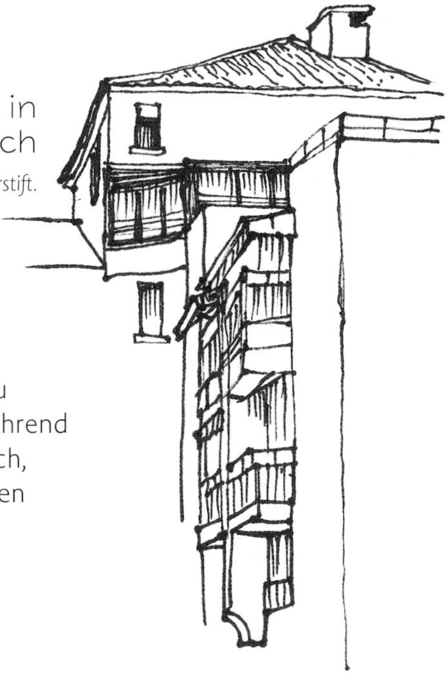

Wohnungen in Frankreich

Künstlerstift.

Es ist gut, jede Gelegenheit zu nutzen, um das Zeichnen zu üben. Das Gasthaus „Mermaid Inn" wurde gezeichnet, während wir davor Kaffee tranken, und den Wohnblock skizzierte ich, um mir die Zeit zu vertreiben, während wir auf den örtlichen Bus warteten.

Schloss Crathes, Schottland

Bleistift 4B.

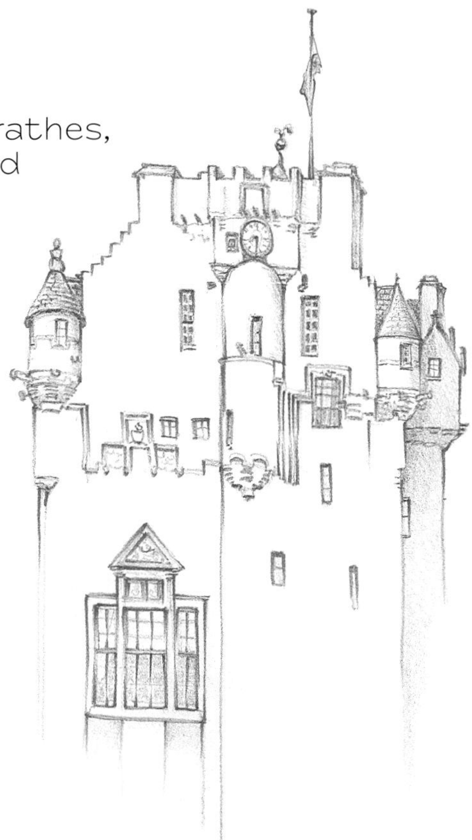

Schloss Fraser, Schottland

Bleistift 4B.

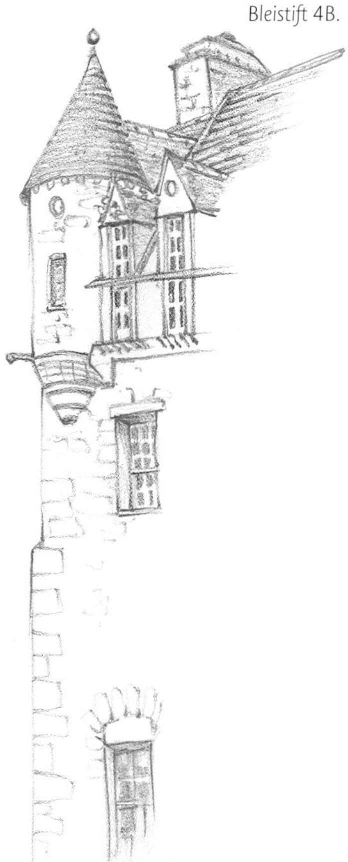

Dies sind zwei meiner Lieblingsschlösser in Schottland, die ich in wenigen Minuten skizziert habe. Mir gefielen die langen vertikalen Linien, die die Höhe und die Verteidigungsanlagen der Schlösser hervorheben. Ich begann mit den Türmen, die mich am meisten interessierten, und arbeitete mich dann nach unten vor, bis wir weitergehen mussten.

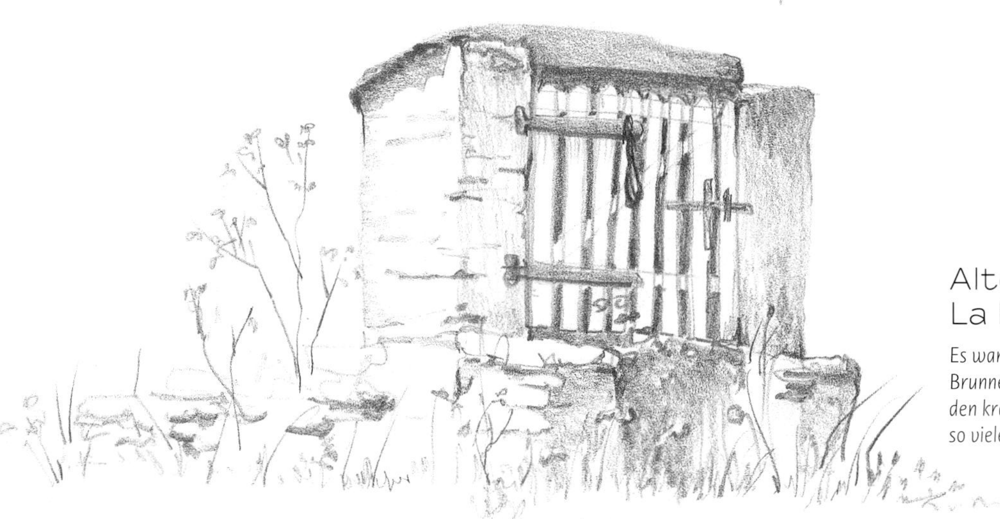

Altes Brunnenhaus, La Brosse, Frankreich

Es war ein warmer Tag, als ich im Gras saß, um dieses kleine Brunnenhaus zu zeichnen. Das zarte Unkraut kontrastiert mit den kräftigen Tonwerten des Brunnenhauses, das dem Wetter so viele Jahre lang standgehalten hat.

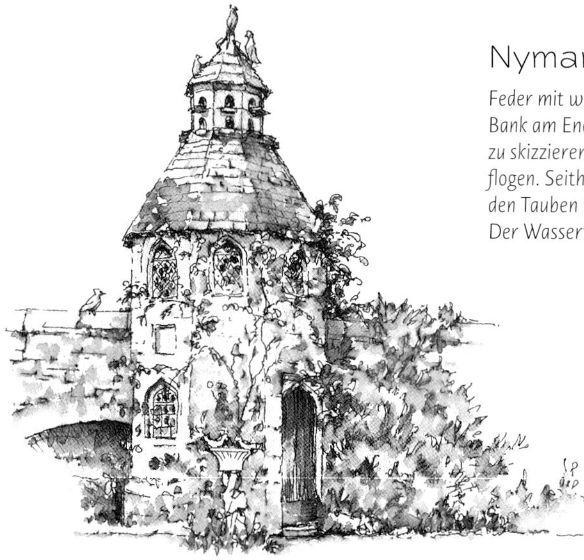

Nymans Taubenschlag, Sussex

Feder mit wasserlöslicher Tinte, mit Wasser angefeuchtet. Ich saß auf einer Bank am Ende einer langen Blumenbordüre, um dieses charmante Bauwerk zu skizzieren. Ich zeichnete auch die Tauben ein, wie sie kamen und davonflogen. Seither habe ich mehrere Bilder mit diesem Motiv gezeichnet, mit den Tauben in verschiedenen Positionen auf dem Dach und im Vogelbad. Der Wassertankpinsel muss sparsam eingesetzt werden.

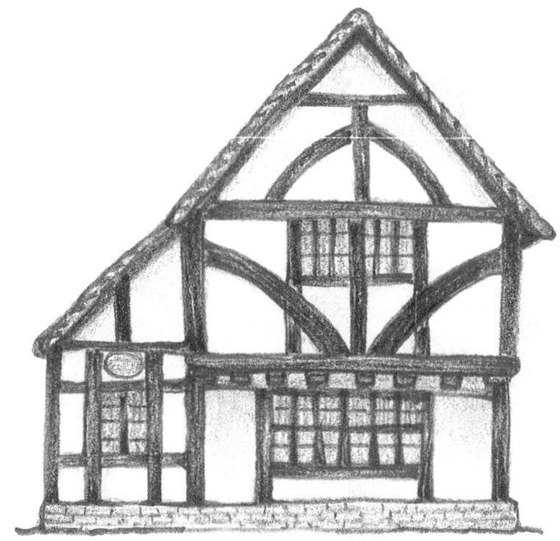

Altes Häuschen

Bleistifte 2B und 5B. Dieses 500 Jahre alte Tudor-Häuschen, das heute ein Geschäft ist, liegt in dem Dorf, in dem ich wohne, und lässt sich leicht von vorne zeichnen. Alle aufrechten Balken sind parallel zu den Seiten des Papiers und die horizontalen Hauptbalken sind parallel zur Ober- und Unterseite des Papiers.

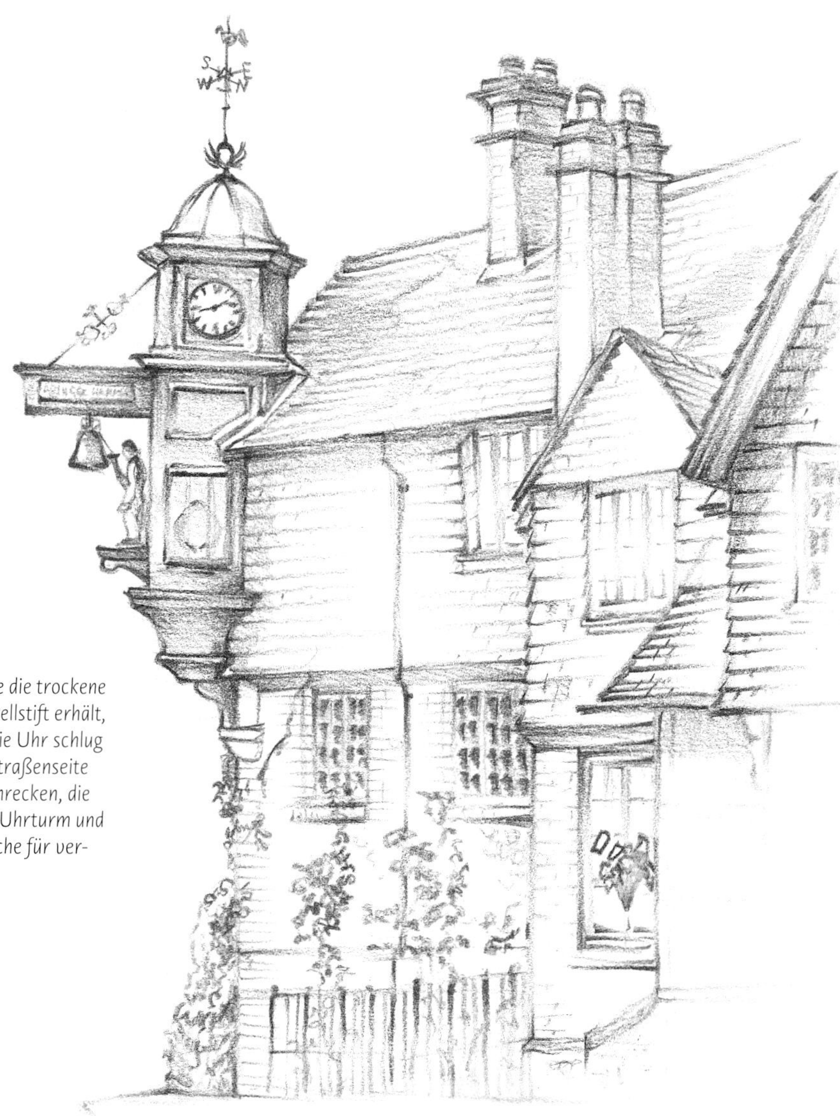

Abinger Hammer, Surrey

Aquarellstift in Indigo auf Patronenpapier, 21 × 30 cm. Ich liebe die trockene Textur, die man beim Skizzieren und Zeichnen mit einem Aquarellstift erhält, und ich habe beschlossen, diese Zeichnung trocken zu lassen. Die Uhr schlug mehrmals, während ich am Ufer des Baches auf der anderen Straßenseite saß und skizzierte, aber ich ließ mich nicht von den Autos abschrecken, die mir von Zeit zu Zeit die Sicht versperrten! Ich begann mit dem Uhrturm und ging nach unten und nach außen, wobei ich den Druck der Striche für verschiedene Tonwerte variierte.

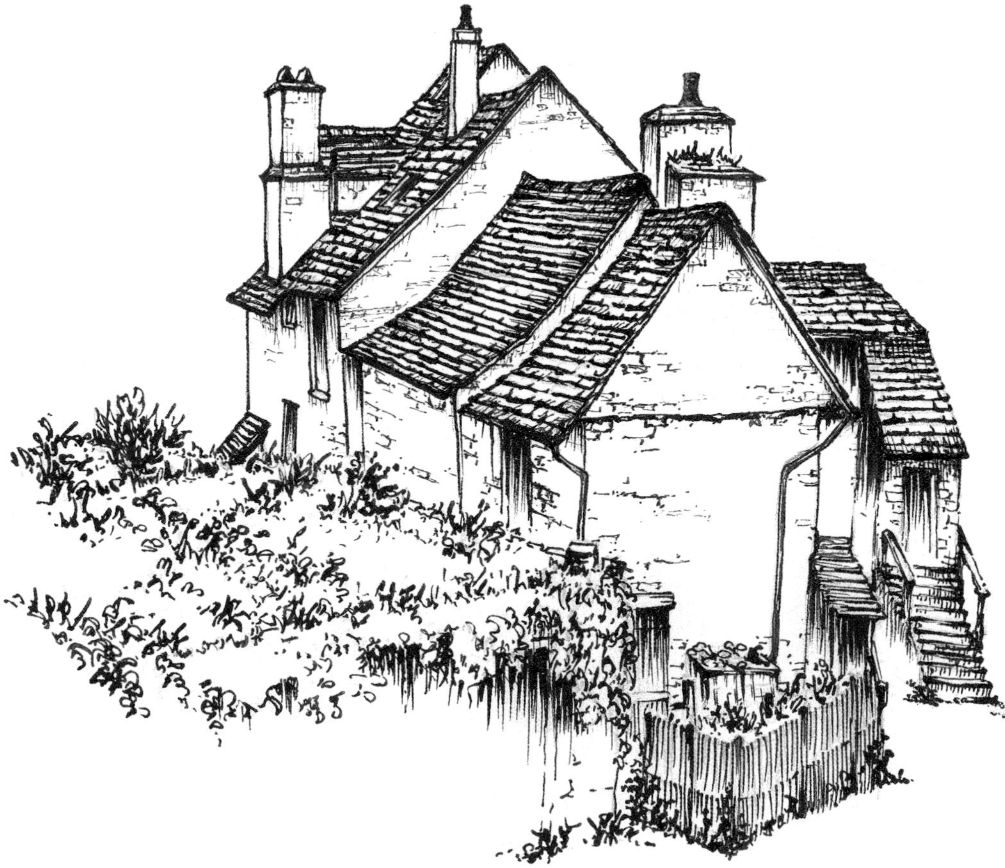

Häuschen auf einem Hügel mit Blick auf den Fluss Corréze, Frankreich

Acryltinte auf 300 g/m² satiniertem Aquarellpapier, 30 × 21 cm. Die Winkel des Daches mussten nach den Regeln der Perspektive sorgfältig beachtet werden. Die Perspektivlinien laufen im Fluchtpunkt auf Schornsteinhöhe zusammen, was meine Augenhöhe war, als ich das Foto aufnahm. Alle Wände und Zaunpaneele sind parallel zu den Seiten des Papiers. Die Gebäudeteile auf der rechten Seite sind mir zugewandt, sodass sie parallel zur Ober- und Unterseite des Papiers verlaufen, wie auf der Abbildung zu sehen ist. Auf den Dächern gibt es mehr Tonwert und Textur, um einen Kontrast zu den hellen Wänden herzustellen.

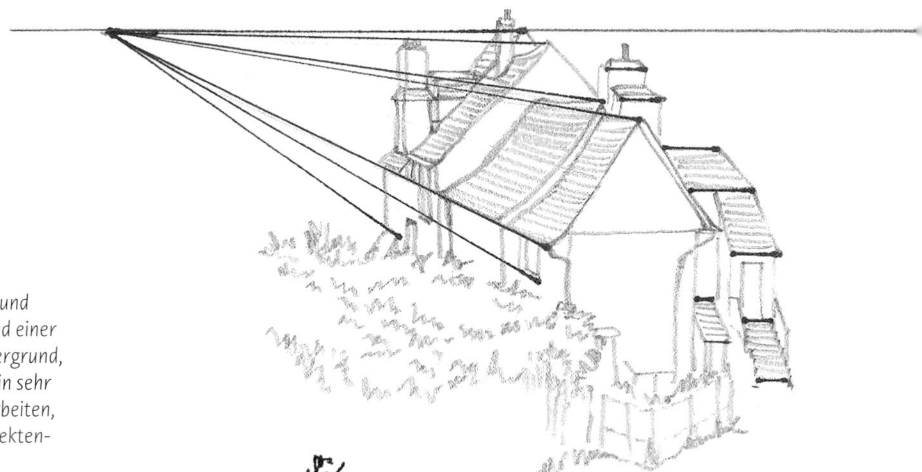

Französisches Bauernhaus

Acryltinte. Ich benutzte einen hellblauen Aquarellstift, um den Umriss und die Hauptstruktur des Gebäudes zu zeichnen, bevor ich es mit Tinte und einer Tauchfeder zeichnete. Die Bäume auf der Rückseite liefern einen Hintergrund, der das Bauernhaus einrahmt und es nach vorne treten lässt. Es war ein sehr heißer Tag, an dem ich in der Sonne saß, um an dieser Zeichnung zu arbeiten, den Sonnenhut fest auf dem Kopf und einen großzügigen Vorrat an Insektenschutzmittel zur Hand.

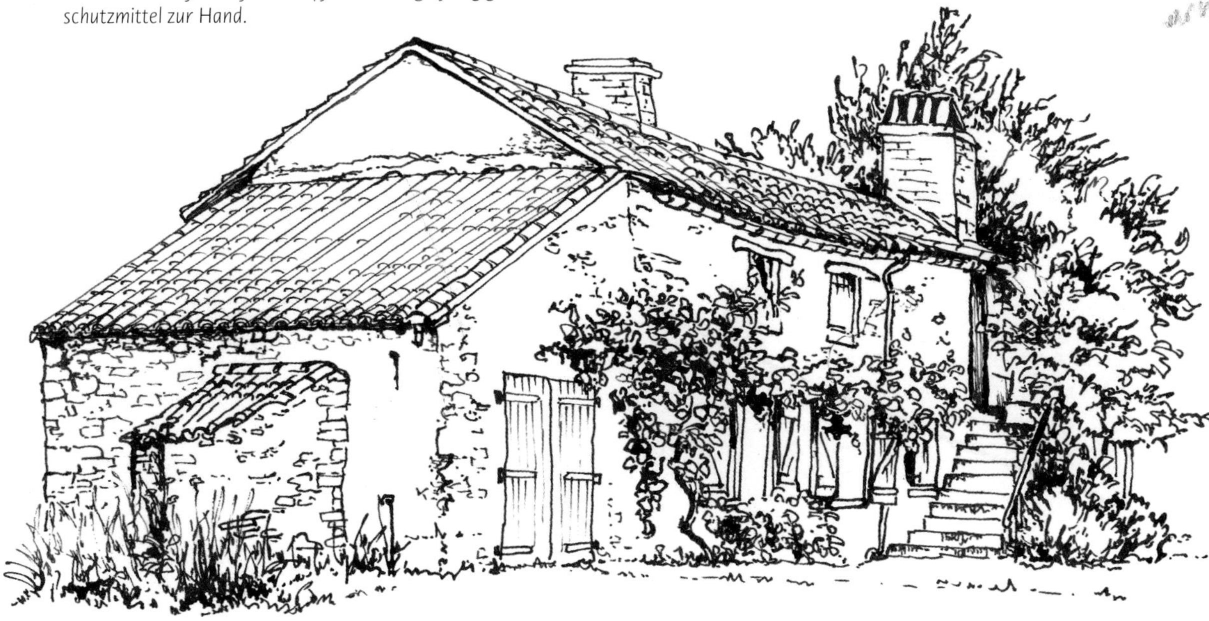

Anne Hathaways Landhaus

Dieses malerische Tudor-Häuschen aus dem fünfzehnten Jahrhundert war einst ein Bauernhaus, das Elternhaus von Shakespeares Frau. Mit seinem rauen Strohdach und den kontrastierenden Tönen der Balken und der Putzwände ist es ein gutes Motiv für eine Zeichnung. Es handelt sich um ein einziges Gebäude mit verschiedenen Ebenen und mehreren Schornsteinen zur Verteilung der Wärme im Winter. Ich machte zwei Fotos im Frühling und ein weiteres später im Sommer, nachdem die Wände neu gekalkt worden waren. Es ist hilfreich, Fotos aus verschiedenen Winkeln zu haben.

MATERIALIEN

Bleistifte 1B, 2B, 6B, 7B, 5B, HB und 4B

satiniertes Aquarellpapier, 30 × 21 cm

Knetradiergummi

Transparentpapier

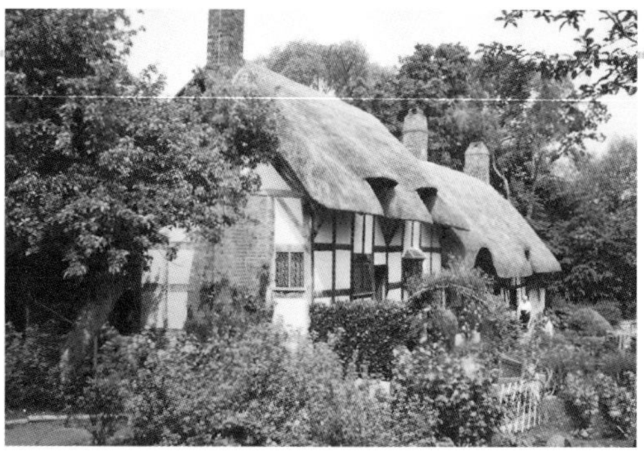

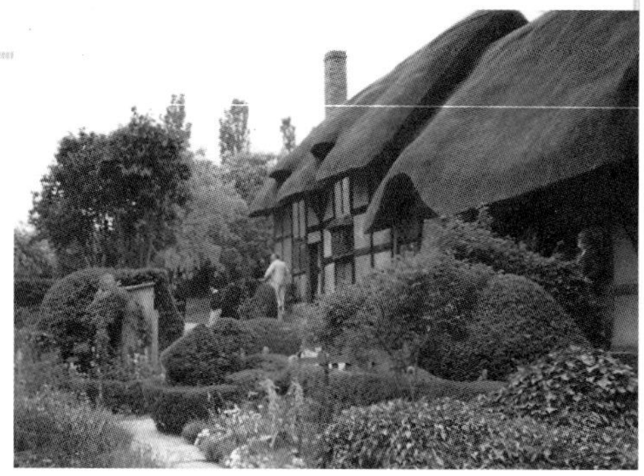

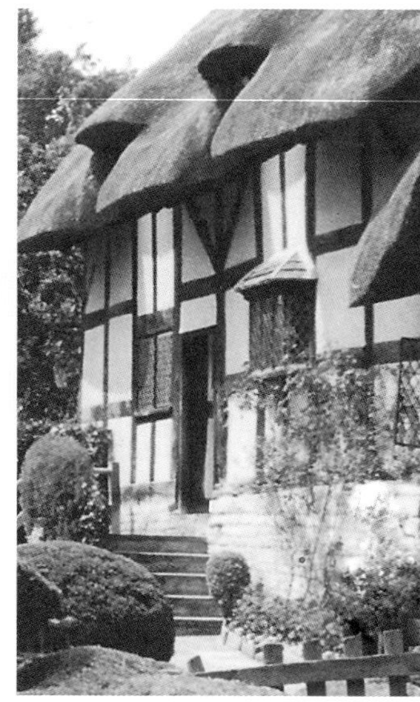

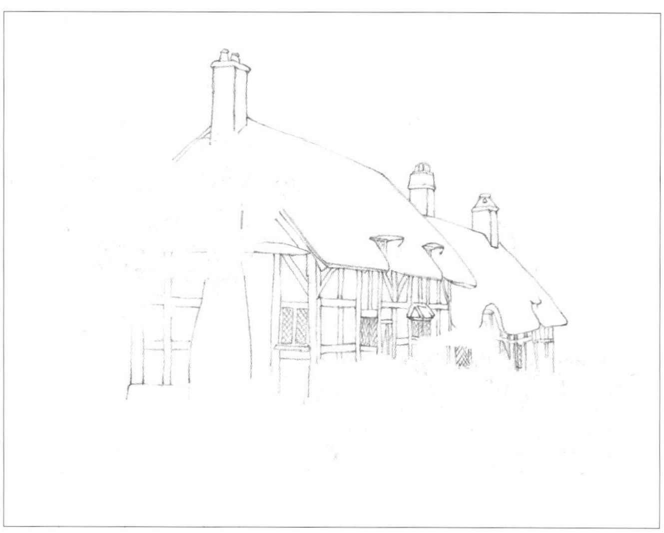

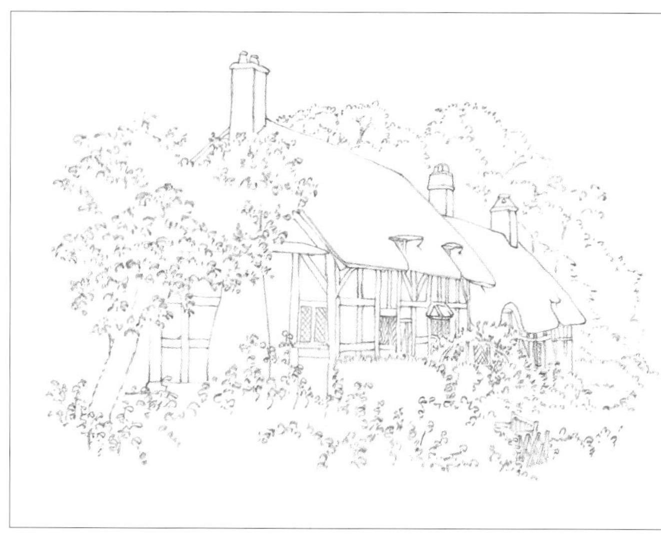

1 Zeichnen Sie den Umriss des Hauses mit einem 1B-Bleistift. Achten Sie darauf, dass die senkrechten Balken parallel zu den Seiten des Papiers verlaufen, und lassen Sie Lücken, wo Büsche und Bäume das Gebäude verdecken werden. Verwenden Sie ein Stück Pauspapier oder Folie unter Ihrer Zeichenhand, damit das Grafit nicht verschmiert.

2 Zeichnen Sie mit einem 2B-Bleistift die Positionen der Bäume, Büsche und des Gartens um das Landhaus herum mit kleinen, gebrochenen, geschwungenen Formen.

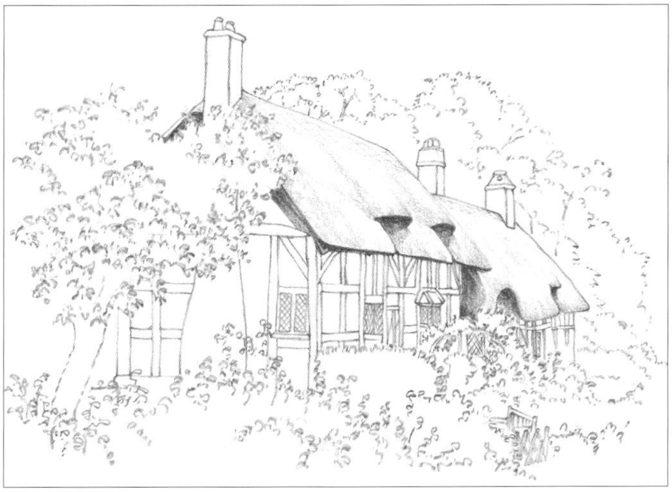

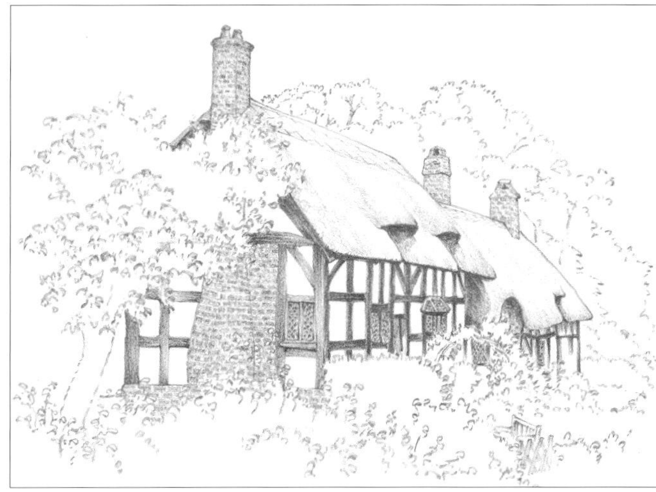

3 Das Dach ist reetgedeckt, mit Bündeln aus getrocknetem Schilfrohr, das von Holzlatten gehalten wird. Biegsamere, getrocknete Weizenhalme werden für den Dachfirst verwendet und mit einem Muster aus stärkerem Material gesichert. Ein Knetradierer mildert die Linien zwischen den Dachabschnitten ab. Das Dach erhält mit dem 2B-Bleistift seine Textur mit einer schrägen, am unteren Rand stärkeren Schattierung. Schattieren Sie mit einem 6B-Bleistift die tiefen Schatten rund um die Gaubenfenster an den Seiten des Daches.

4 Schattieren Sie die Balken längs mit einem 7B-Bleistift und lassen sie an der zugewandten Hauswand heller. Schattieren Sie die kleinen Glasscheiben zwischen den sechseckigen Bleifassungen mit einem 5B-Bleistift und sparen dabei einige hellere diagonale Linien auf dem Papier aus. Zeichnen Sie die Fugen zwischen den Mauersteinen mit einem HB-Bleistift ein und schattieren Sie dann die Ziegel einzeln mit einem 4B-Bleistift. Dunkeln Sie einige zufällige Ziegel in einem dunkleren Ton ab und verfahren mit den Schornsteinen genauso.

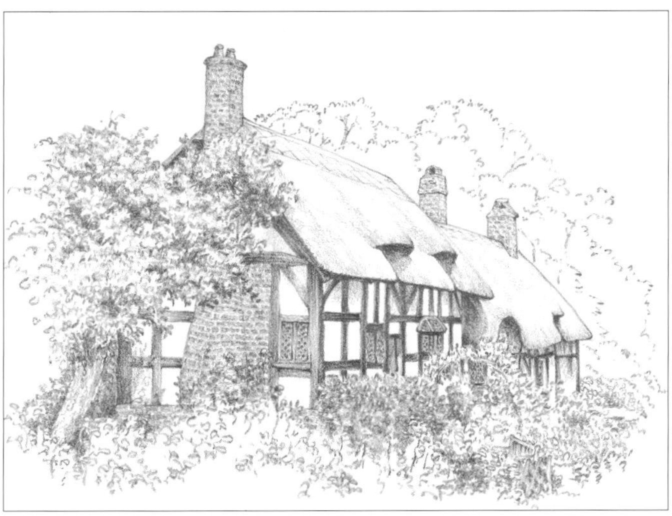

5 Zeichnen Sie mit 5B- und 7B-Bleistiften mit geschwungenen, organischen Bewegungen zuerst das dunklere Laub des Baumes, wobei Sie hauptsächlich auf Ihr Referenzfoto schauen, dann die helleren Laubgruppen. Gestalten Sie das Laub im Schatten hinter dem Baumstamm dunkler. Integrieren Sie die Bank und den Lattenzaun mit den Pflanzen, ohne sie tonal hervorzuheben. Lassen Sie am Rand zwischen den Pflanzen einige Bereiche des Gartens frei, damit der Garten nicht zu unruhig wirkt.

Die fertige Zeichnung

Zeichnen Sie zum Schluss die Bäume hinter dem Haus mit den kräftigen, dunklen Tonwerten eines 7B-Bleistiftes. Das rahmt das Haus ein und lässt es weiter nach vorn kommen. Passen Sie die Fugen und Ziegelsteine am Fuß des großen Schornsteins an, damit er flacher und parallel zur Wand erscheint. Hellen Sie mit einem Knetradierer die rechte Seite des Schornsteins, auf die das Licht fällt, auf. Die beiden anderen Schornsteine sollten ebenfalls auf der rechten Seite aufgehellt werden, um einen dreidimensionalen Effekt zu erzielen.

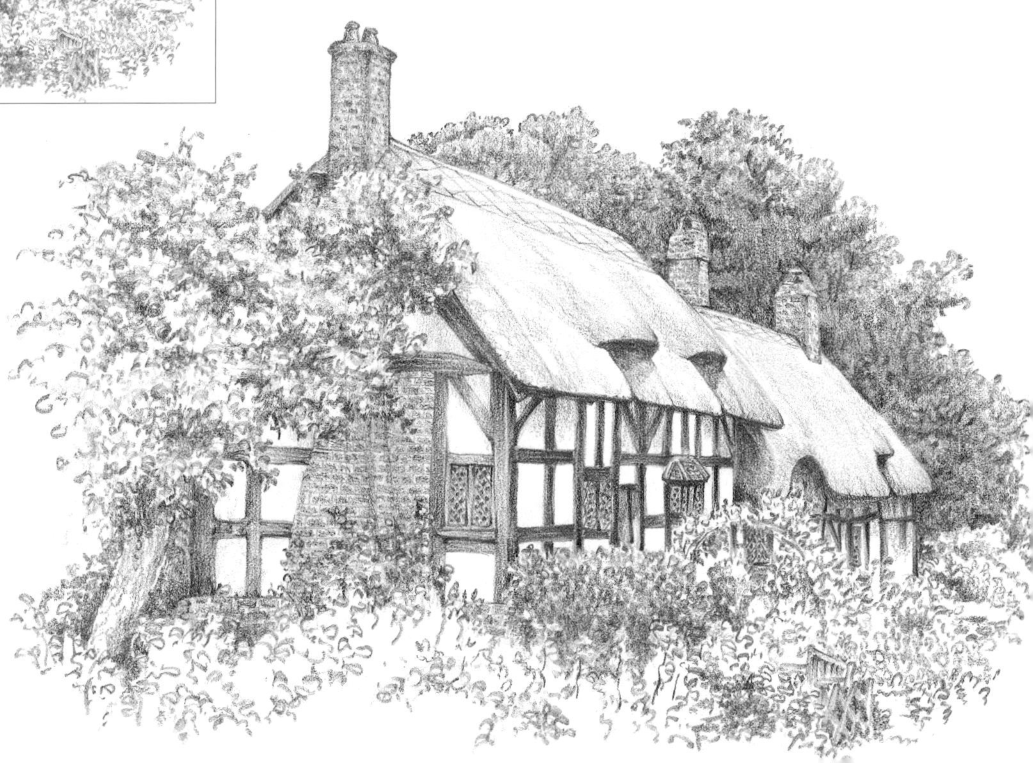

Menschen

Menschen einzufügen kann Ihrer Landschaftszeichnung die Anmutung von Leben, Bewegung und Proportion verleihen. Achten Sie darauf, dass sie die richtige Größe für den Maßstab der Zeichnung haben, egal ob Sie sie aus einem Skizzenbuch oder nach einer anderen Referenz zeichnen. Ich finde Menschen faszinierend, und die Formen von Einzelpersonen und Gruppen spannend. Für eine natürliche Pose versuche ich, Menschen zu skizzieren, wenn sie sich dessen nicht bewusst sind.

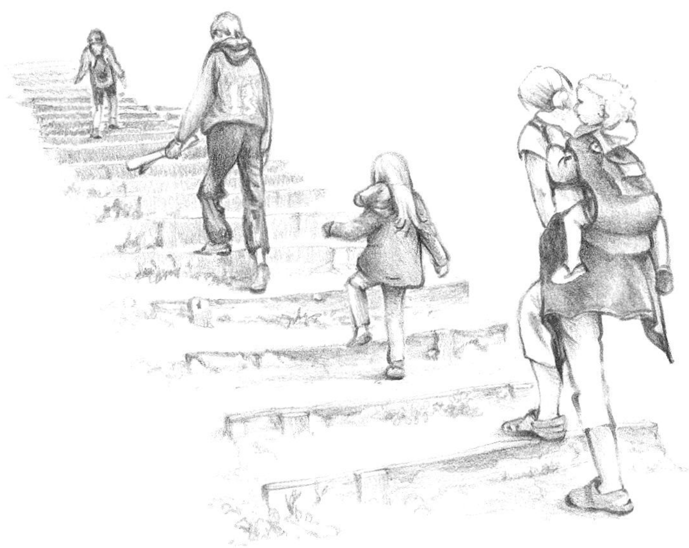

Besteigung des Box Hill

Bleistift 2B auf 300 g/m² satiniertem Aquarellpapier. Weil die Menschen die Treppe hinaufsteigen, steigt auch das Niveau der Köpfe an, je nach Größe der Person.

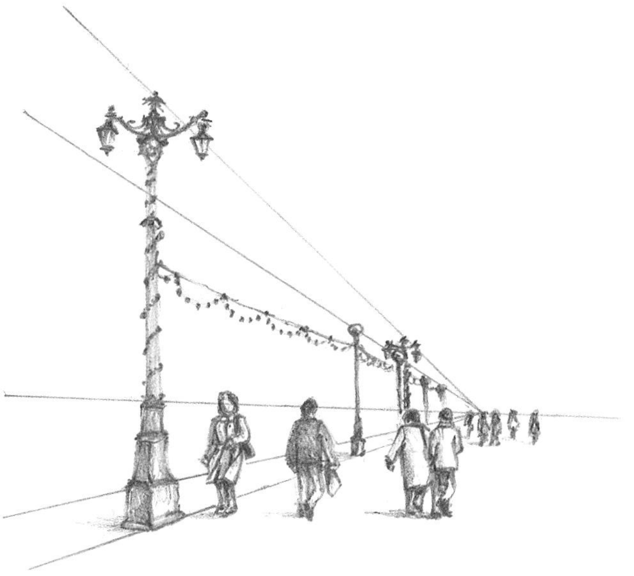

Brighton-Promenade

Bleistift 2B auf 300 g/m² Aquarellpapier. Wenn Sie zum Skizzieren auf einer ebenen Fläche stehen, befindet sich Ihr Kopf auf derselben Höhe wie bei den meisten erwachsenen Menschen. Also sollten sich die Köpfe in Ihrer Zeichnung auf Augenhöhe befinden. Die mit zunehmender Entfernung abnehmende Größe der Menschen wird dadurch erreicht, dass die Füße höher und näher an die Linie der Augenhöhe herangeführt werden.

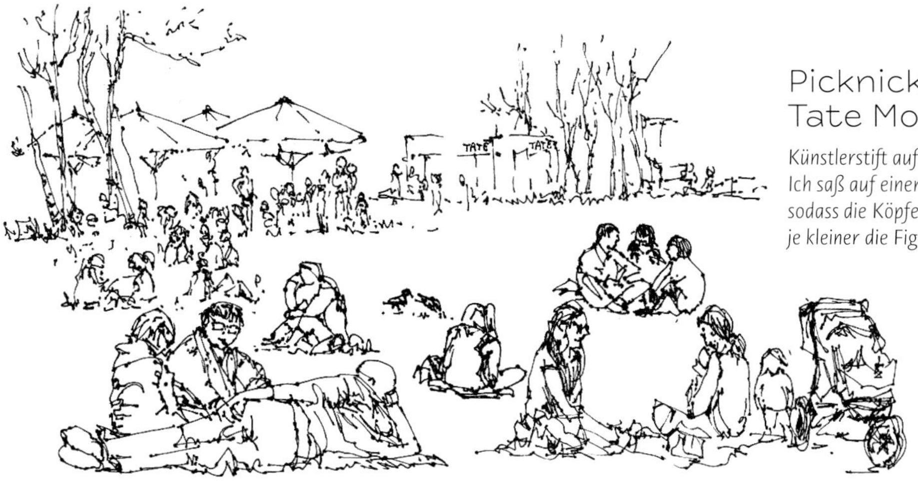

Picknick auf der Wiese am Tate Modern

Künstlerstift auf Skizzenbuch mit Patronenpapier, 30 × 21 cm. Ich saß auf einer Mauer oberhalb der Menschen auf dem Gras, sodass die Köpfe der Menschen auf dem Papier höher rücken, je kleiner die Figur in der Ferne wird.

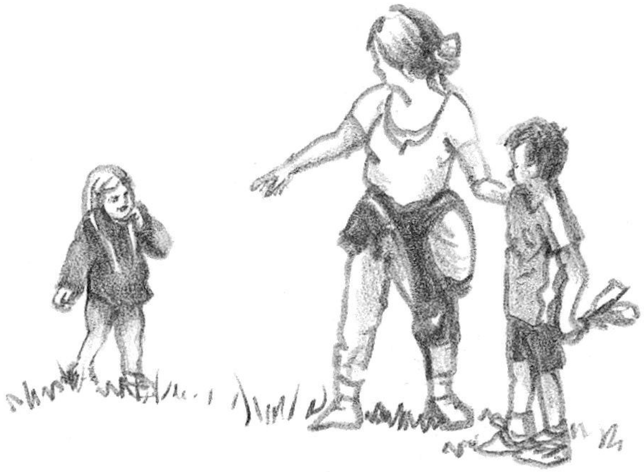

Nach Hause gehen

Bleistift 2B auf 300 g/m² Aquarellpapier. In dieser und in der Zeichnung rechts ergeben die Beziehungen der Figuren zueinander interessante Formen und Muster.

Al Fresco Dining

Bleistift B auf 300 g/m² Aquarellpapier.

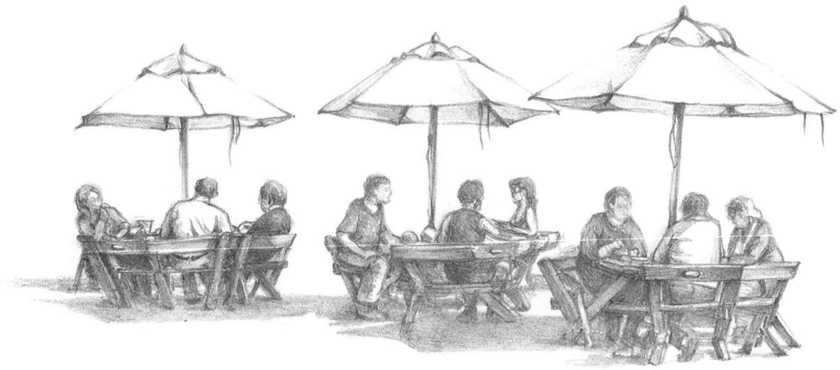

Fotos verwenden

Ungewöhnlicherweise hatte ich für diese Zeichnung ein williges Modell und machte mehrere Fotos, mit denen ich im Atelier arbeiten konnte. Es ist schwieriger, ein Gefühl von Bewegung zu bekommen, wenn man nach Fotos arbeitet.

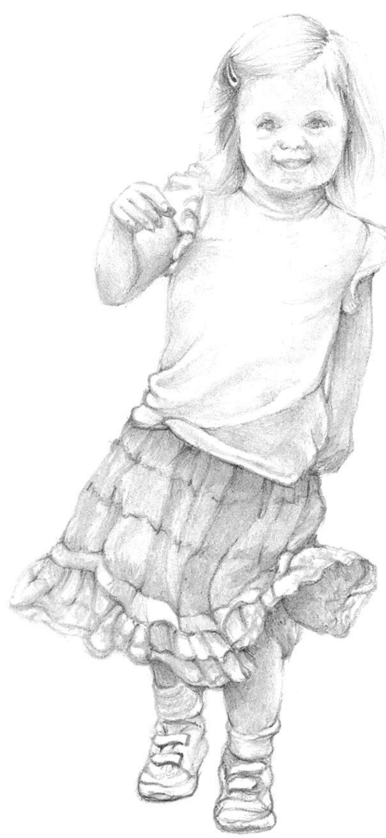

Millie im Park

Bleistift B auf 300 g/m² Aquarellpapier.

Skizzieren im Urlaub

Ein Lieblingszeitvertreib von mir ist es, in mein Skizzenbuch zu zeichnen, und Menschen sind oft die interessantesten Motive. Manchmal gehen sie weg, nachdem ich mit dem Zeichnen begonnen habe, und so stelle ich die Zeichnung fertig, indem ich eine ähnliche Person in der Nähe betrachte. Menschen an einem Marktstand kehren immer wieder an die gleiche Stelle zurück, und Menschen, die sich im Urlaub entspannen, bleiben im Allgemeinen rechte lange an Ort und Stelle.

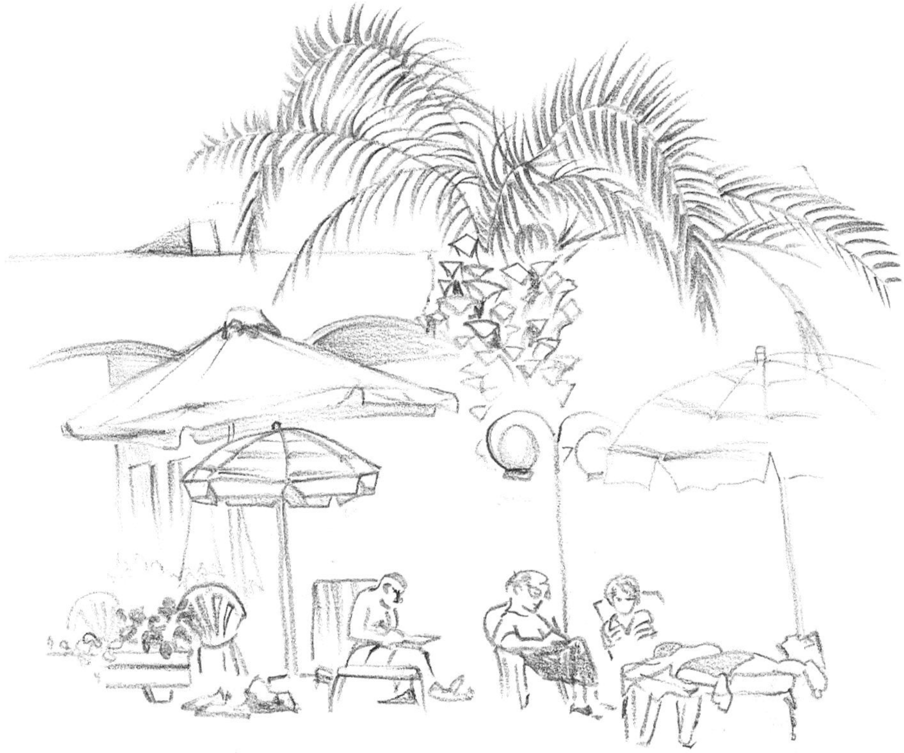

Entspannen auf Teneriffa

Grafitstift in Skizzenbuch, 30 × 21 cm.

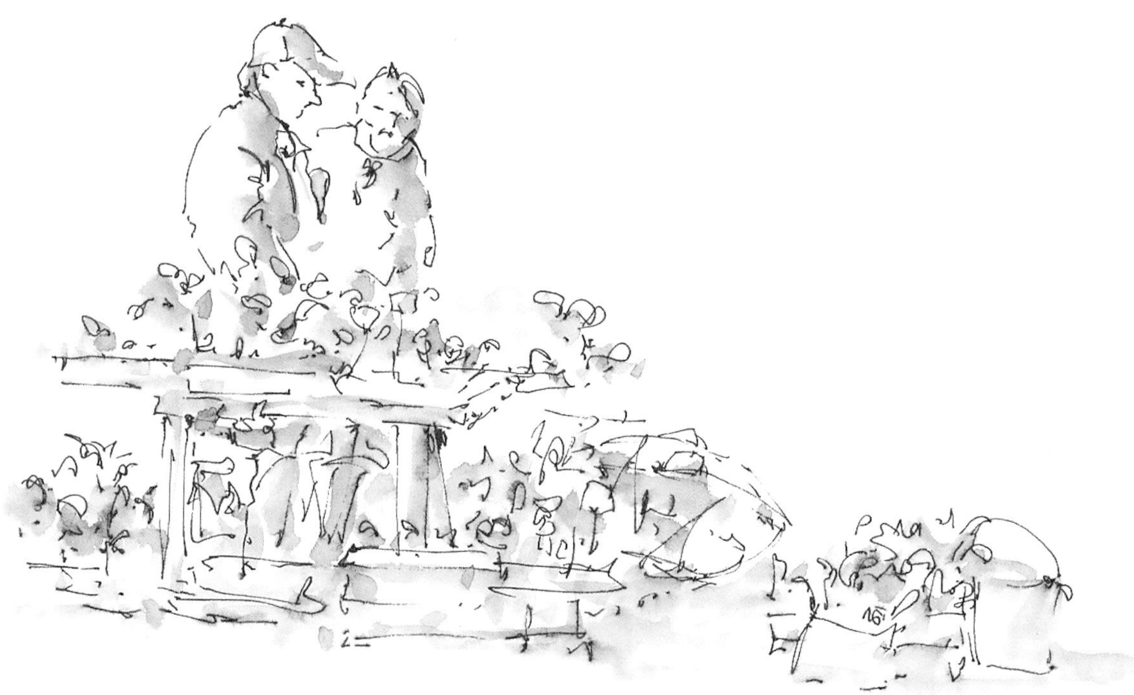

Blumenstand auf einem Markt, Portugal

Wasserlösliche Tusche in Skizzenbuch, 30 × 21 cm.

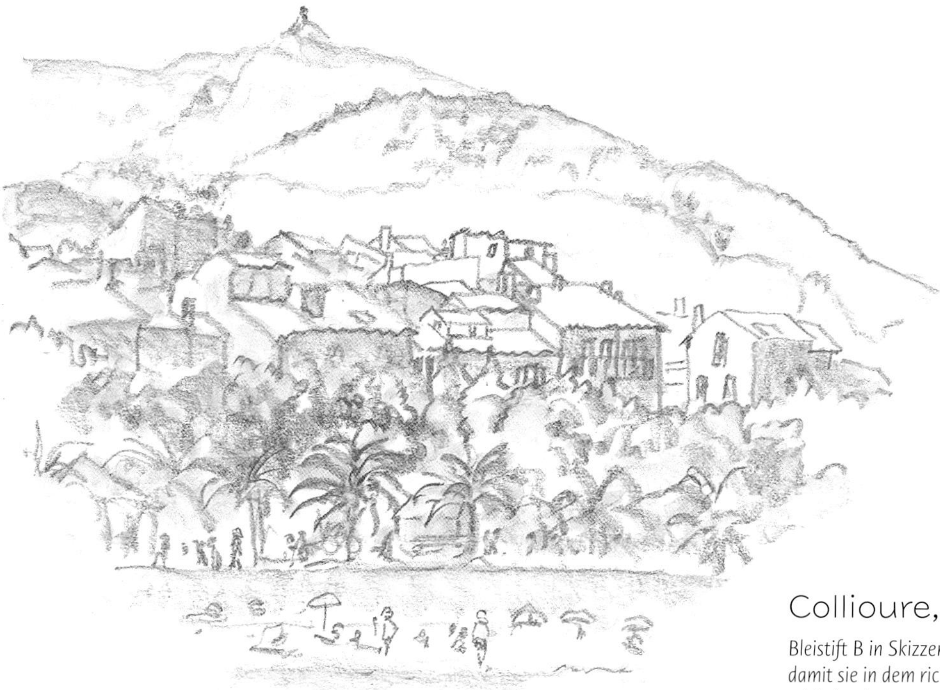

Collioure, Frankreich

Bleistift B in Skizzenbuch. Die Menschen am Strand sind sehr klein, damit sie in dem richtigen Maßstab dargestellt werden können. Ich habe dies von einem Restaurant aus gezeichnet, während ich auf das Mittagessen wartete!

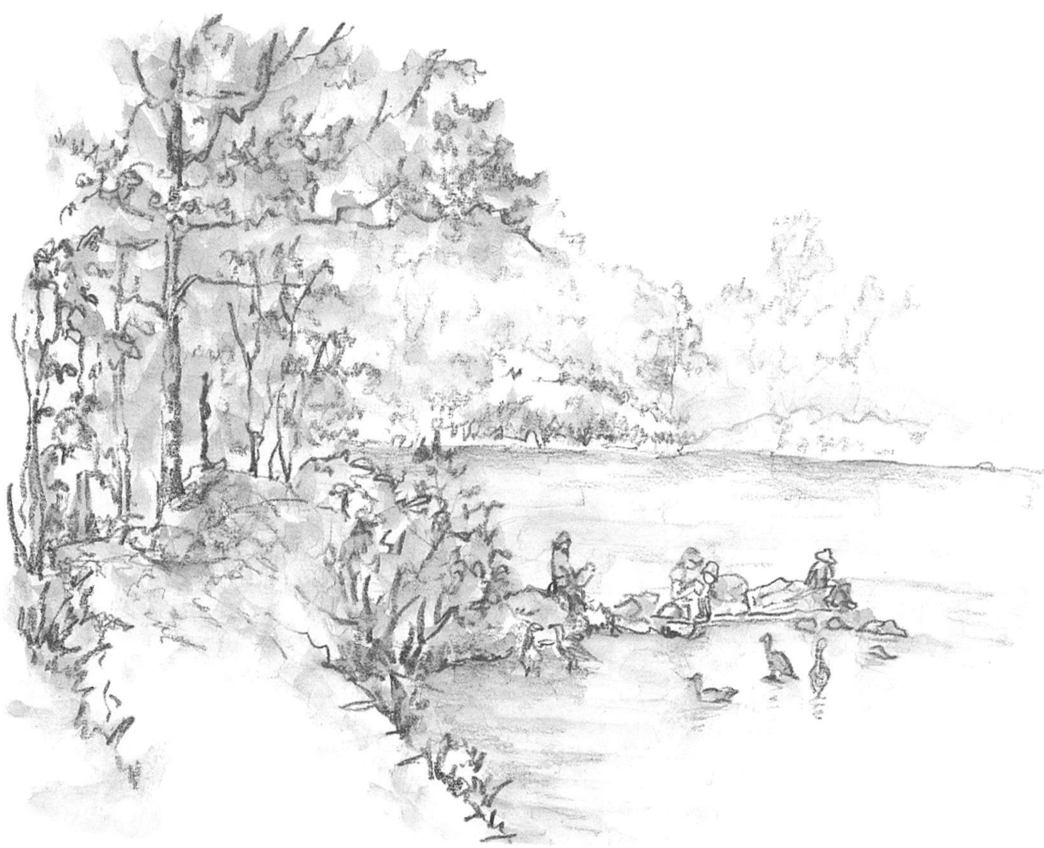

Tarnows

Wasserlöslicher Stift in Skizzenbuch. Die Menschen und Enten bewegten sich ständig.

LANDSCHAFTEN

Der Weg in den Wald

Ich bin oft mit meinem Hund über diese Felder in der Nähe meines Hauses spazieren gegangen und liebe die Form dieser Bäume, die einst das Bauernhaus umgaben. Heute wird es vom Woodland Trust verwaltet, der das natürliche Wachstum der Wildblumen fördert. Ich habe ein Bild dieser Landschaft gemalt (hier in Schwarz-Weiß wiedergegeben) und benutze es als Vorlage für diese Zeichnung.

MATERIALIEN

- Velours-Pastellpapier in Hellgrau
- Extra-weiche Pastelle in Weiß, Grau und Schwarz
- Pastellstifte in Weiß, Grau und Schwarz
- Knetradiergummi
- Transparentpapier

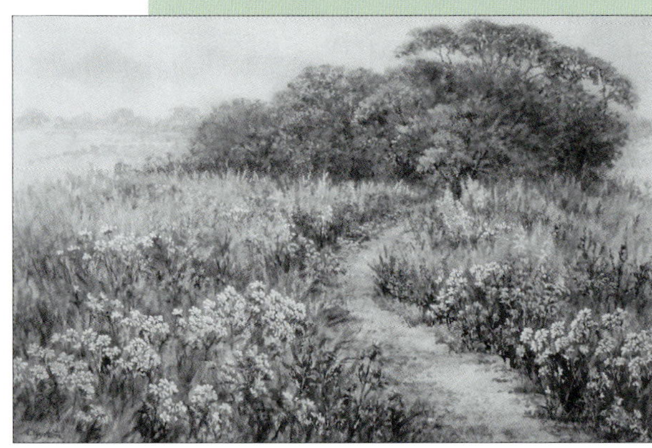

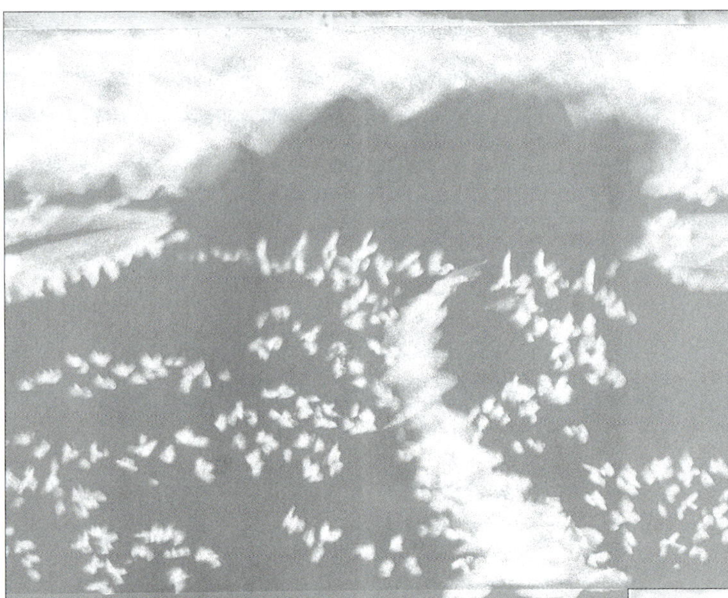

1 Decken Sie mit weißem, extraweichen Pastell den Himmelsbereich ab und lassen dabei stellenweise das graue Papier hindurchscheinen. Schraffieren Sie den Weg ein und fügen weiße Blüten hinzu.

2 Legen Sie ein kleines Stück Pauspapier unter Ihre Zeichenhand, damit nichts verschmiert. Setzen Sie mit dem schwarzen Pastell die dunkelsten Tonwerte der Bäume und Pflanzen mit kräftigen, kurzen Strichen. Setzen Sie dann hellere Töne mit sanften, kurzen Strichen und Punkten.

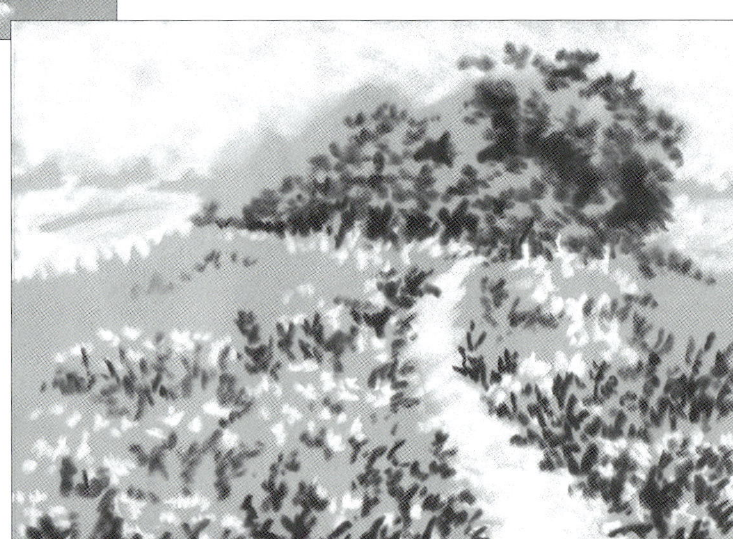

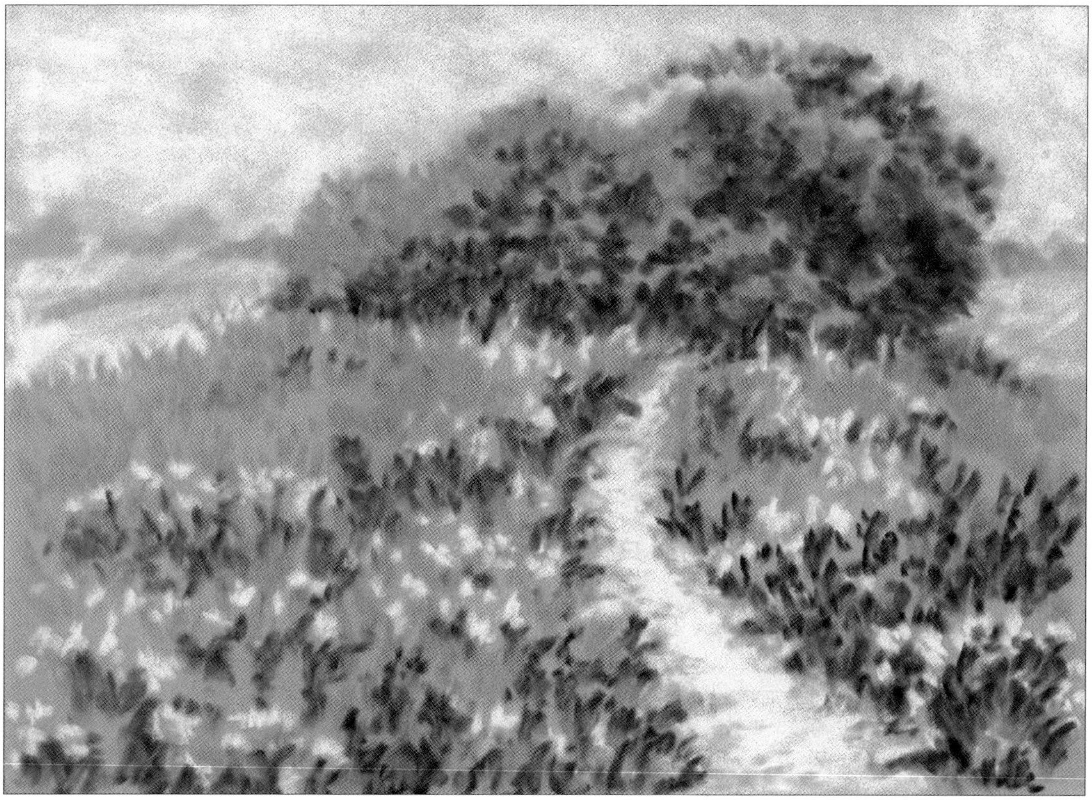

3 Verwenden Sie das graue Pastell mit kurzen Strichen für die mittleren Tonwerte in den Bäumen und auf den Wiesen zwischen den Blüten.

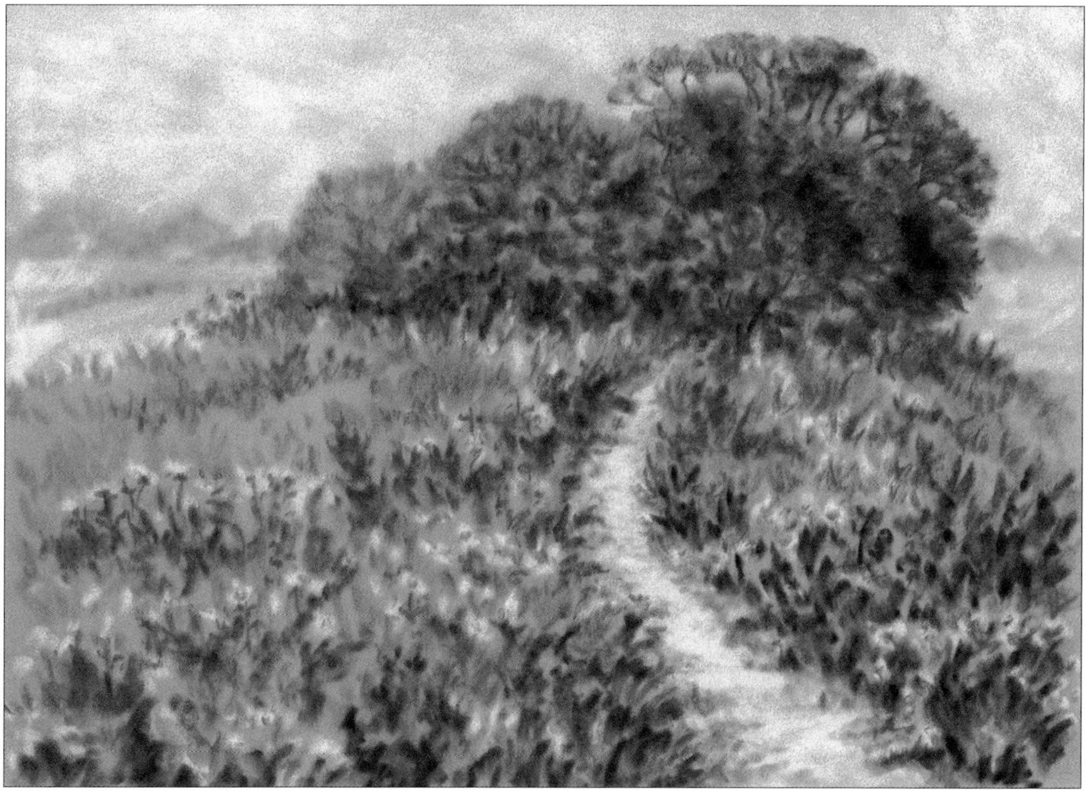

4 Ziehen Sie mit dem grauen Pastellstift scharfe, geschwungene Linien für die Äste und Zweige in den Bäumen sowie für die Blütenköpfe und die Stiele der Blumen.

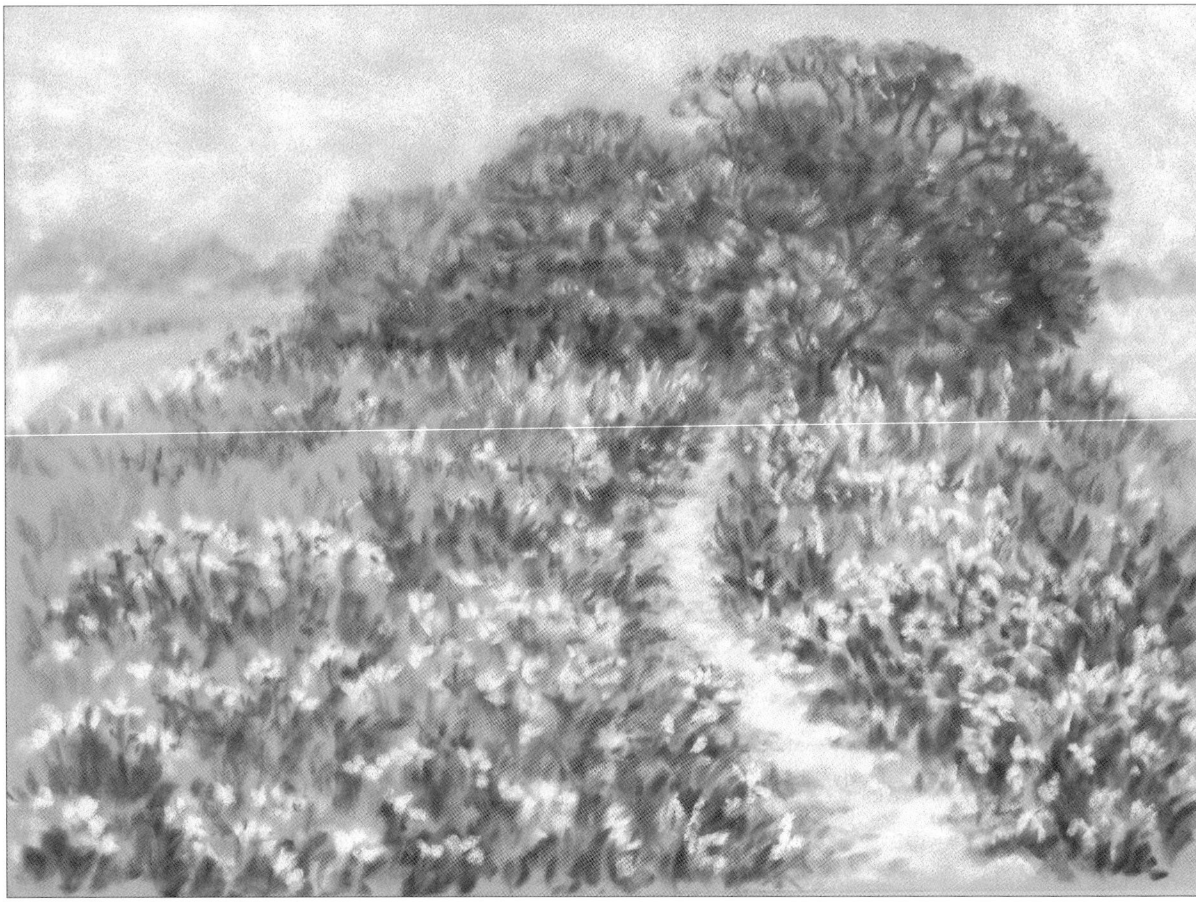

5 Verwenden Sie den weißen Pastellstift, um die Tonwerte einiger Blätter an den Bäumen aufzuhellen. Setzen Sie mit dem weißen Soft-Pastell die hellsten Töne in den die Bäume und fügen Sie den Gänseblümchen im Vordergrund zusätzliche Blütenblätter hinzu.

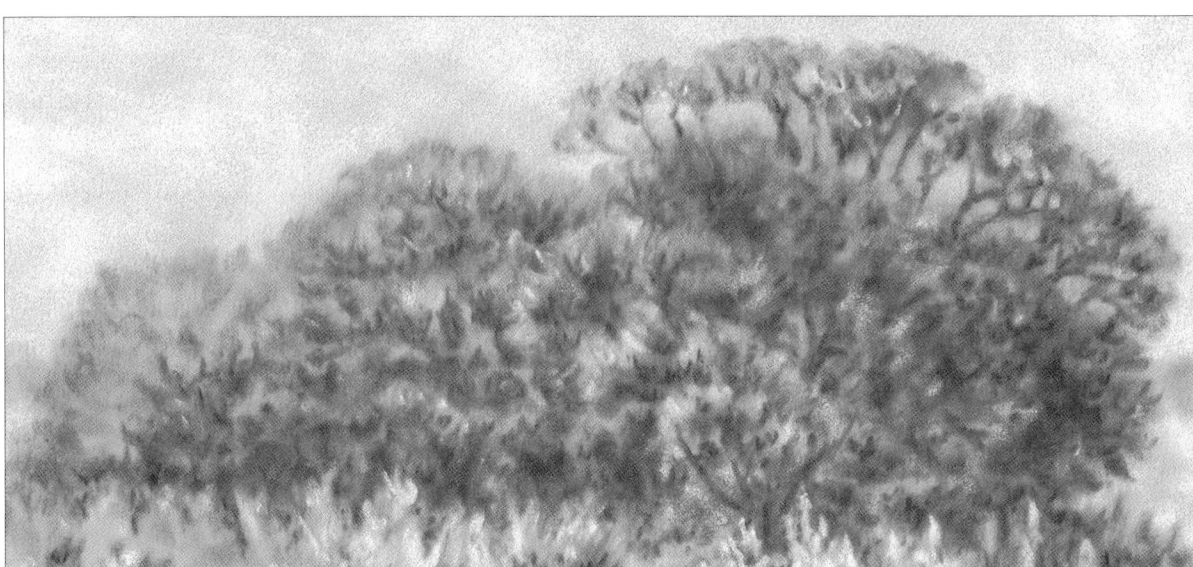

6 Setzen Sie mit dem schwarzen Pastellstift kleine Akzente auf die Zweige und das Laub.

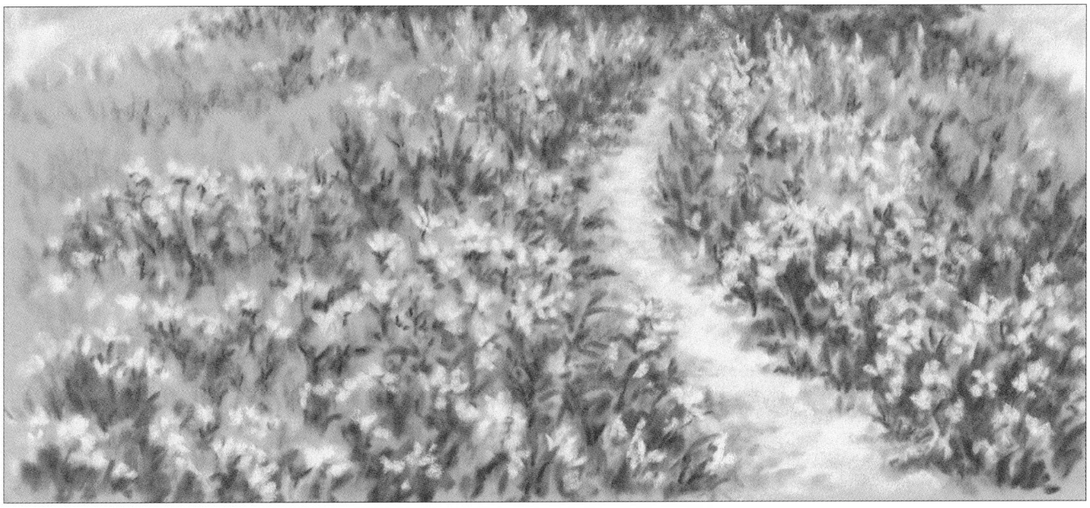

7 Verstärken Sie mit dem schwarzen Pastellstift die Stängel der Blüten und setzen zarte Schattenpunkte auf die Mitte der Gänseblümchen und fügen einige dunkle Blätter hinzu.

Die fertige Zeichnung

Deuten Sie mit dem grauen Pastellstift die Textur des steinigen Weges an. Fügen Sie dann zwischen den höchsten Zweigen noch etwas Weiß für den Himmel hinzu. Verwenden Sie die Seite eines kleinen Stücks weißen Soft-Pastells und hellen Sie mit sehr sanften, nach unten gerichteten Strichen die Tonwerte des Grases zwischen den Wildblumen auf.

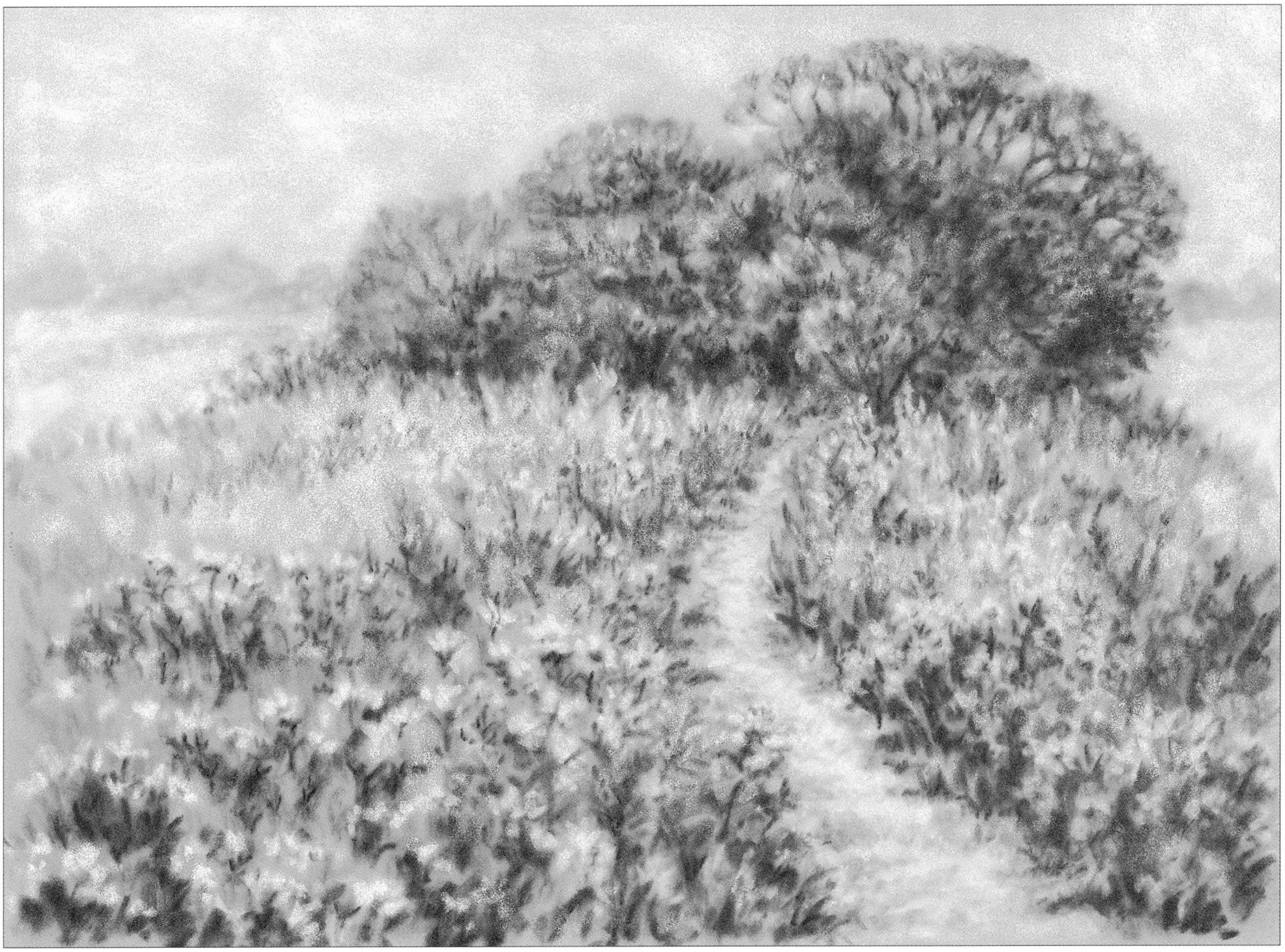

Die Scheunen auf Canons Farm

Als ich auf die Scheune stieß, wusste ich, dass sie ein gutes Zeichenmotiv war. Die Gebäude, der Efeu an den Mauern und das fünfholmige Gattertor waren in genau dem richtigen Verfallszustand. Ich zeichnete und fotografierte die Scheune erstmals im Sommer, als sie Heuballen enthielt. Als ich ein paar Monate später dort war, lag Schnee. Die starken Tonwertkontraste, die der Schnee der Szene verlieh, sorgten für noch mehr Wirkung. Daher machte ich mehrere Fotos. Sie können meinen Hund sehen, der geduldig am Tor wartet.

MATERIALIEN

- 300 g/m² satiniertes Aquarellpapier, 30 × 21 cm
- Bleistift B
- Knetradiergummi
- Kleine Bambusfeder
- Acryltinte
- Wassertankpinsel
- Tauchfeder aus Metall

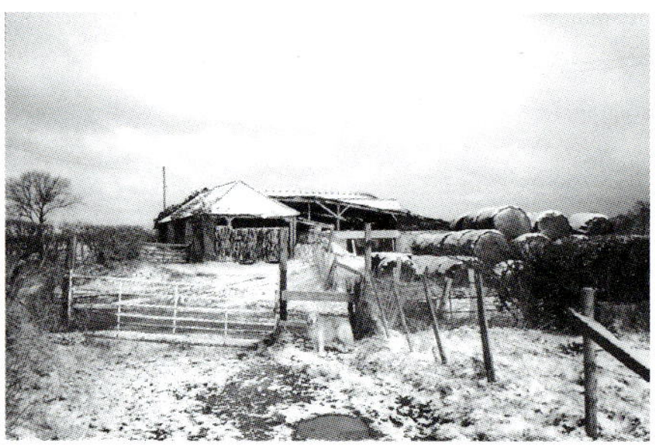

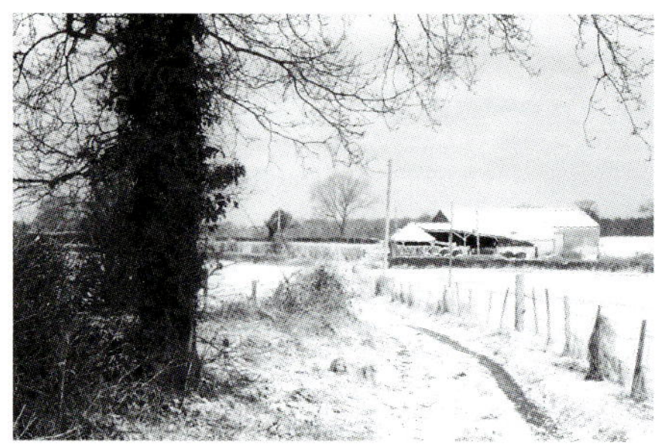

Ich fertigte eine Miniaturskizze an und ließ darauf den Telegrafenmast weg, verschob die Bäume von links näher an die Scheune und fügte rechts hinter den Scheunen einige Bäume ein. Dadurch heben sich die Gebäude besser vor den dunkleren Bäumen ab.

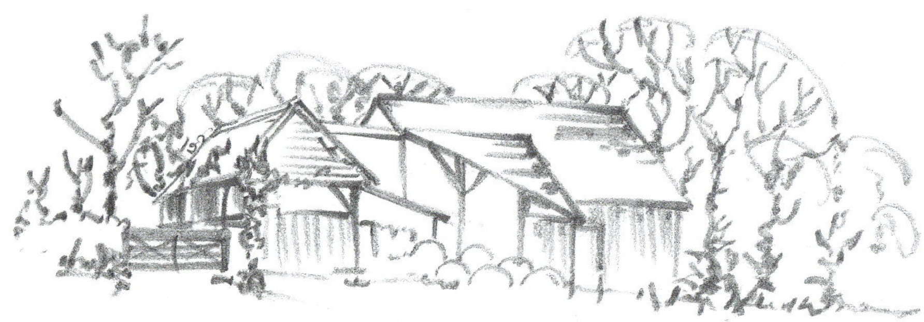

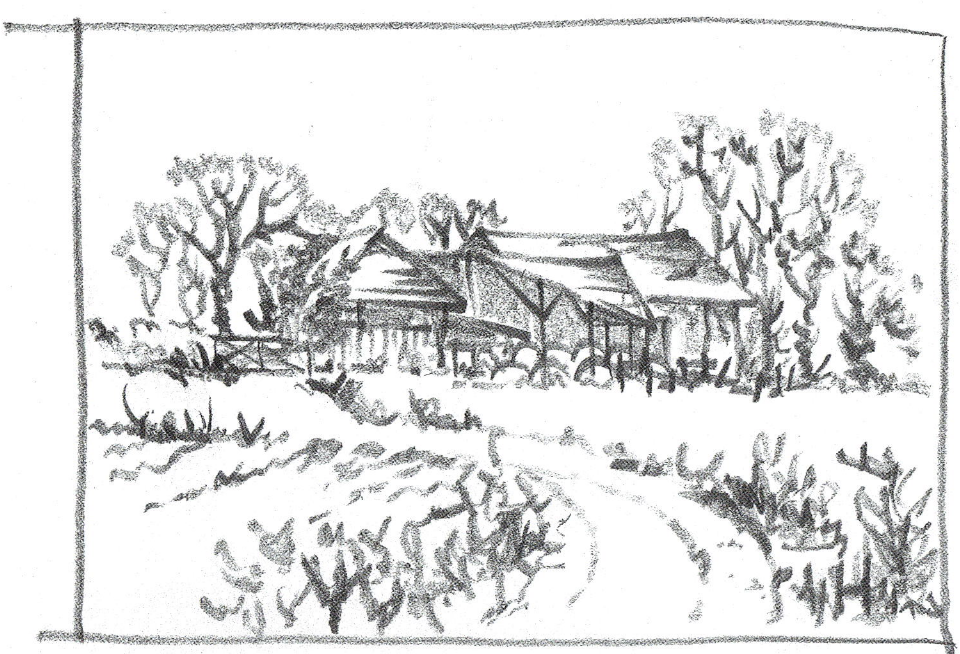

Ich habe diese Miniaturskizze angefertigt, um die gesamte Komposition anzuordnen. Dabei führt der Feldweg das Auge direkt in das Bild hinein. Das Tor im Vordergrund entfiel, weil es die Sicht behindert.

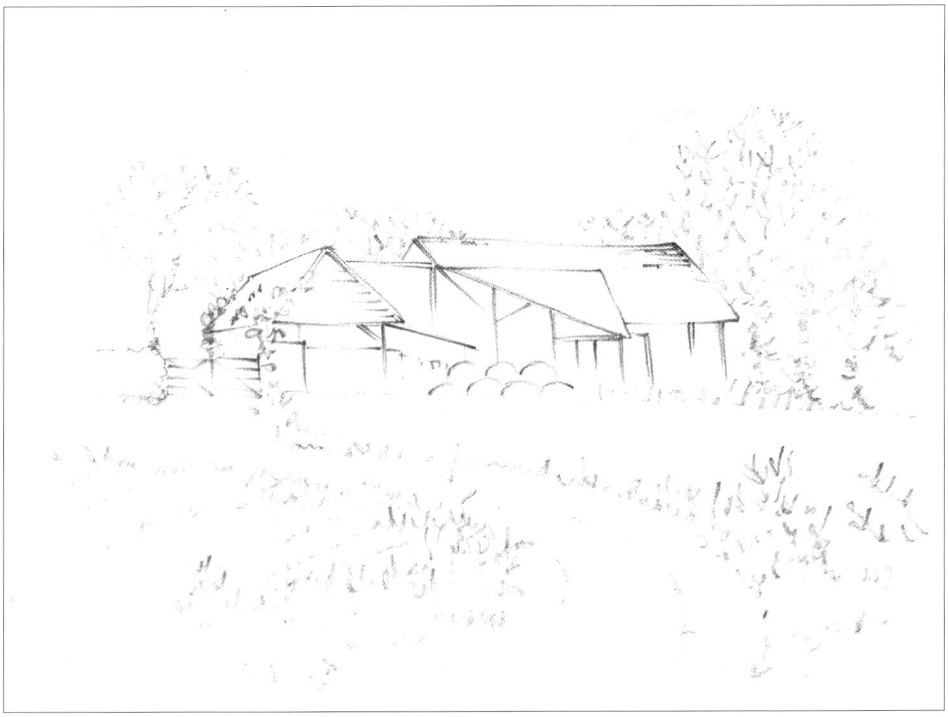

1 Zeichnen Sie die Komposition schwach mit einem B-Bleistift vor, um sicherzustellen, dass alles an der richtigen Position ist. Wenn Sie in diesem Stadium doch einen Fehler machen, können Sie einen Knetradierer verwenden und ihn vorsichtig über die auszuradierenden Stellen rollen, ohne die Papieroberfläche zu beschädigen.

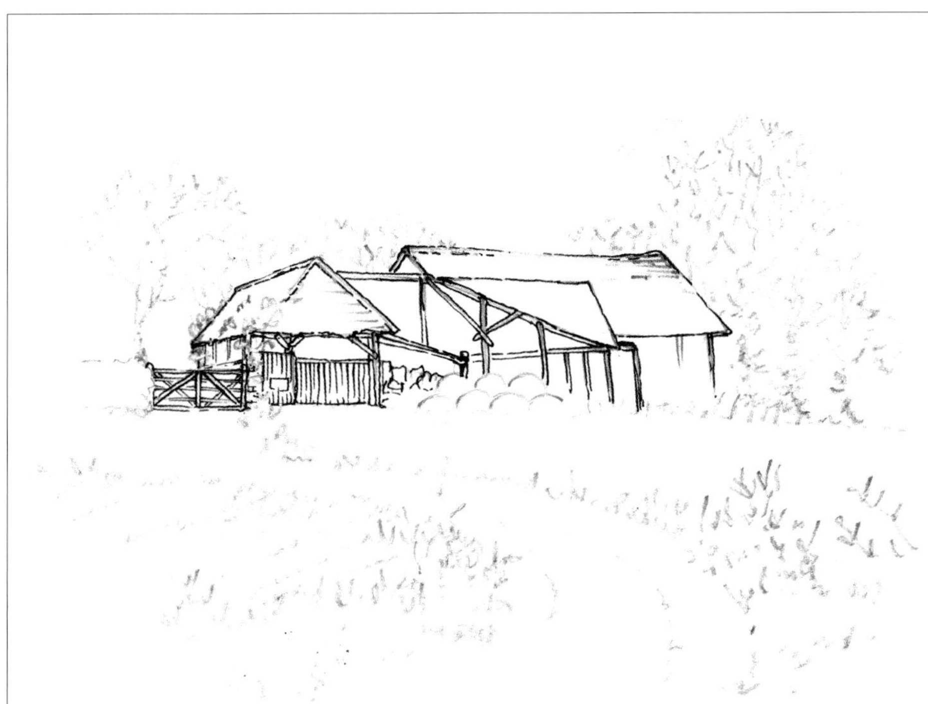

2 Zeichnen Sie als nächstes die Gebäude mit Acryltinte und einer Metallfeder, wobei Sie sich an der Bleistiftunterzeichnung orientieren. Achten Sie darauf, dass Sie die nasse Tinte nicht mit der Hand verwischen. Sie können aber auch einen Künstlerstift verwenden, der sofort trocknet, wenn Ihnen das lieber ist. Viele der Tuschelinien sind nicht durchgehend, da sie stellenweise von Schnee und Efeu überdeckt werden.

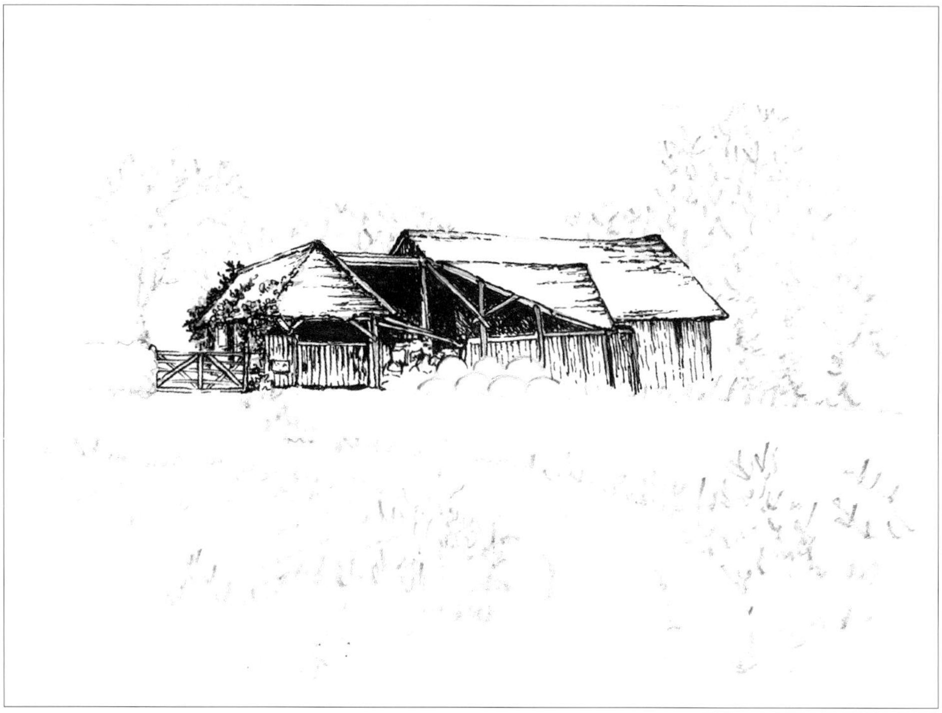

3 Zeichnen Sie mit Acryltinte das Detail des Efeus an der Scheune, die Stellen auf dem Dach, wo der Schnee geschmolzen oder abgerutscht ist, die hölzernen Seitenwände der Gebäude, das Tor und das dunkle Innere der offenen Scheunen.

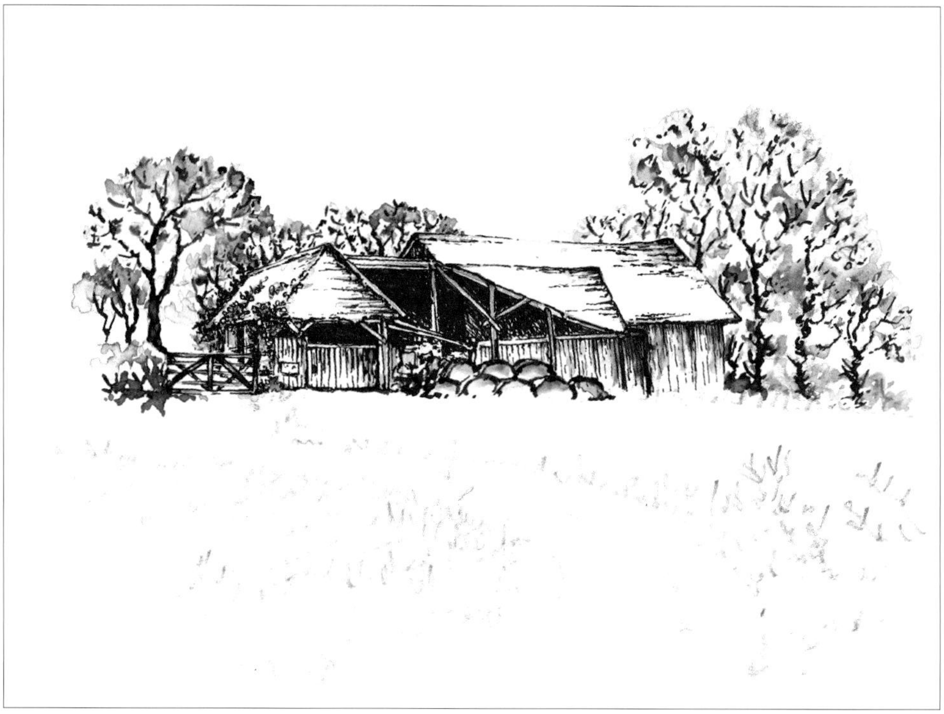

4 Zeichnen Sie mit einer Bambusfeder und Acryltinte die Baumstämme und Äste und lassen Sie dabei Lücken, um den Eindruck zu erwecken, dass sich vor einigen Zweigen und Ästen hellere Blätter und Schneeflecken befinden. Bevor jede Baumgruppe trocknet, verdünnen Sie einen Teil der Tinte mit einem Wassertankpinsel und vermalen Sie sie, um hellere darzustellen. Setzen Sie mit etwas verdünnter Tinte, die sich noch auf dem Wassertankpinsel befindet, hellere Töne auf die Bereiche der Dächer, wo der Schnee geschmolzen ist, und ganz locker auf die Wände und Türen. Zeichnen Sie die Formen der Heuballen mit der Bambusfeder und vermalen Sie auch hier einen Teil der Tinte, bevor sie trocknet, um an den runden Enden einen helleren Ton zu erhalten.

5 Zeichnen Sie mit der Bambusfeder und Acryltinte locker die Form des Feldwegs, der zu den Gebäuden führt, sowie einige kahle Sträucher und Pflanzen. Lassen Sie einige zufällige Lücken und größere Tintenflecken. Lassen Sie diese gründlich trocknen.

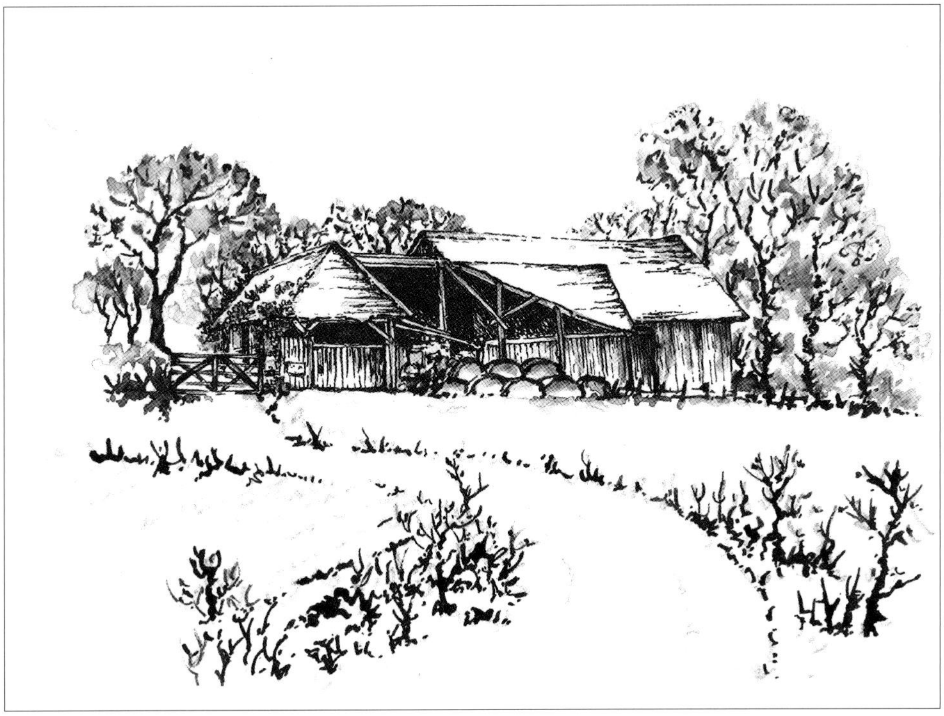

Die fertige Zeichnung

In der letzten Phase können Sie noch letzte Feinheiten hinzufügen. Ich fügte einige zusätzliche Zweige zu den Büschen im Vordergrund hinzu. Vor dem Trocknen setzte ich mit dem Wassertankpinsel einige verdünnte Markierungen, um hellere Töne um die Büsche, auf dem Feldweg und auf dem gefurchten Feld zu erzeugen. Ich fügte auch ein paar Zweige und Äste zu dem großen Baum links hinzu und radierte einige unnötige Bleistiftstriche aus.

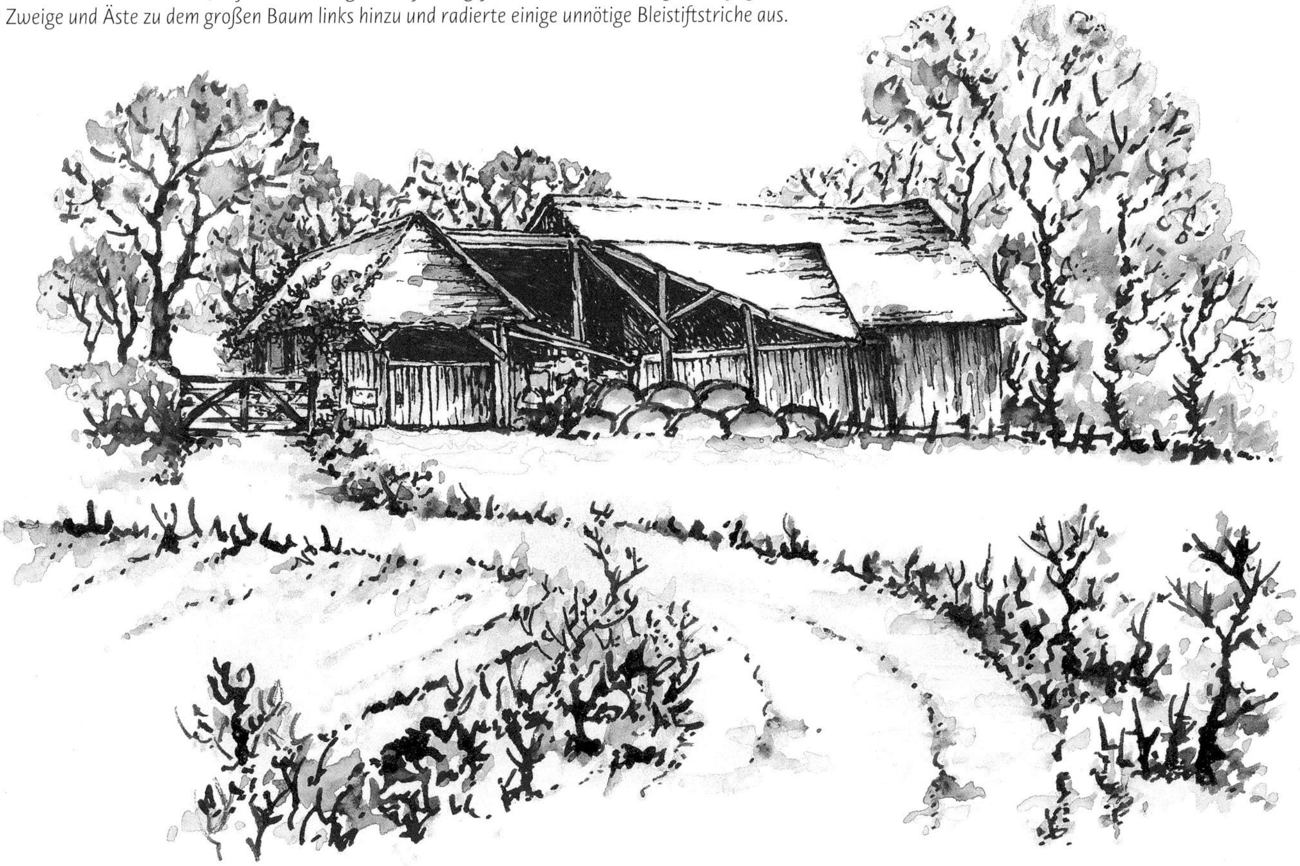

Berge

Eines Nachmittags unternahmen wir eine geführte Landrover-Safari im Cairngorms-Nationalpark. Die Cairngorms sind die höchste und größte Bergkette Großbritanniens. Wir sahen verschiedene Tier- und Pflanzenarten und man sagte uns, dass der Grund für das fleckige Erscheinungsbild der Moorlandschaft läge in der Tarnung der Tierwelt. Ich habe mich dort sehr wohl gefühlt; ich fühlte mich lebendig und genoss die saubere Luft. Die Aussicht in die Täler hinunter war wunderbar, aber besonders gefiel mir diese Gruppe von Berggipfeln, wo Heidekraut zwischen Bäumen, Häusern, Pfaden, Straßen und Flüssen wächst.

MATERIALIEN

300 g/m² satiniertes Aquarellpapier

Grafitstifte B, 2B, 3B, 4B, 6B, 8B

Knetradiergummi

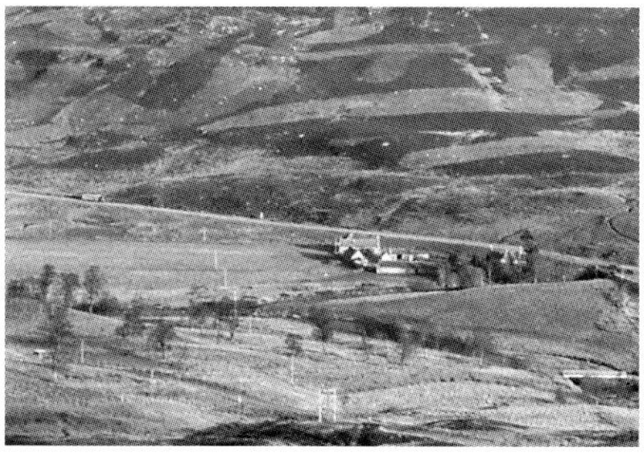
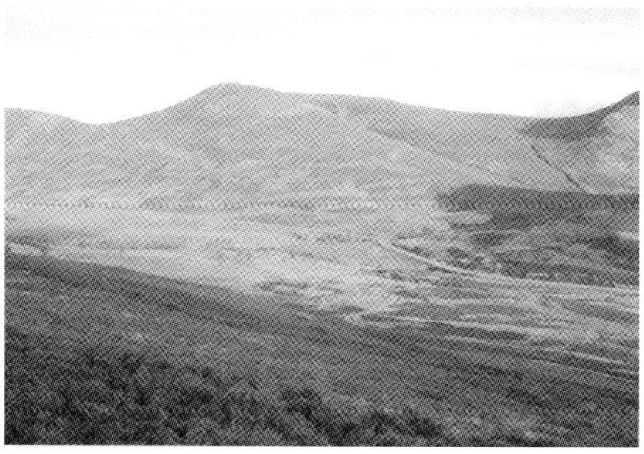
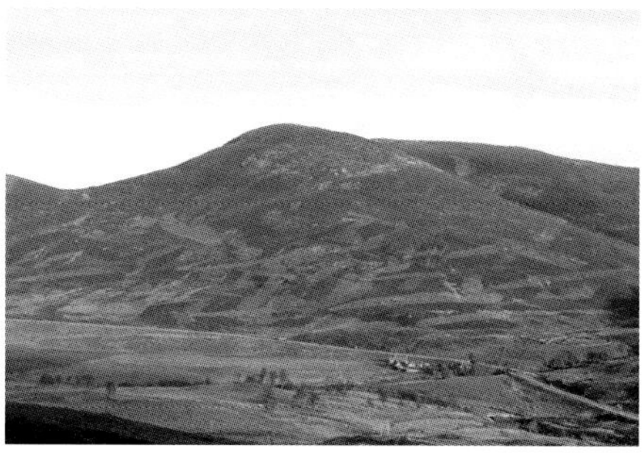

Die Referenzfotos.

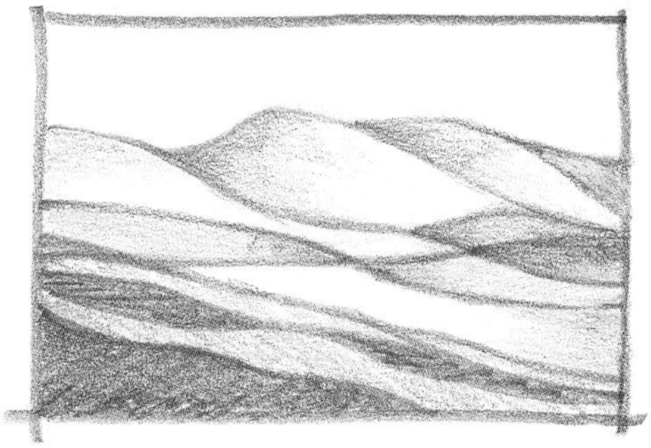

Ich konnte ein Muster in den fließenden Linien der Landschaft erkennen, also fertigte ich diese Tonwert-Skizze an, bevor ich begann.

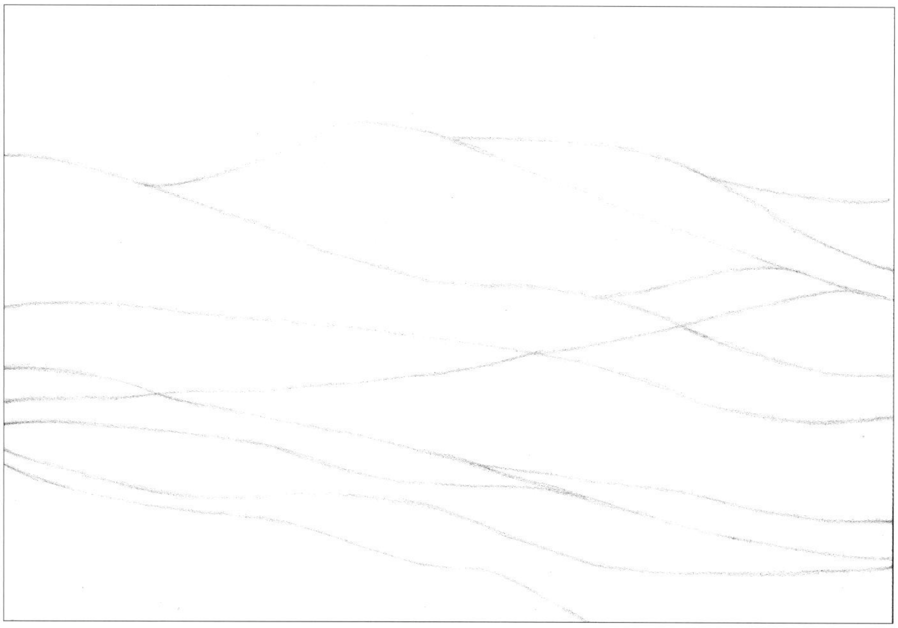

1 Zeichnen Sie den Umriss des Linienmusters mit einem Grafitstift HB auf Ihr Papier.

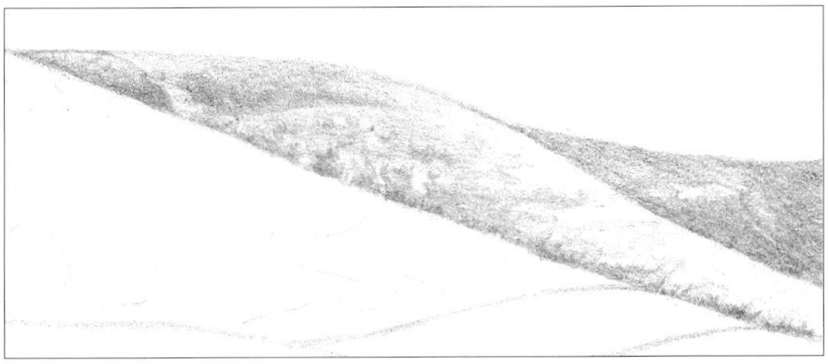

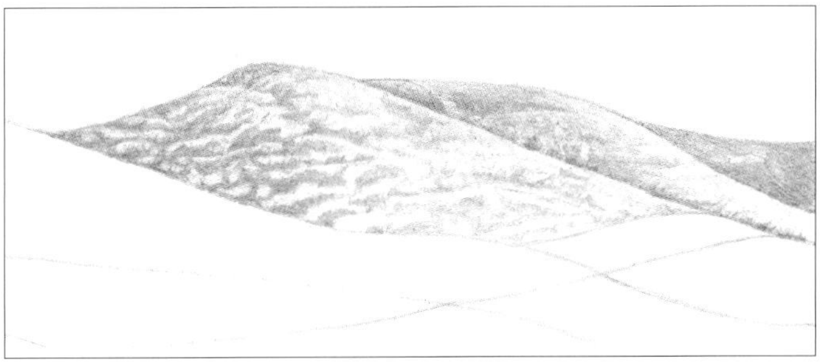

2 Schattieren Sie die beiden entferntesten Hänge mit 2B- und 4B-Grafitstiften und bilden dabei die Musterspiele des Heidekrauts an den Schattenseiten ab. Das Licht kommt von rechts.

3 Schattieren Sie den mittleren Teil des Berges mit 2B- und 4B-Grafitstiften und arbeiten dabei die Heidefelder kontrastreicher und definierter aus.

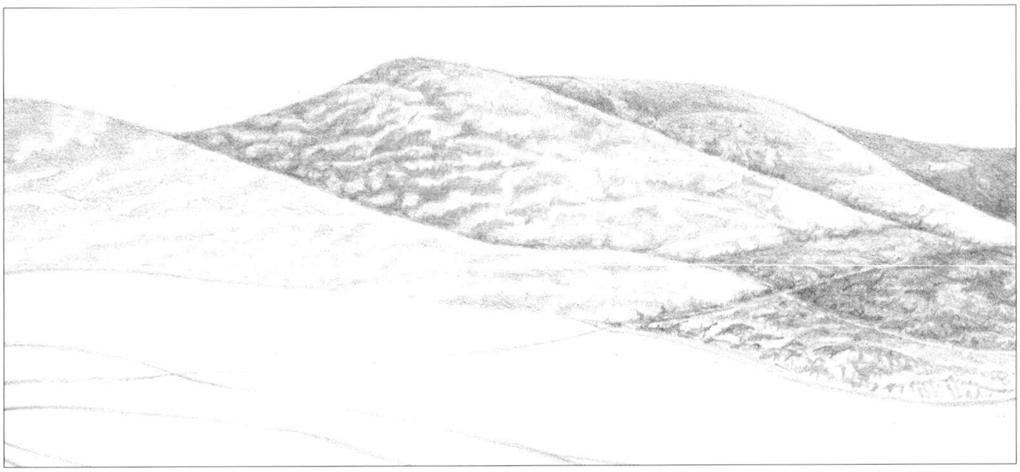

4 Schattieren Sie die unteren Hänge mit 2B-, 4B- und 6B-Grafitstiften.

5 Zeichnen Sie das dunkelste Heidekraut im Vordergrund mit Grafitstiften 6B und 8B mit kurzen, kräftigen Abwärtsstrichen für die Blätter und Schatten und mit kleinen gepunkteten oder gebogenen Markierungen für die Blüten. Hier zeigt sich ein anderes, welliges Muster. Dieses dunklere Heidekraut am unteren Rand des Papiers lenkt den Blick des Betrachters auf das kleine Dorf und die hohen Gipfel dahinter.

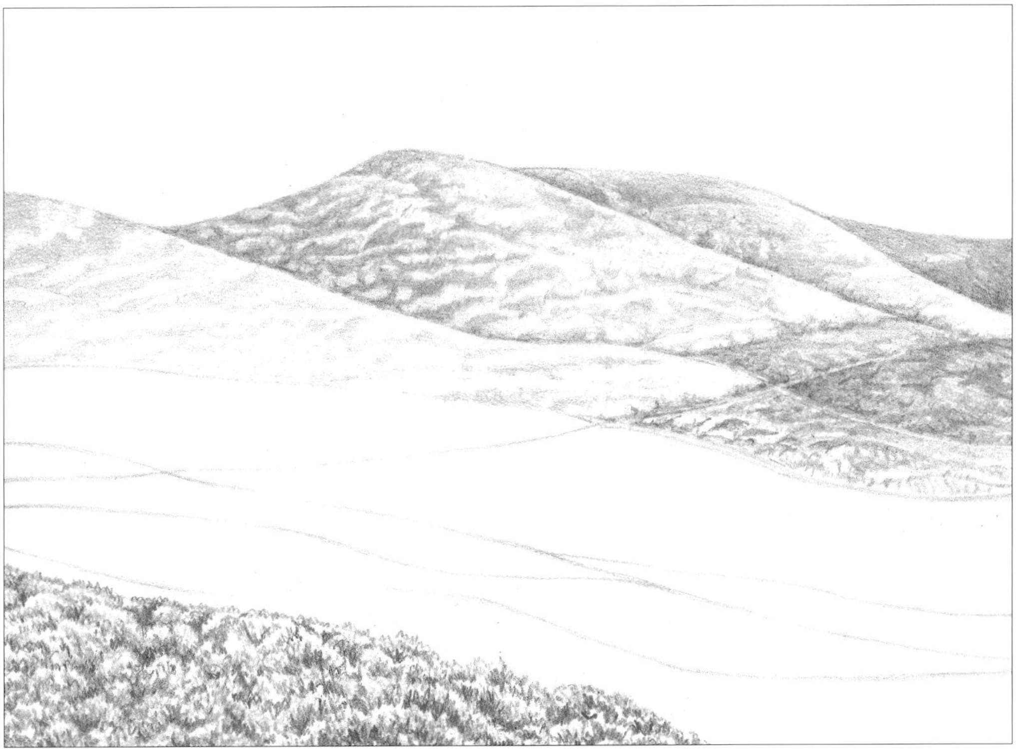

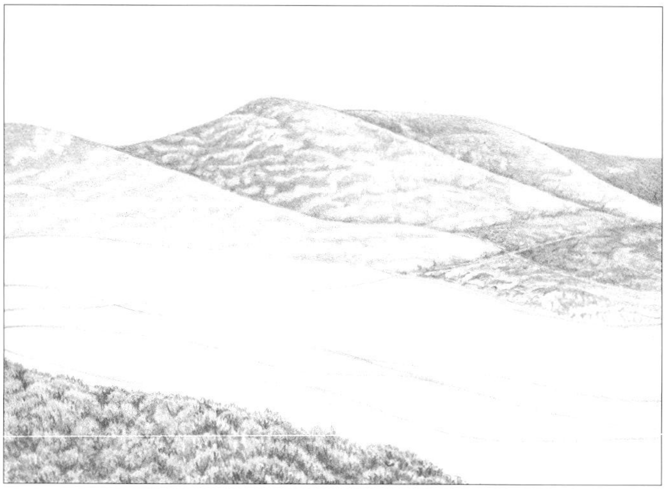

6 Schattieren Sie mit einem 2B-Grafitstift mit sanften, schrägen Strichen über die helleren Bereiche dieses Teils des Vordergrunds, weil er sich ganz im Schatten befindet.

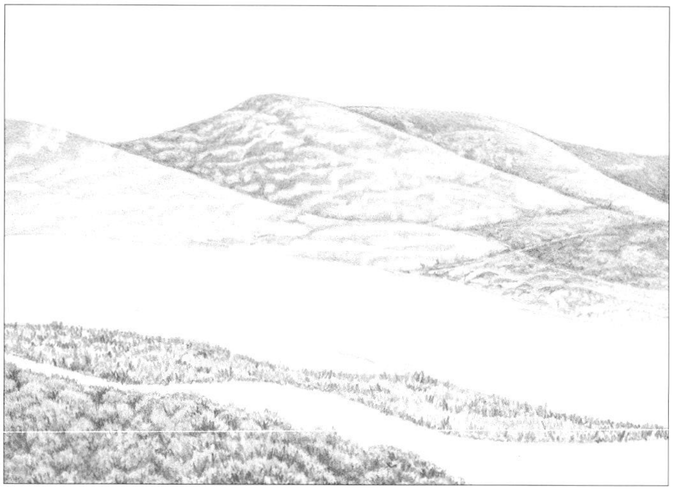

7 Zeichnen Sie das weiter entfernte Heidekrautfeld auf diesem Hang mit 2B- und 3B-Grafitstiften und schattieren Sie die helleren Teile wie zuvor mit einem B-Grafitstift.

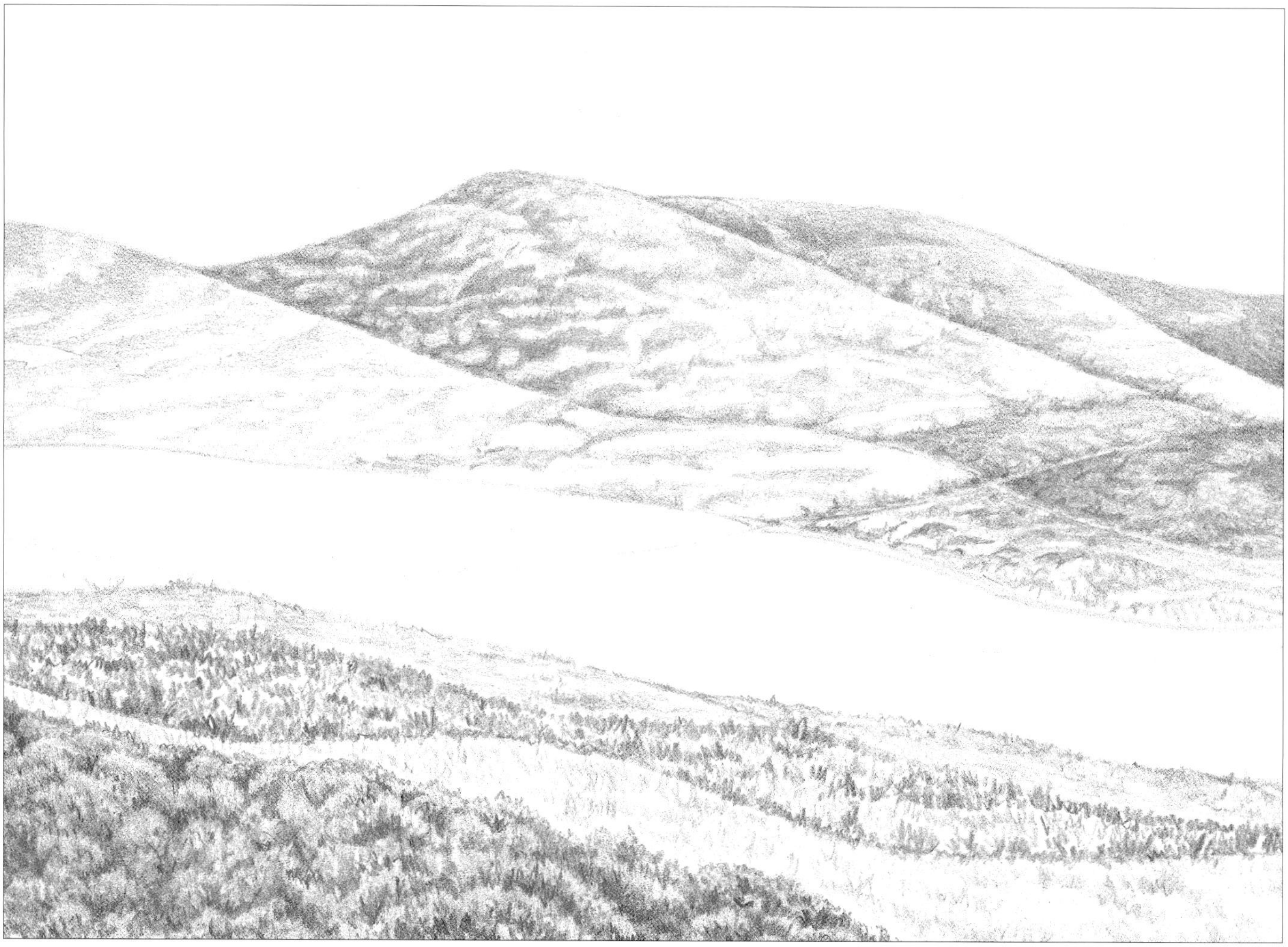

8 Setzen Sie für das Gras im helleren Bereich zwischen der Heidekrautfeldern sanfte, hauptsächlich aufrechte Striche mit dem 2B-Grafitstift und an zufälligen Stellen einige dunklere Striche.

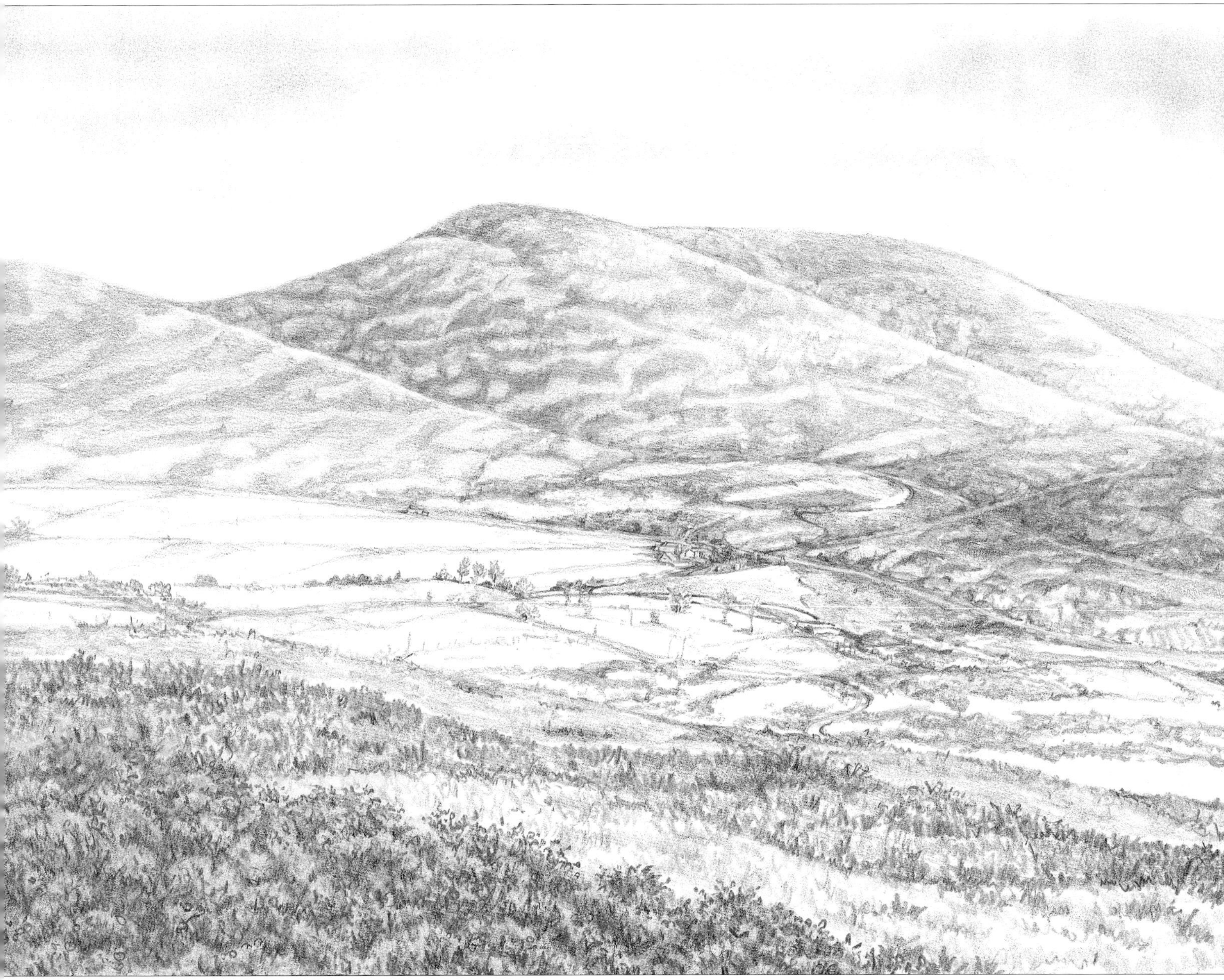

Die fertige Zeichnung

Zeichnen Sie zum Schluss mit 2B, 4B und gelegentlich 6B (für die dunkelsten Stellen) die Häuser, Brücken, Bäume, Wege und den Fluss im mittleren Abschnitt. Sparen Sie dabei die Moorlandschaft bis auf die Heidefelder als weißes Papier aus. Alle Bäume werfen Schatten nach, da die Sonne an diesem Tag sehr hell war. Betrachten Sie die Zeichnung als Ganzes aus einiger Entfernung oder in einem Spiegel. Wenn die entfernten Berghänge aufgehellt werden müssen, tupfen Sie sie vorsichtig mit dem Knetradiergummi ab, wie ich es hier getan habe. Obwohl mir das Muster der Felder in der Miniatur-Tonwertskizze gefiel, waren einige der Linien zu stark und mussten an einigen Stellen vorsichtig mit dem Radiergummi abgetupft werden. In diesem Stadium entschied ich auch, dass der Hang rechts oben sehr weit entfernt und daher zu dunkel war, obwohl er auf meinem Originalfoto ebenfalls dunkel war, da er im Schatten eines anderen Gipfels lag. Das Wichtigste ist, dass die Zeichnung als Ganzes funktioniert. Tauchen Sie einen Finger oder einen kleinen Schwamm in Grafitpulver und fügen ein paar graue Wolken am Himmel hinzu. Verwischen Sie sie leicht, damit sie natürlich aussehen. Die fertige Zeichnung ist 28 × 20,3 cm groß.

Brücke im Lake District

Ich habe die Aussicht auf den Derwentwater von der Ashness-Brücke schon immer geliebt, und kürzlich eine Skizze angefertigt, als ich über der Brücke saß. Ich habe auch Referenzfotos aus verschiedenen Blickwinkeln aufgenommen. Mir gefielen der Schatten, der teilweise über der Straße lag, und die im dunstigen Sonnenschein sehr blassen Hügel in der Ferne. Eine gute Zeichnung lebt von starken Tonwertkontrasten. Die Bäume auf der linken Seite sind sehr dunkel, aber die tiefste Dunkelheit befindet sich unter der Brücke, dem Schwerpunkt des Bildes. Ich fertigte drei Miniatur-Tonwertskizzen an und entschied mich für das Hochformat, da mir gefiel, wie die Tonwerte der Felsen beidseits des Barrow Beck das Auge zur Brücke und darüber hinaus führen.

MATERIALIEN

300 g/m² satiniertes Aquarellpapier, 21 × 30 cm

Grafitstifte HB, B, 2B, 3B, 4B, 5B, 6B, 7B und 8B

Knetradiergummi

Kleines Stück Baumwolltuch

Transparentpapier

Referenzfotos und Miniaturskizzen.

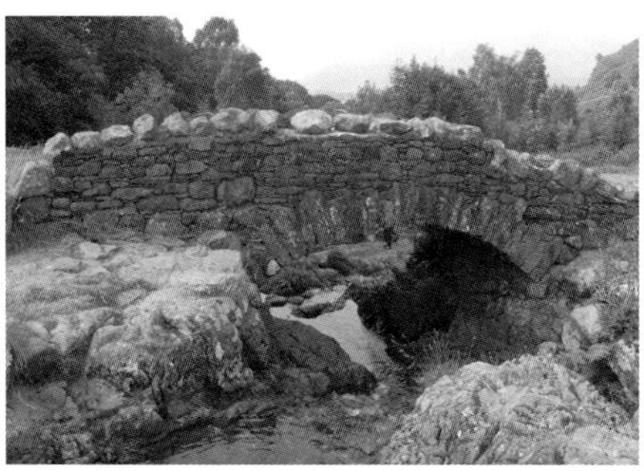
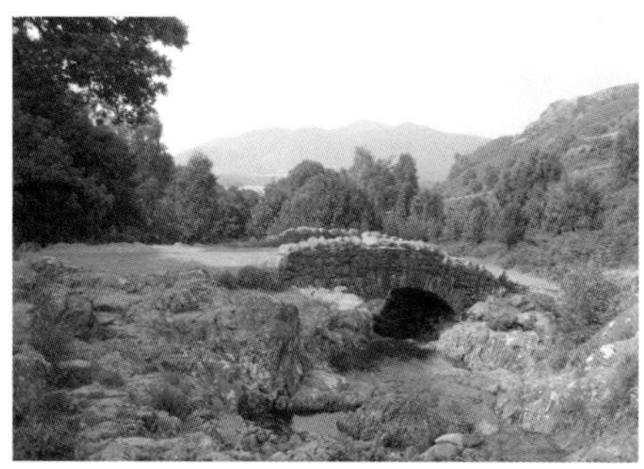
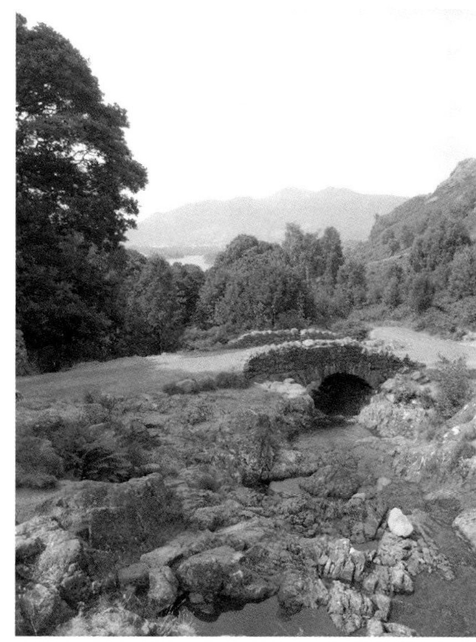
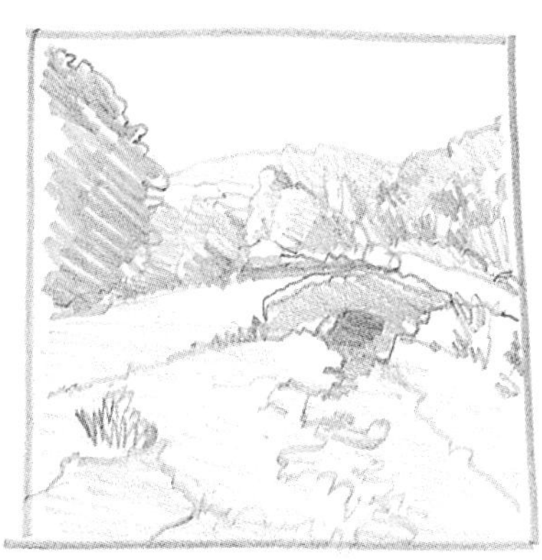
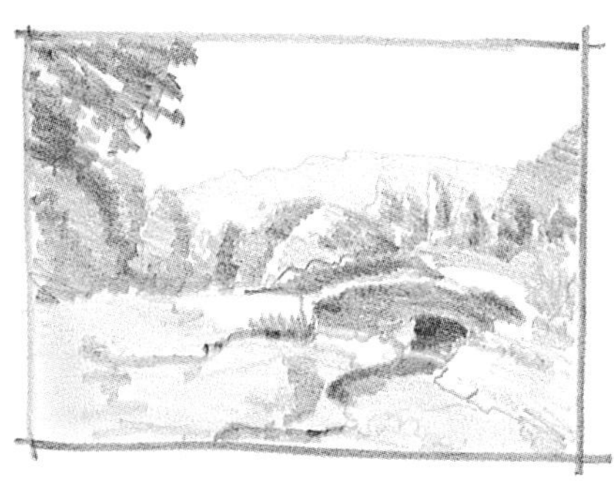
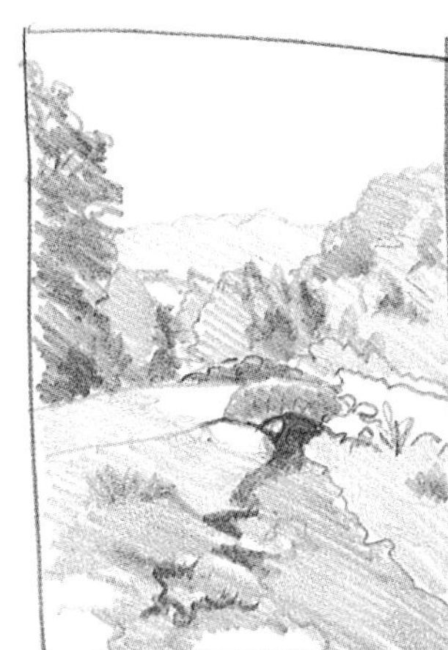

1 Legen Sie sich stets ein Stück Pauspapier unter die Hand, damit Sie die Zeichnung während der Arbeit nicht verwischen. Zeichnen Sie mit einem HB-Bleistift zarte Umrisse der wesentlichen Formen, aus denen die Zeichnung besteht. Beginnen Sie mit der Brücke, auf etwa einem Drittel der Höhe und einem Drittel der Breite von rechts. Achten Sie darauf, dass die Hügel, Bäume und Felsen das richtige Größenverhältnis zur Brücke haben.

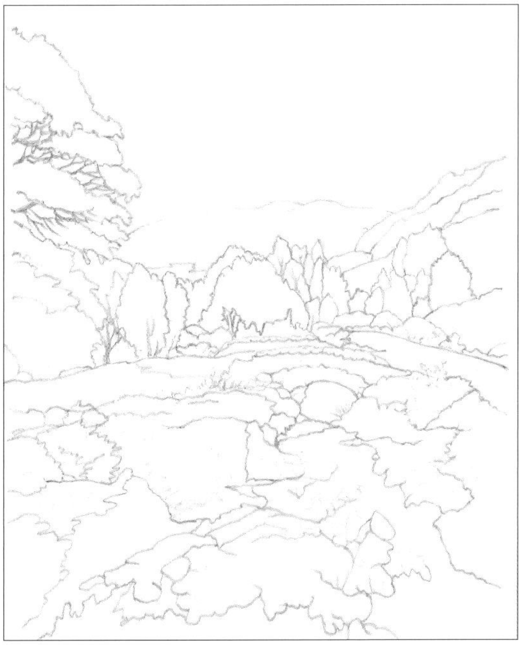

2 Schattieren Sie sanft mit einem HB-Bleistift die entfernte Skiddaw-Hügellandschaft und gestalten dabei die Baumgruppen nahe des Wassers etwas dunkler. Schattieren Sie dann mit dem B-Bleistift die Hügel auf der rechten Seite und folgen dabei den geschwungenen Konturen des Hangs. Fügen Sie die Bäume mit dem 2B-Bleistift hinzu und zeichnen sie auf der Schattenseite dunkler. Sparen Sie dabei um jeden Baum dort, wo er den dahinter liegenden Baum überlappt, einen schmalen Streifen aus.

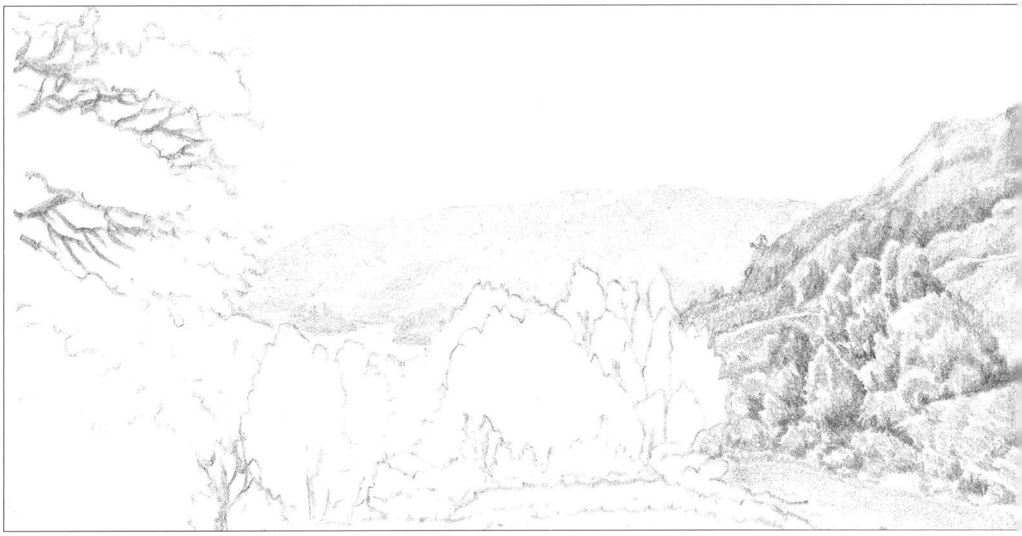

3 Schattieren Sie mit 2B- und 3B-Bleistiften die Baumgruppe hinter der Brücke. Betonen Sie dabei bei jedem Baum nochmals das ihn umgebende Licht und zeichnen ihn auf der Schattenseite dunkler.

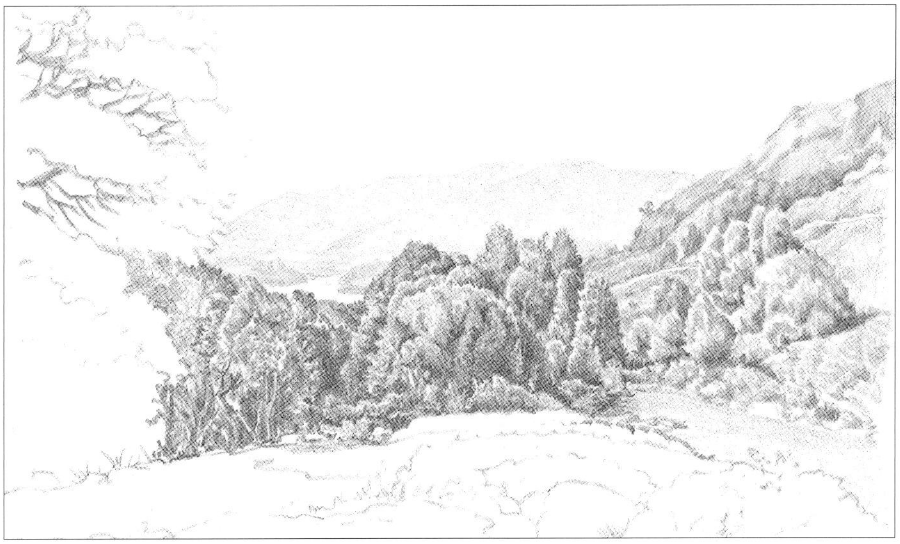

4 Schattieren Sie die dunklen Bäume auf der linken Seite mit 4B für das hellste Laub und 5B und 6B für das dunklere Laub. Verstärken Sie die Tonwerte auf den Zweigen und Ästen mit 6B und stellen Sie sicher, dass sie sich mit den dunklen Tönen unter jeder Laubgruppe verbinden.

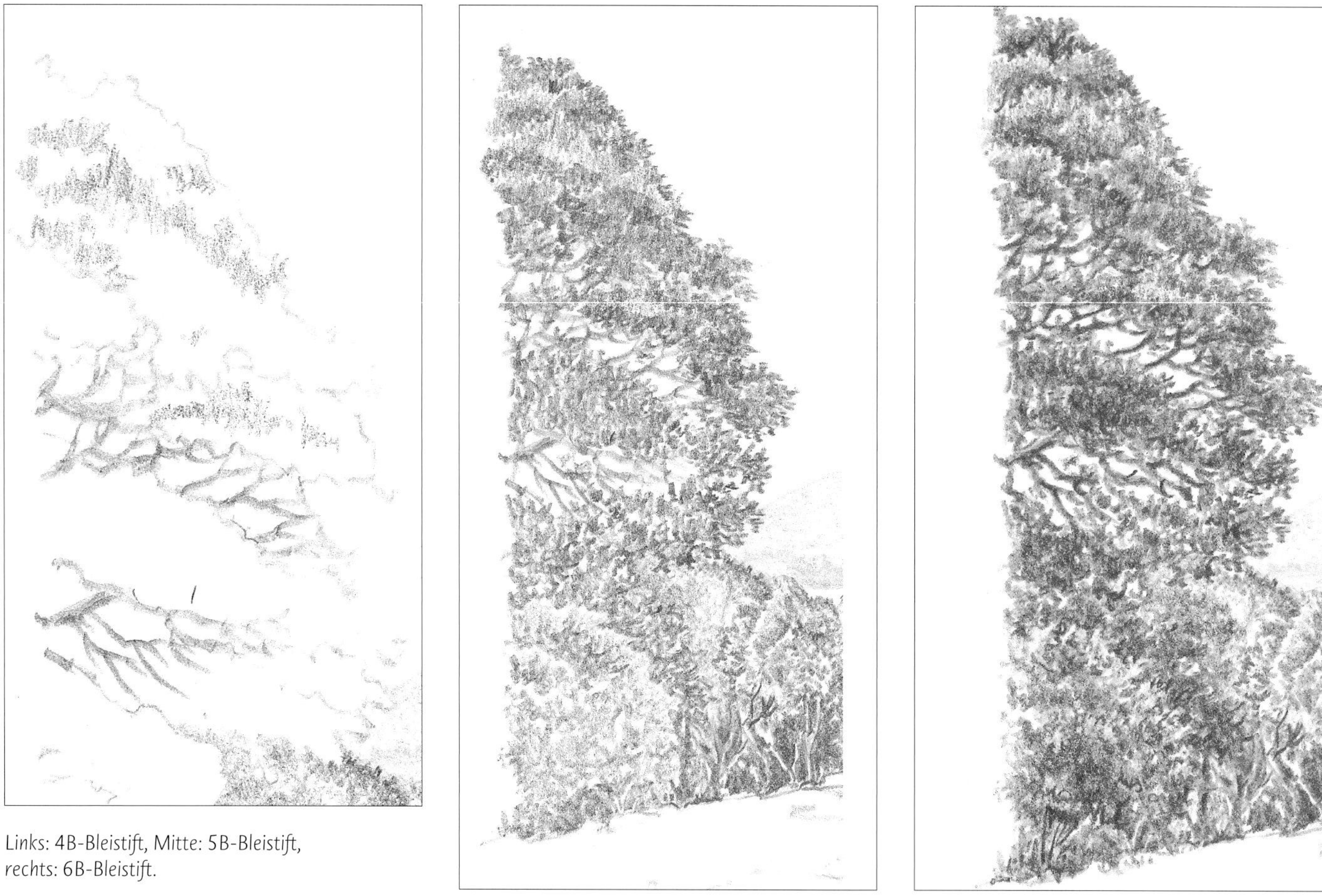

Links: 4B-Bleistift, Mitte: 5B-Bleistift, rechts: 6B-Bleistift.

5 Schattieren Sie die Straßenoberfläche über der Brücke mit dem fast parallel zum Papier gehaltenen HB-Bleistift mit weichen, gleichmäßigen, horizontalen Strichen. Schattieren Sie den Schatten auf der Straße mit dem 2B-Bleistift. Lassen Sie die Steine oben auf der Brücke unschattiert und schattieren den Rest der Brücke mit 3B- und 4B-Bleistiften. Legen Sie den Schatten unter der Brücke mit 6B- und 7B-Bleistiften an.

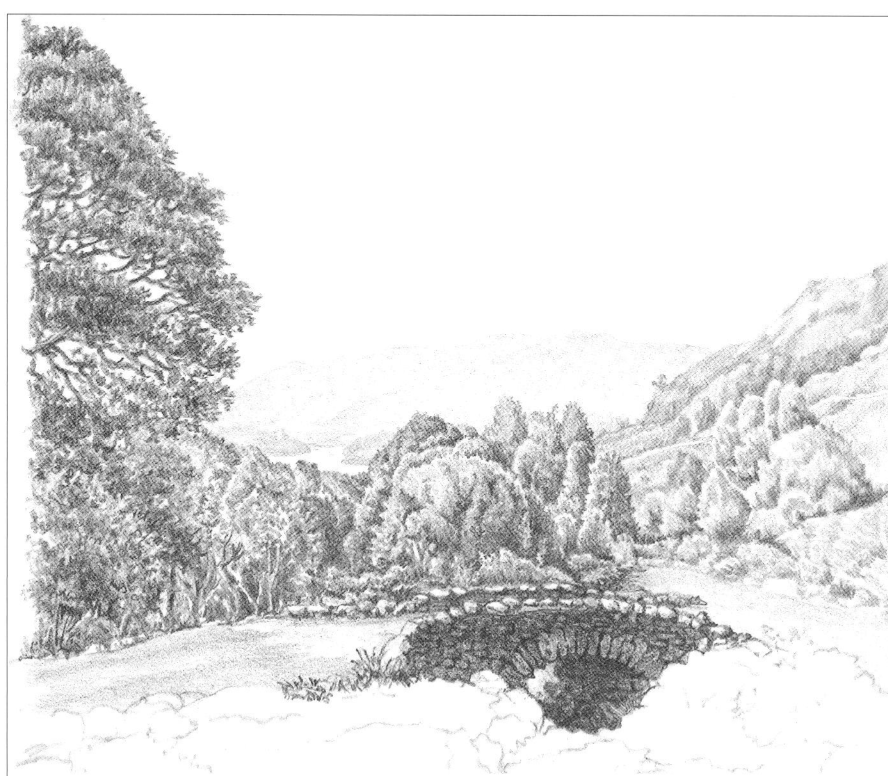

6 Zeichnen Sie die Gräser und Farne zwischen den Felsen mit 3B- und 4B-Bleistiften und setzen Schatten auf die Felsen in unmittelbarer Nähe.

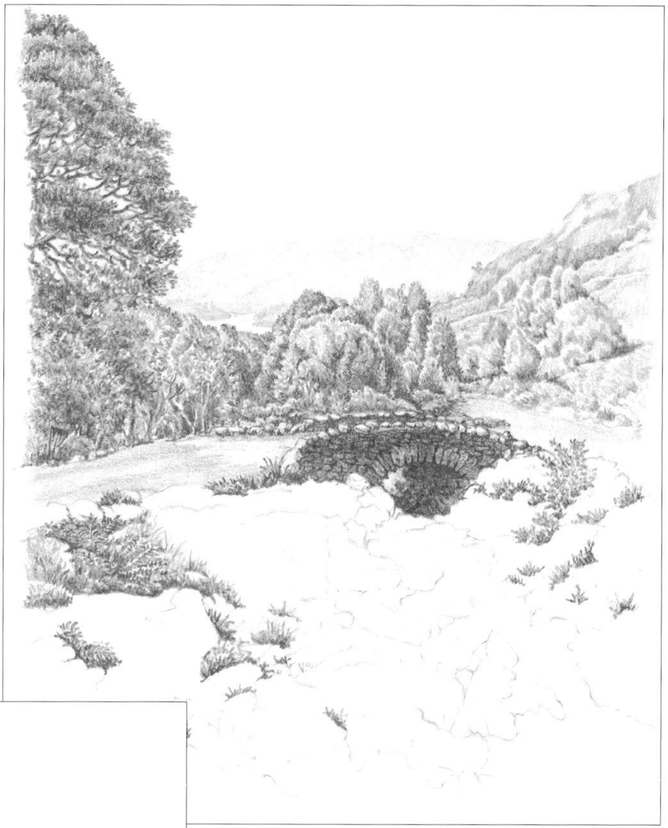

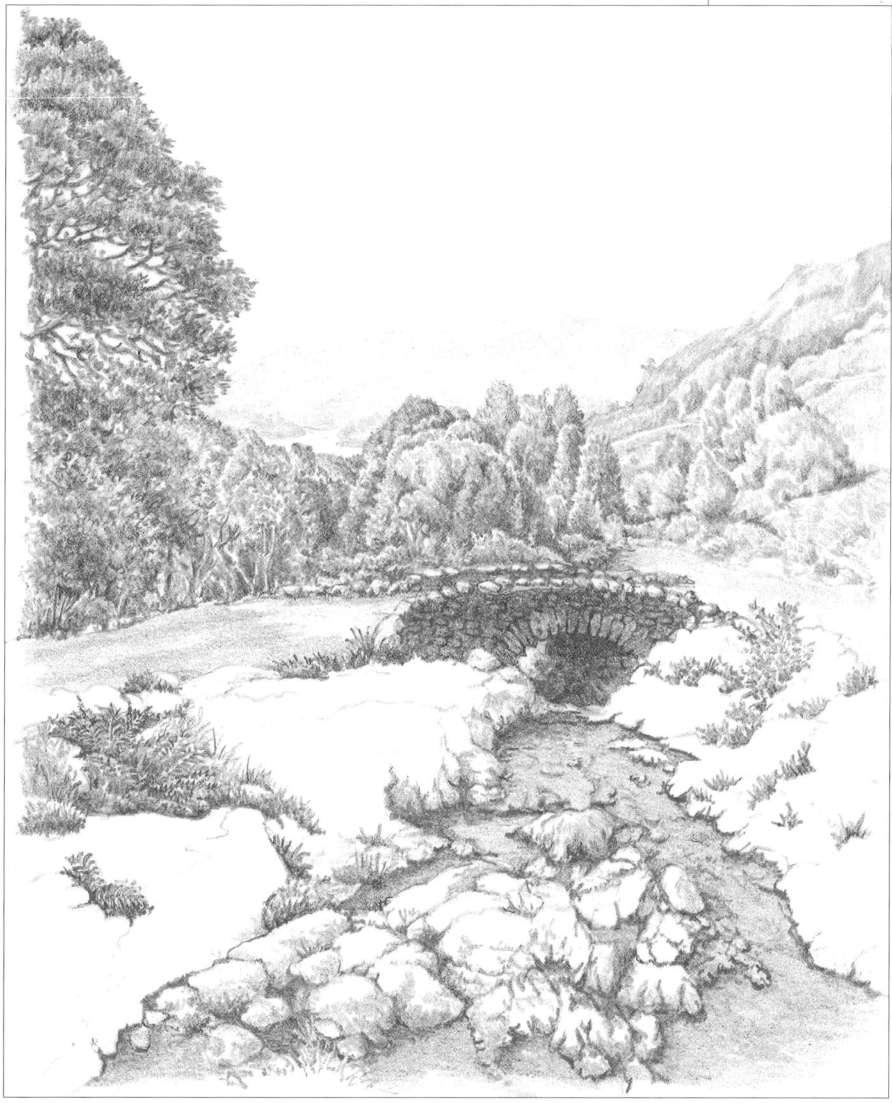

7 Schattieren Sie das Wasser mit sanften horizontalen Strichen mit einem 2B-Bleistift. Legen Sie die dunkleren Schatten und die Spiegelungen der Brücke und der Felsen mit einem 3B-Bleistift mit vertikalen Strichen an. Fügen Sie die Wellen des Wassers im Vordergrund ein und schattieren Sie die nassen Felsen mit gebogenen Strichen mit einem 2B-Bleistift. Betonen Sie die kräftigen Kompositionslinien der dunklen nassen Felsen zu beiden Seiten des Wildbaches, die den Blick auf die Brücke lenken.

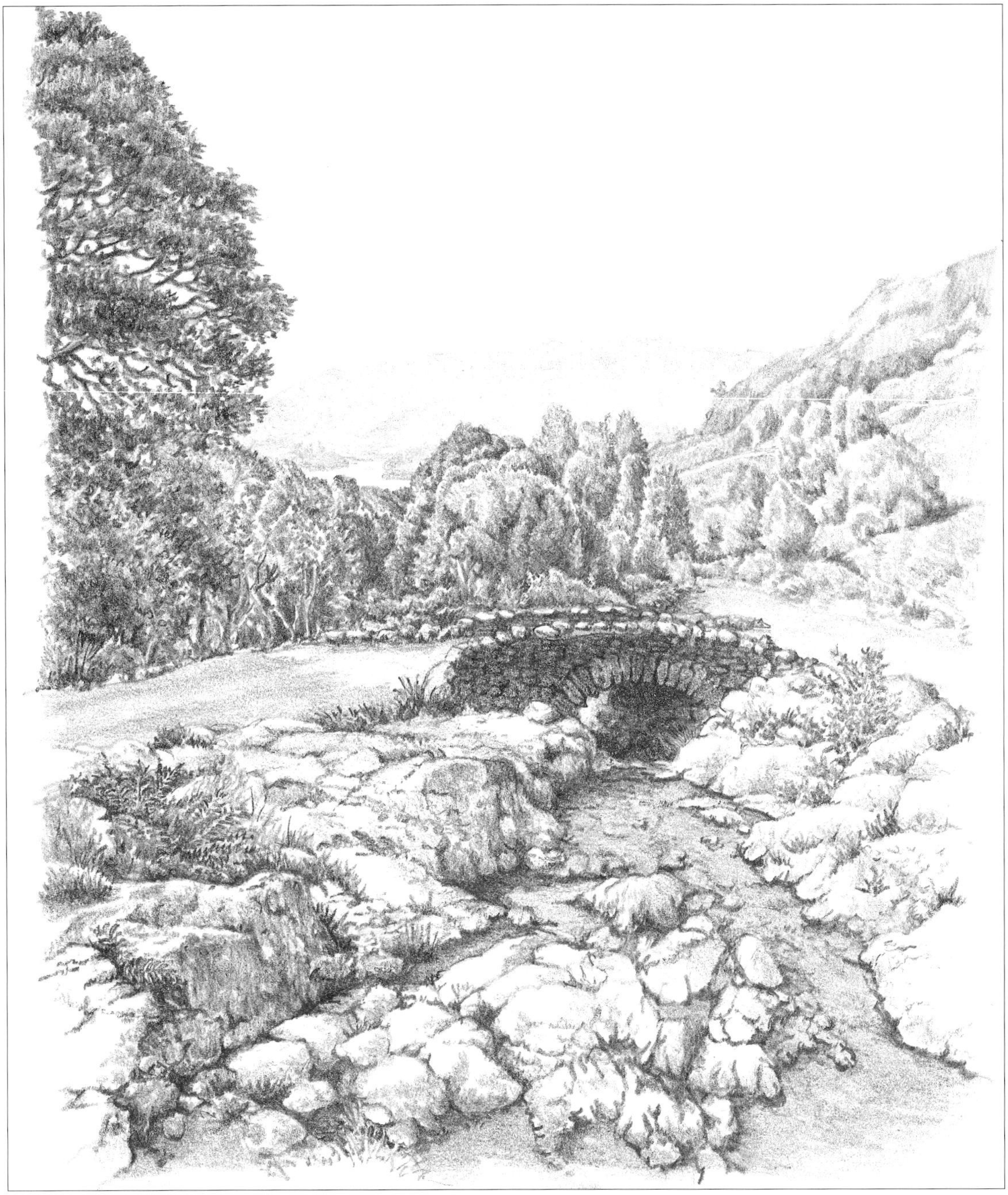

8 Halten Sie die Felsen auf beiden Seiten des Baches heller und setzen Sie sanfte Schatten mit B- und HB-Stiften mit kurzen, gebogenen Strichen.

Gegenüber

Die fertige Zeichnung

Schauen Sie sich die Zeichnung noch einmal an und nehmen Sie die letzten Anpassungen vor. Ich habe die Hügel in der Ferne rechts im Tonwert verstärkt und links mit dem Knetradiergummi abgetupft, um mehr Tonwert-Variation zu erhalten. Verstärken Sie die Tonwerte des größten Baumes auf der rechten Seite, um die stärkeren Tonwerte links auszugleichen. Fügen Sie einige Wolken am Himmel hinzu, indem Sie einen Finger mit einem Stück Baumwolltuch umwickeln, in Grafitpulver (oder Grafitstaub von Ihrem Bleistiftanspitzer) tauchen und es mit kleinen kreisenden Bewegungen in den Himmel reiben, wobei die Wolken auf der rechten Seite die intensivsten Tonwerte erhalten. Wenn der Schatten unter der Brücke verstärkt werden muss, überarbeiten Sie ihn mit einem 8B-Bleistift. Gehen Sie bei einigen der dunkelsten Tonwerte entlang des Ufers und auf einigen der dickeren Äste der großen Bäume auf der linken Seite ebenso vor.

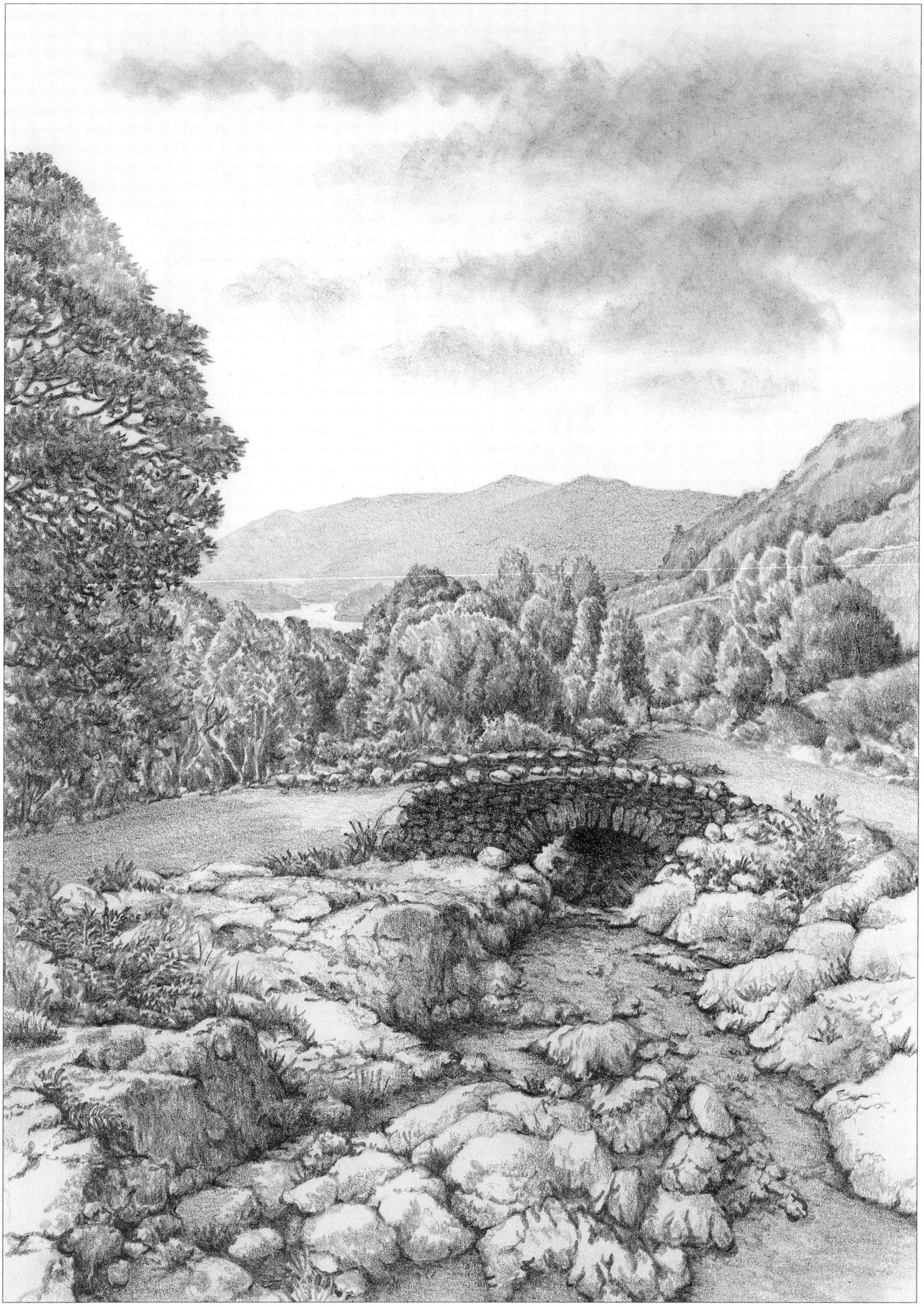

Rocamadour

An einem schönen Sommertag fuhr ich auf einer Straße in Frankreich in Richtung der Stadt Rocamadour. Die Straße machte eine Kurve, und wir konnten die Stadt sehen, wie sie sich an die felsigen Klippen klammerte, auf der eine Abtei thronte. Wir hielten an einem Café mit Blick auf die Stadt und saßen draußen und betrachteten die Aussicht. Ich skizzierte die Szene und machte mehrere Fotos.

MATERIALIEN

300 g/m² satiniertes Aquarellpapier, 30 × 42 cm

Wasserfester Tintenschreiber

Feiner wasserlöslicher Tintenstift

Mittlerer Wassertankpinsel

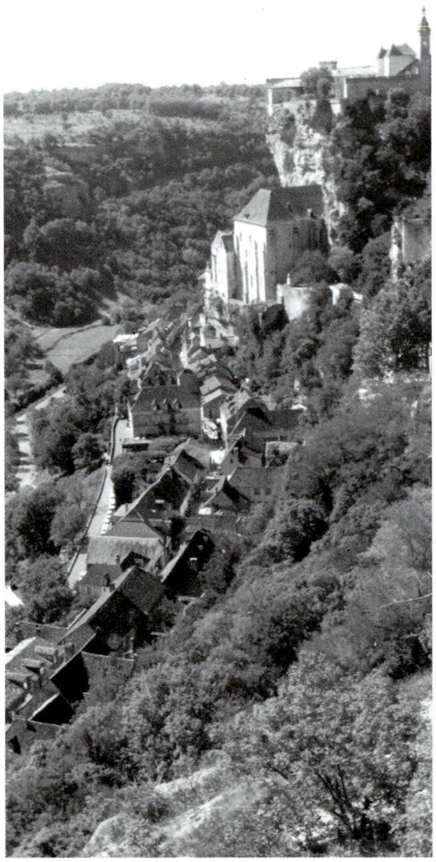

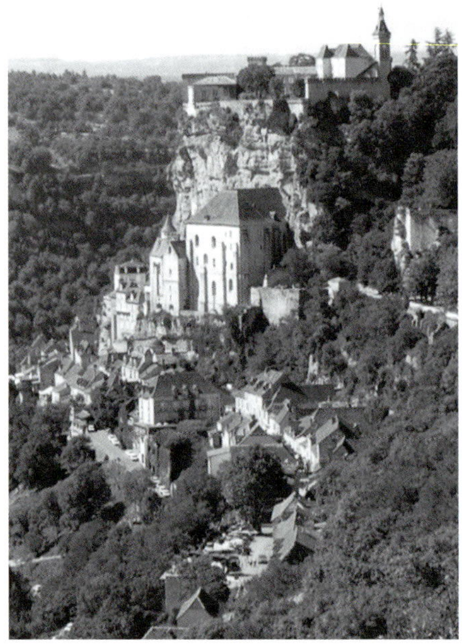

Referenzfotos.

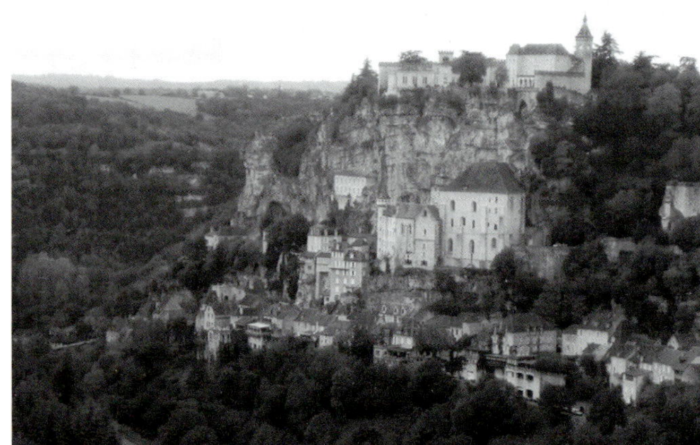

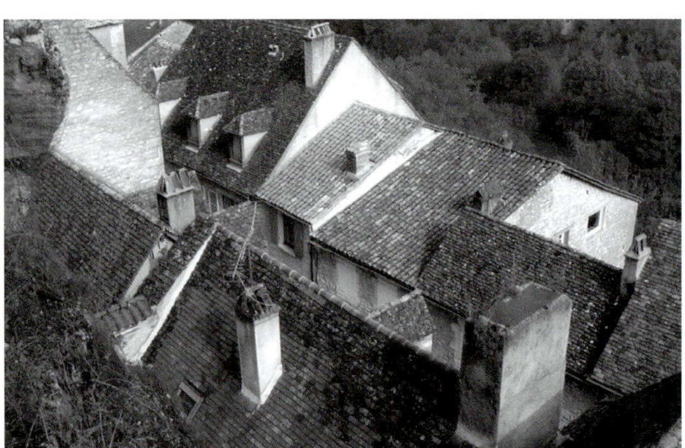

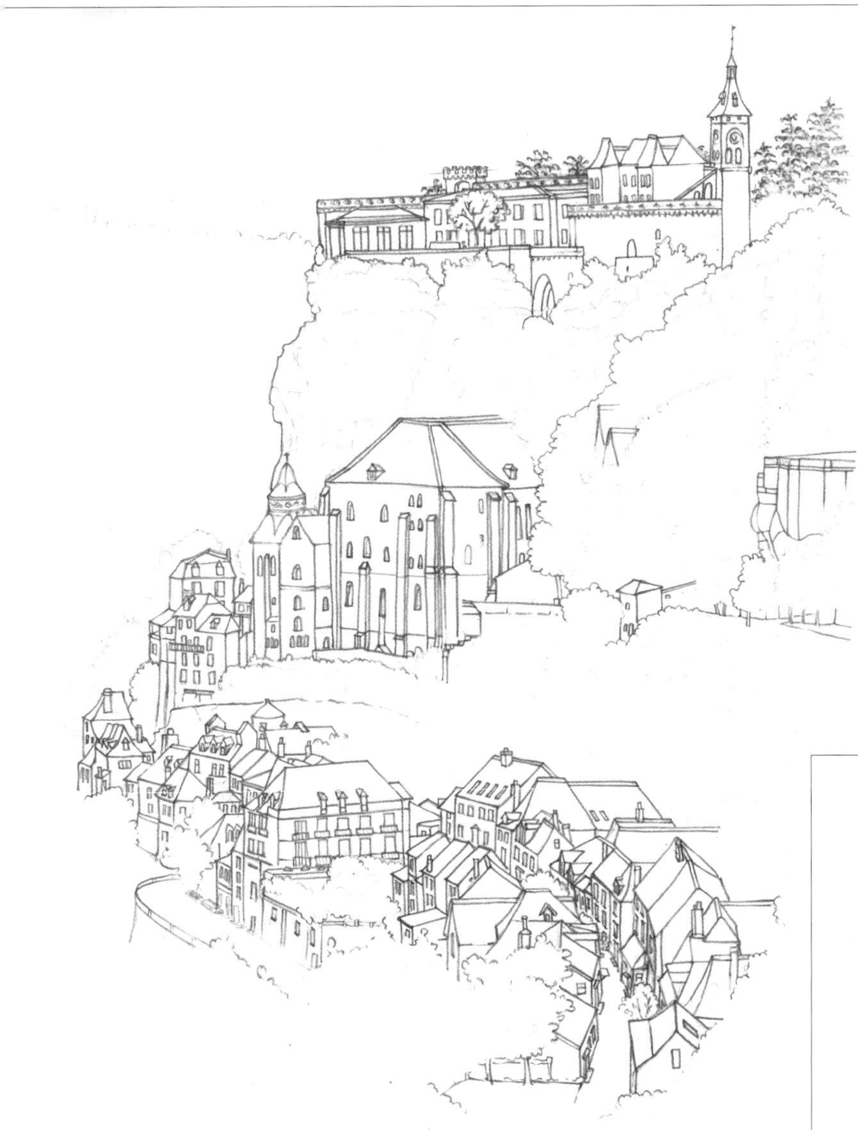

1 Diese Zeichnung sieht kompliziert aus, aber wenn Sie mit dem Turm oben beginnen und sich allmählich nach unten arbeiten und dabei alle vertikalen Wände parallel zu den Seiten des Papiers zeichnen und jedes Gebäude im Verhältnis zu den Winkeln und Linienlängen zeichnen, gelangen Sie zu den Häusern weiter unten. Versuchen Sie, kein Lineal zu benutzen; drehen Sie stattdessen das Papier um 90 Grad, um die geraden Seiten der Gebäude zu zeichnen. Die Augenhöhe liegt in der Mitte der oberen Abteigebäude, was bei der Beurteilung der Perspektive berücksichtigt werden muss. Wir blicken bei den meisten Häusern herab. In dieser Phase müssen Sie einige der wichtigsten Linien für die Felsen und Bäume einzeichnen.

2 Zeichnen Sie mit einem Künstlerzeichenstift mit wasserfester schwarzer Tinte die Umrisse der Gebäude, aber belassen die verbindenden Konstruktionslinien für die Felsen und Bäume in Bleistift.

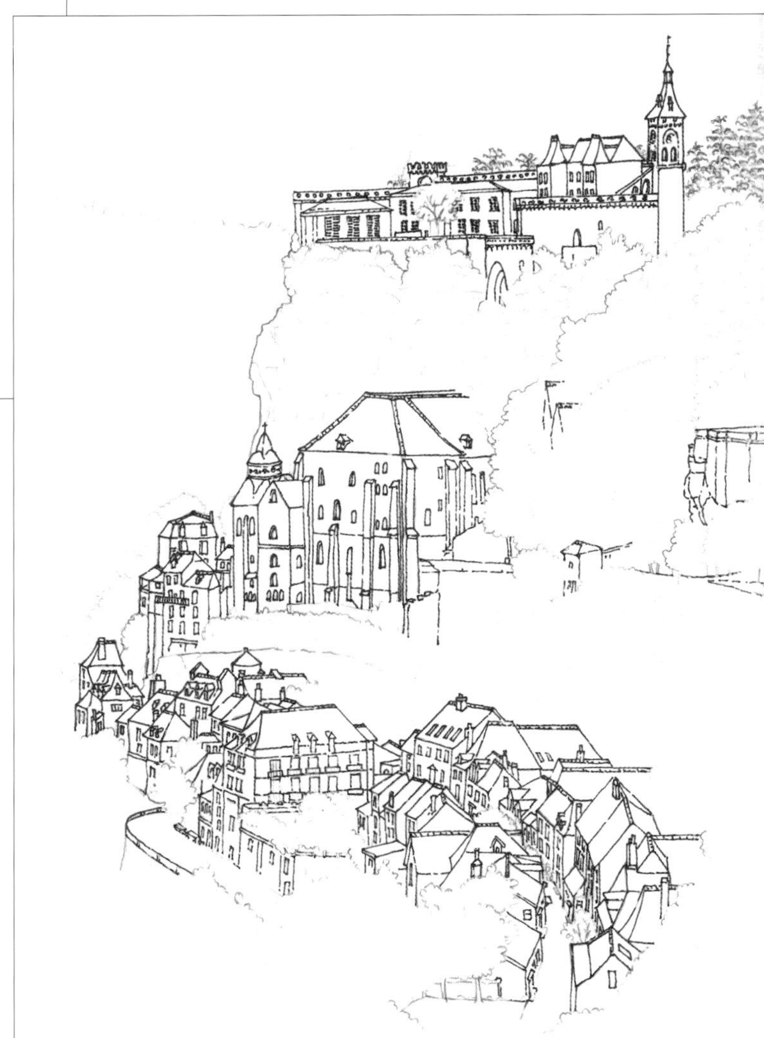

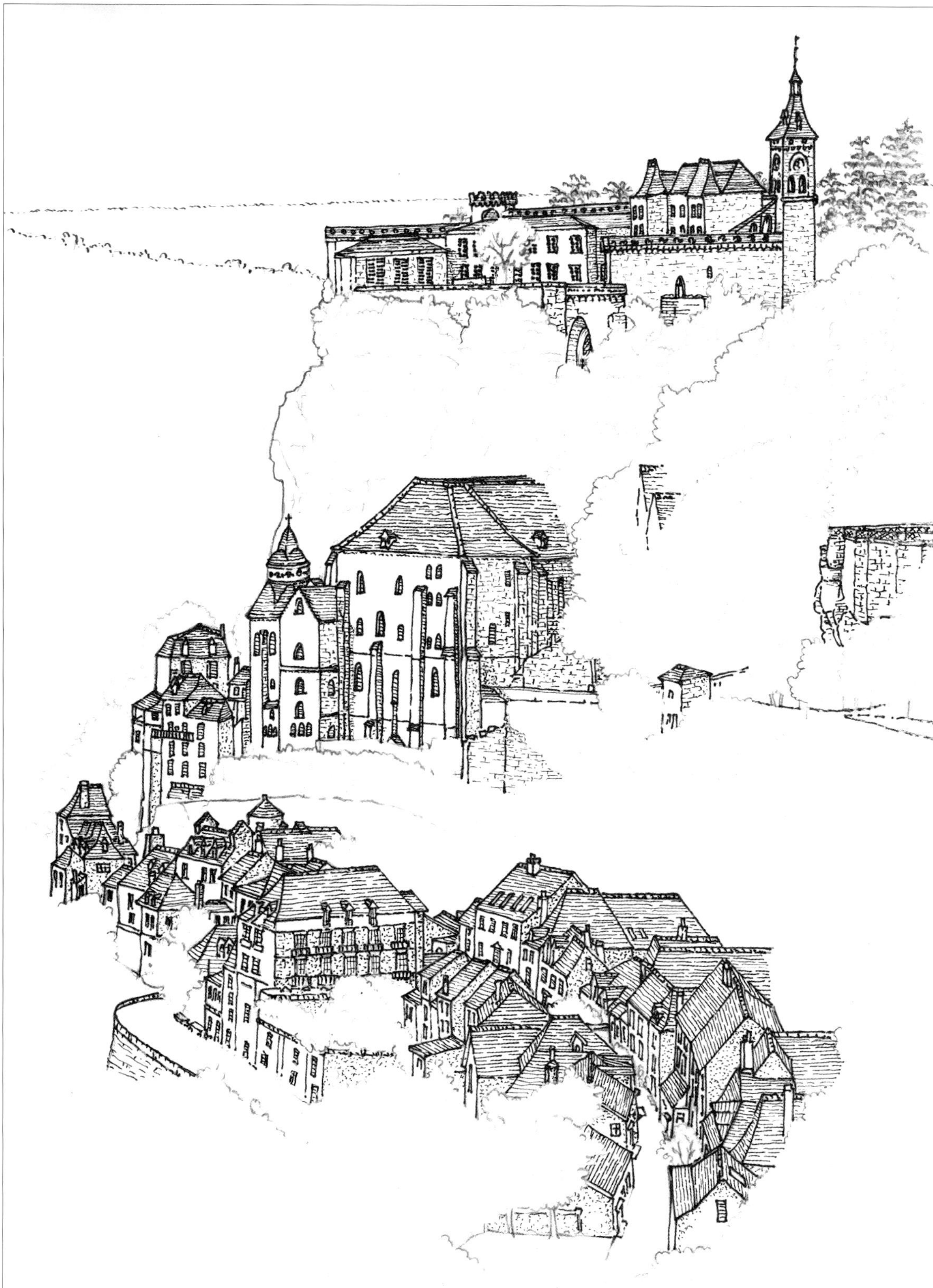

3 Wasserlösliche Tinten und Stifte verändern sich in Farbe und Ton, wenn sie mit Wasser verdünnt werden. Bevor Sie die Dachziegel zeichnen, sollten Sie auf einem separaten Aquarellpapier verschiedene Stifte ausprobieren, um zu sehen, welcher am besten passt. Verdünnen Sie die Tinte, indem Sie die Linien mit einem Wassertankpinsel berühren, um den Effekt zu beurteilen. Zeichnen Sie mit einem feinen Stift mit schwarzer wasserlöslicher Tinte gebrochene Linien entlang aller Dächer, parallel zu den Dachrinnen und -firsten, und setzen Sie kleine Punkte auf die Schattenseiten der Gebäude. Das Licht kommt von links.

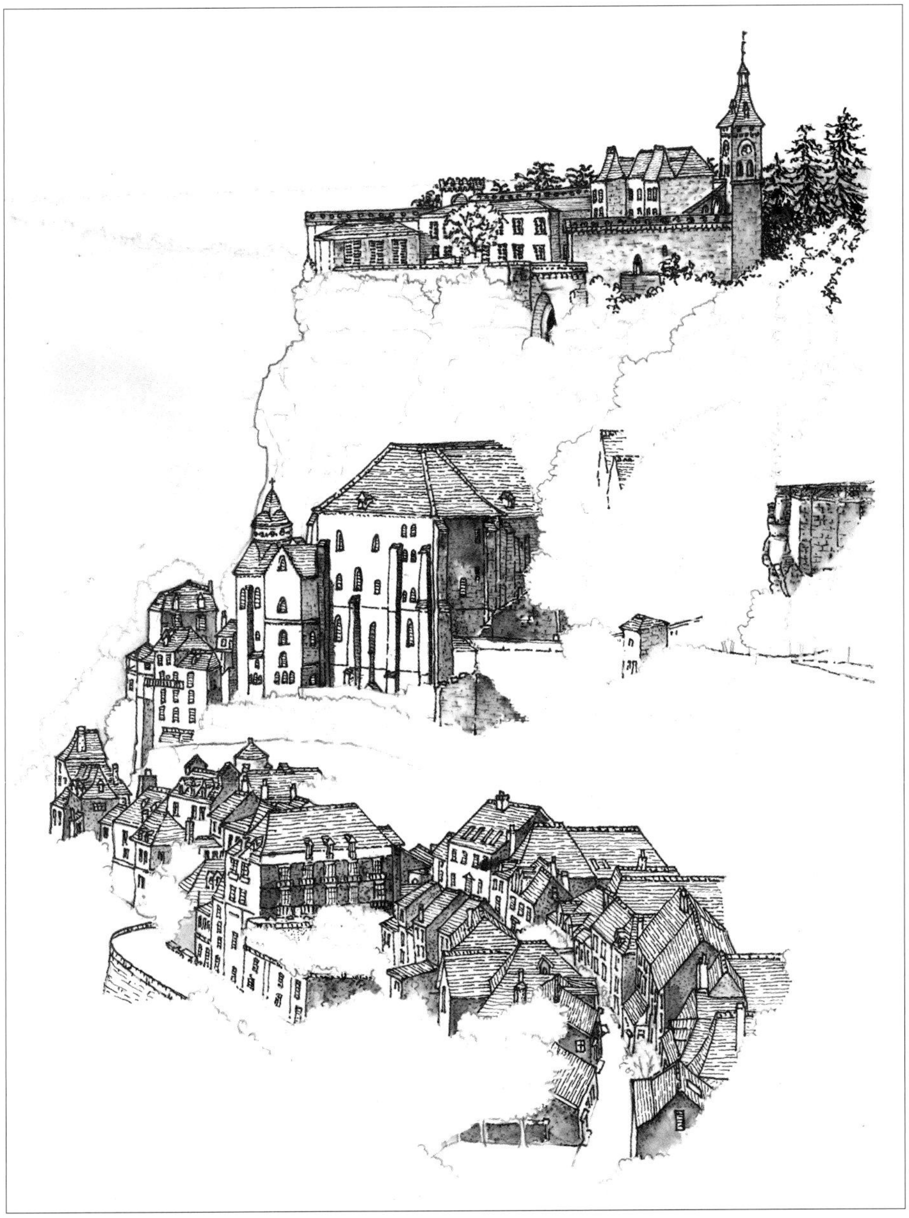

4 Vermalen Sie die Tinte auf den Schattenseiten der Gebäude mit dem mittleren Wassertankpinsel und tupfen Sie jedes Gebäude sofort mit einem Tuch ab, um sie blass zu halten. Zeichnen Sie die Tannenbäume auf dem Gipfel bei den Abteigebäuden mit wasserfester schwarzer Tinte.

Ein Detail der oberen Abtei aus Schritt 4 in Nahansicht.

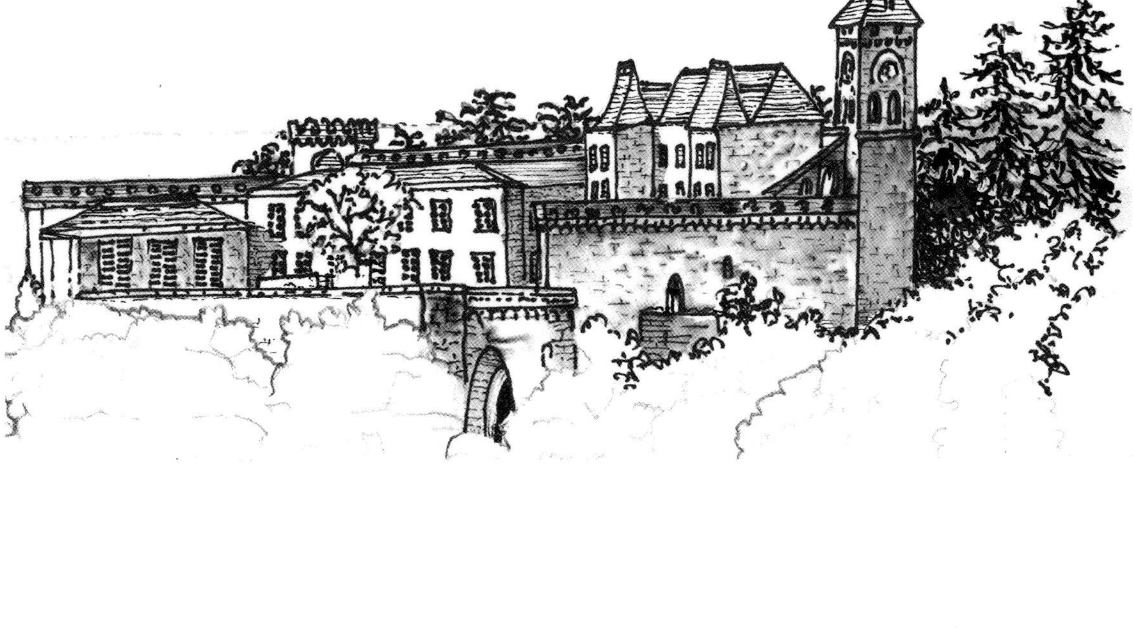

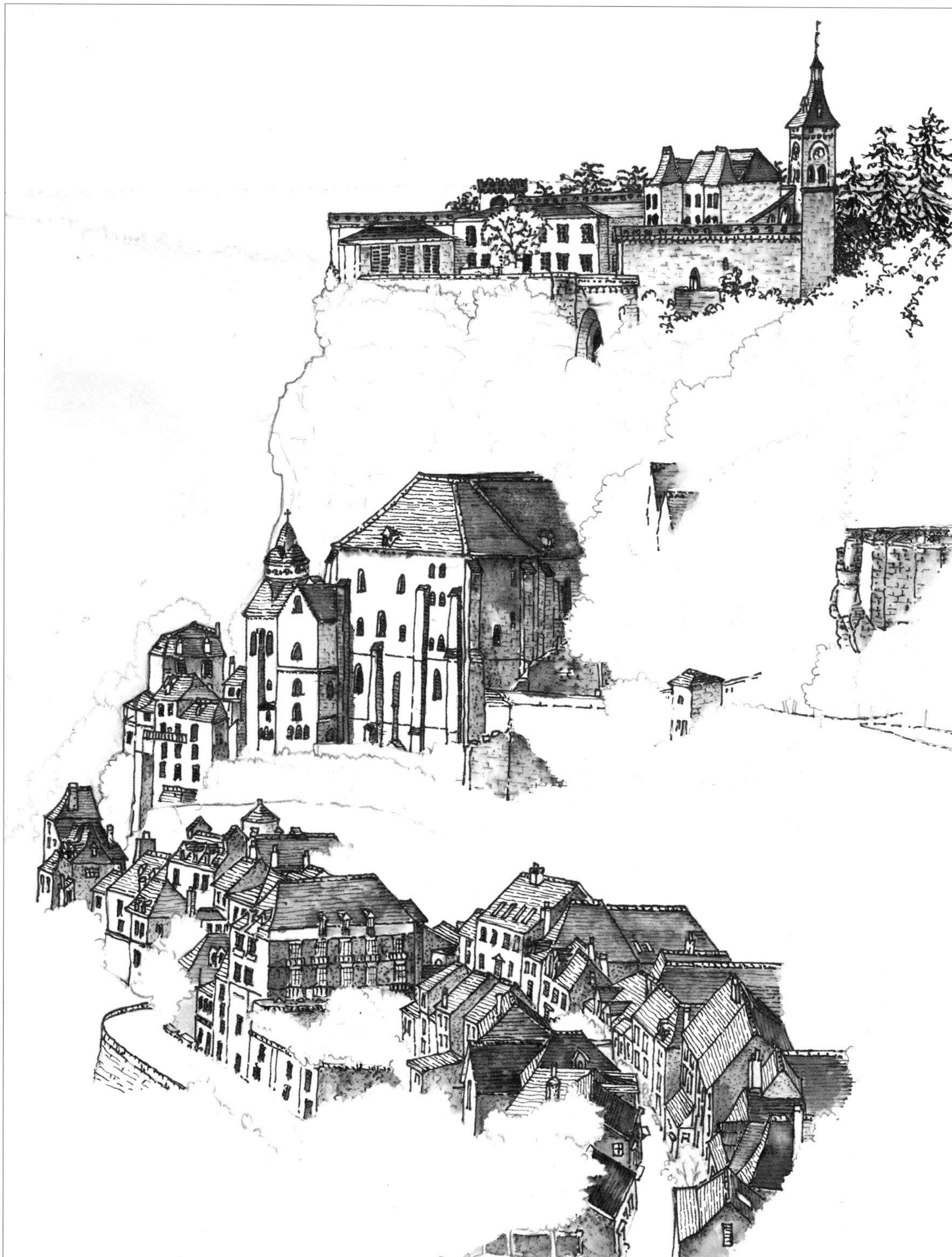

5 Verwenden Sie den Wassertankpinsel, um die Tinte auf der Schattenseite der Dächer zu vermalen.

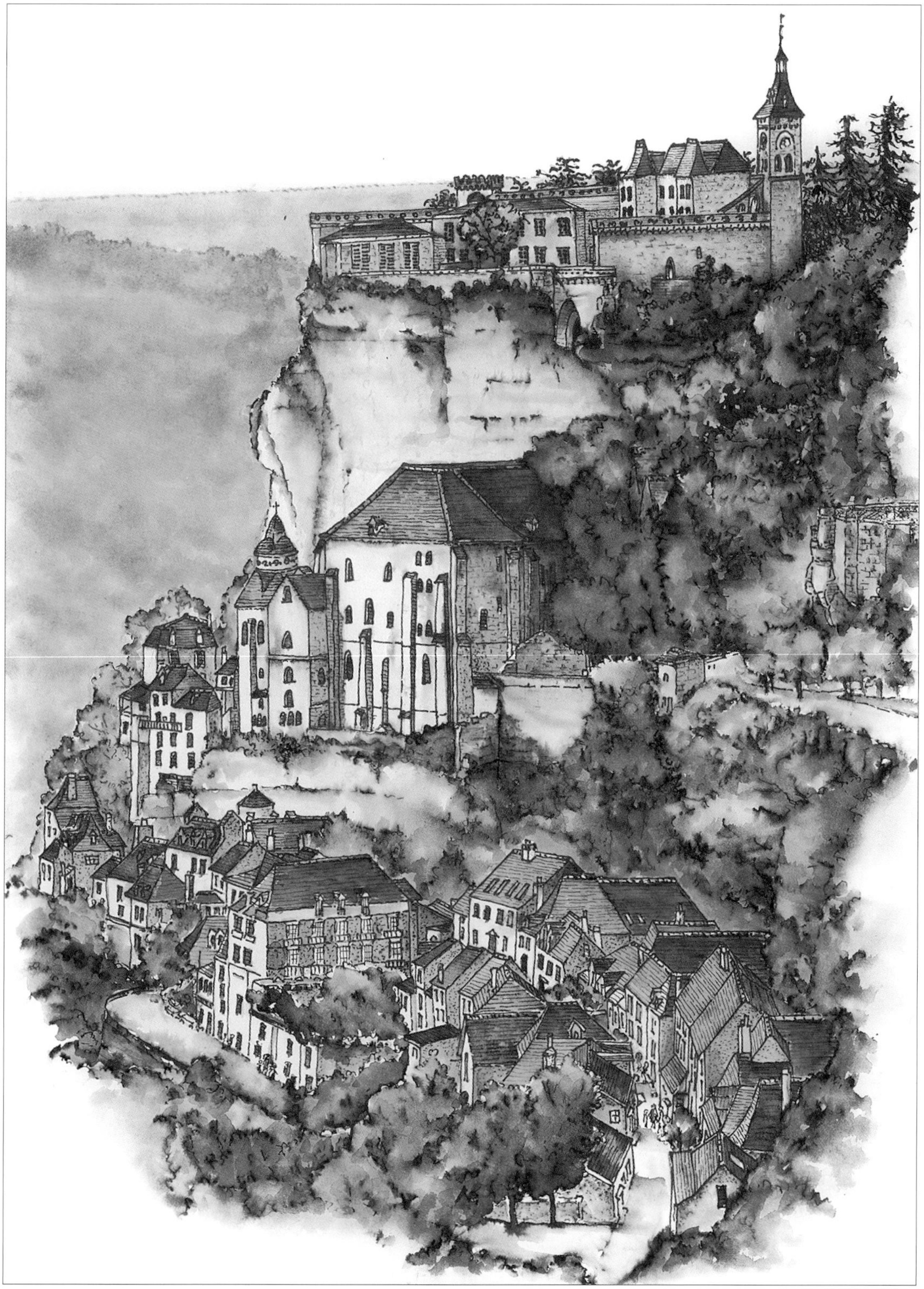

Die fertige Zeichnung

Befeuchten Sie die andere Seite der Dächer und tupfen Sie sie leicht mit einem Papiertuch ab. Zeichnen Sie die Umrisse der Bäume und Felsen mit dem wasserlöslichen Stift nach und benetzen Sie sie dann mit dem Wassertankpinsel, damit sich die verdünnte Tinte verteilt, und tupfen Sie sie nicht ab. Fügen Sie Menschen auf den Straßen hinzu. Bringen Sie Schatten in einige der Straßen, indem Sie den Rand an den Wänden befeuchten. Verdünnen Sie etwas wasserlösliche Tinte auf einer Palette und tragen Sie eine sehr schwache Mischung auf den entfernten Hügel auf der linken Seite und die näher gelegenen Bäume im Tal darunter auf. Halten Sie die Felswände, die Mauern und die Sonnenseite der Gebäude sehr hell, um Kontrast herzustellen. Die Schattenseite der Dächer muss eventuell wieder abgedunkelt werden. Ziehen Sie dazu einige zusätzliche Linien entlang der Dächer und befeuchten Sie sie wieder mit dem Wassertankpinsel.

Landhaus-Garten

Ich war zu verschiedenen Jahreszeiten in Sissinghurst und liebe den Garten besonders im Sommer. Ich mag die Töne der Wege, die in das Bild führen, und die erhaschten Blicke auf andere Häuser. Der Garten ist voller interessanter Pflanzen und Details und vermittelt ein schönes Gefühl von duftender Sommerwärme.

MATERIALIEN

- 300 g/m² satiniertes Aquarellpapier, 42 × 30 cm
- Bleistifte B, 3B und 7B
- Mittlerer wasserlöslicher Grafitstift
- Knetradiergummi
- Wassertankpinsel
- Bleistiftanspitzer

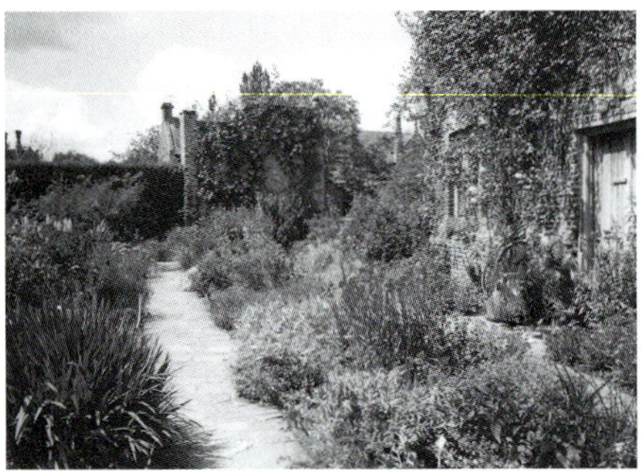

Das Referenzfoto.

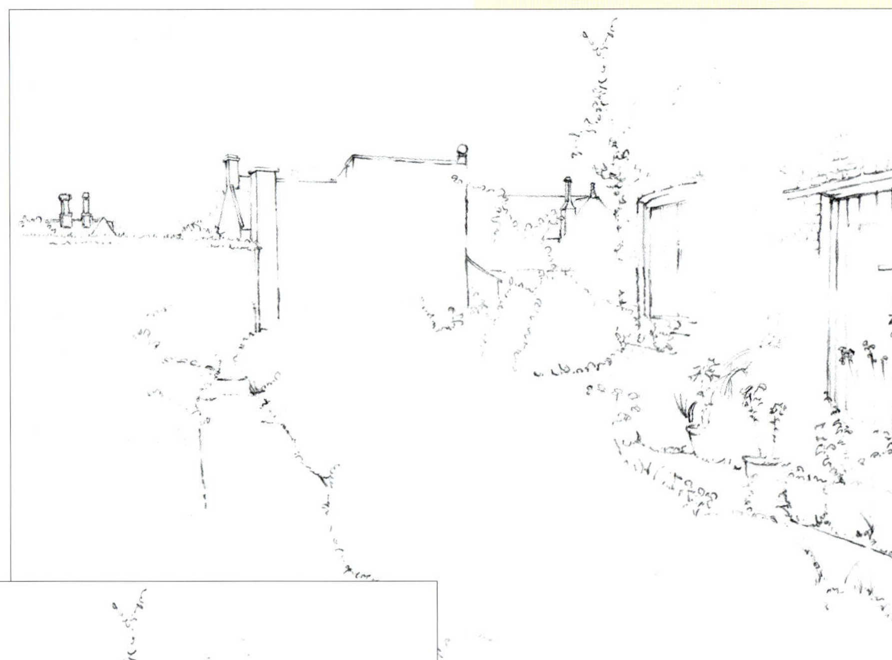

1 Zeichnen Sie mit einem B-Bleistift die wichtigsten Konstruktionslinien und achten Sie dabei auf die richtigen Winkel der Wege und dass die Seiten der Gebäude parallel zu den Papierrändern verlaufen. Achten Sie darauf, die Winkel der Fenster und Türen korrekt zu zeichnen. Die Augenhöhe ist etwa auf halber Höhe des Fensters.

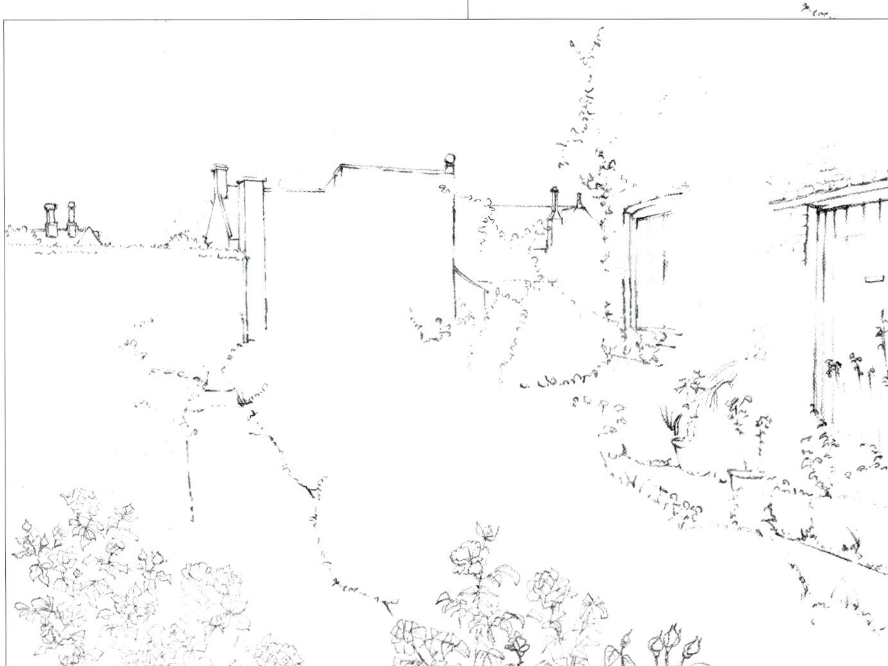

2 Zeichnen Sie mit dem B-Bleistift Rosenbüsche in den Vordergrund. Diese setzte ich anstelle der Frühlingsblumen auf dem Foto ein, da diese schon verblüht waren.

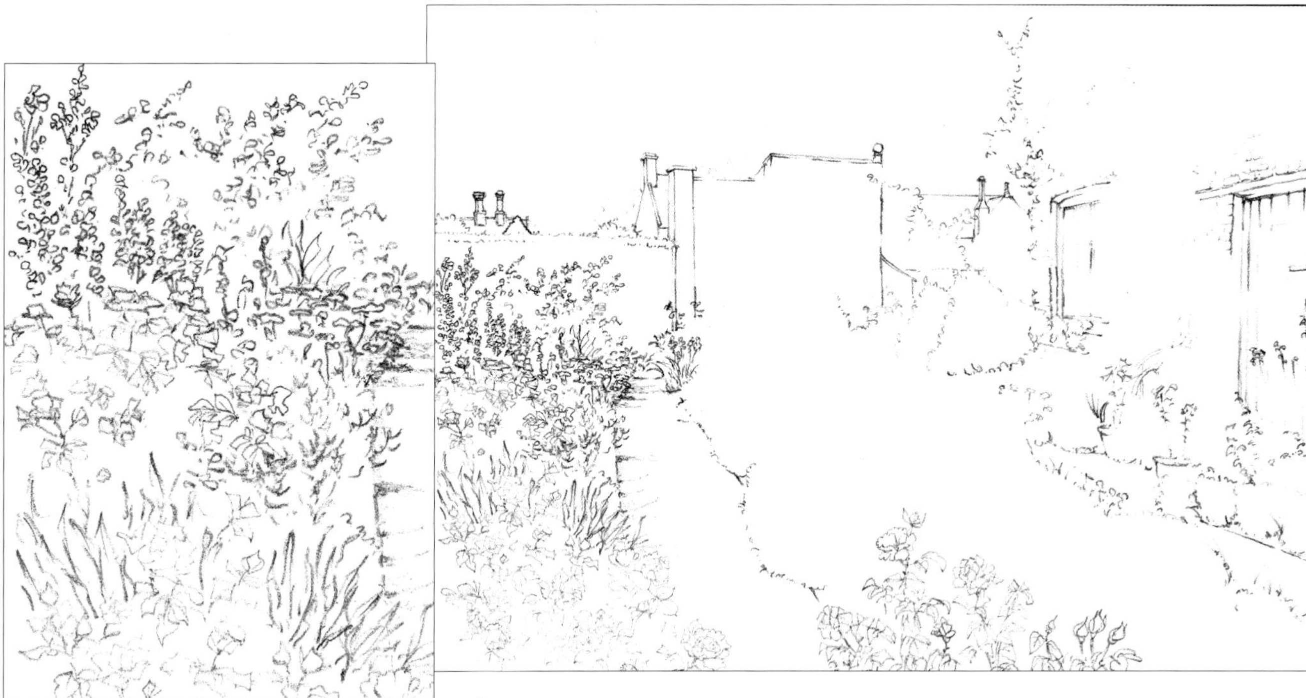

3 Zeichnen Sie mit einem 3B-Bleistift die Formen der Pflanzen und Blumen in der linken Blumenrabatte.

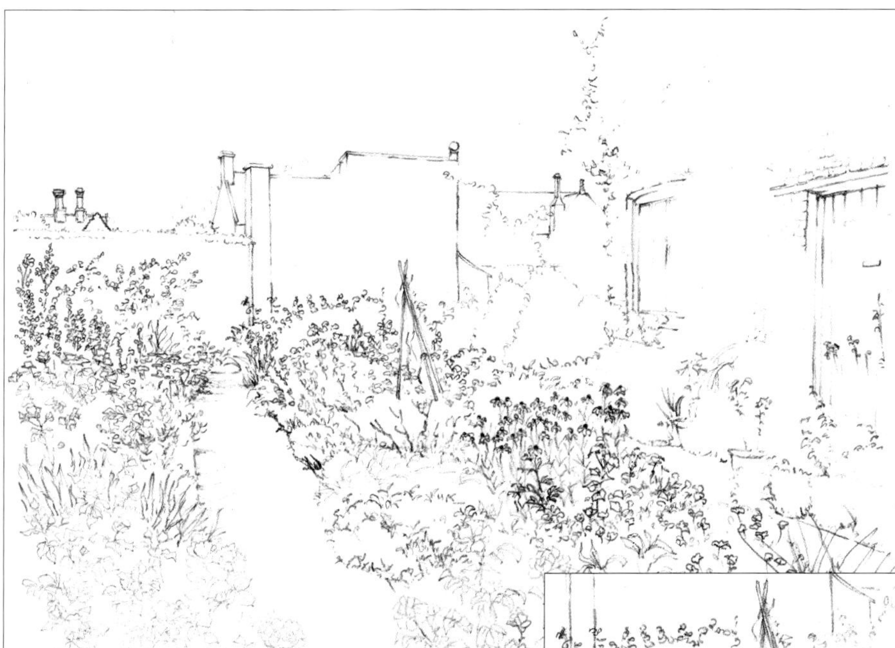

4 Zeichnen Sie mit dem 3B-Bleistift die Pflanzen, Blumen und Rankstangen im mittleren Blumenbeet.

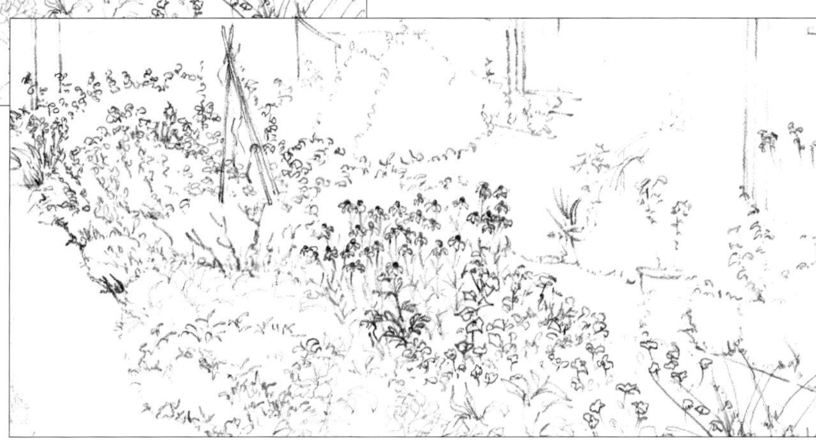

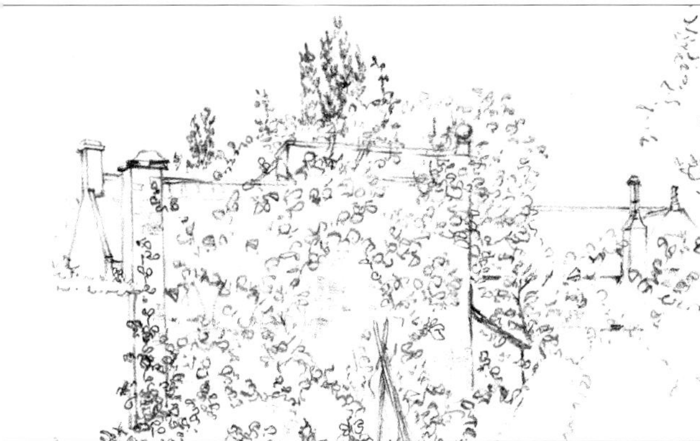

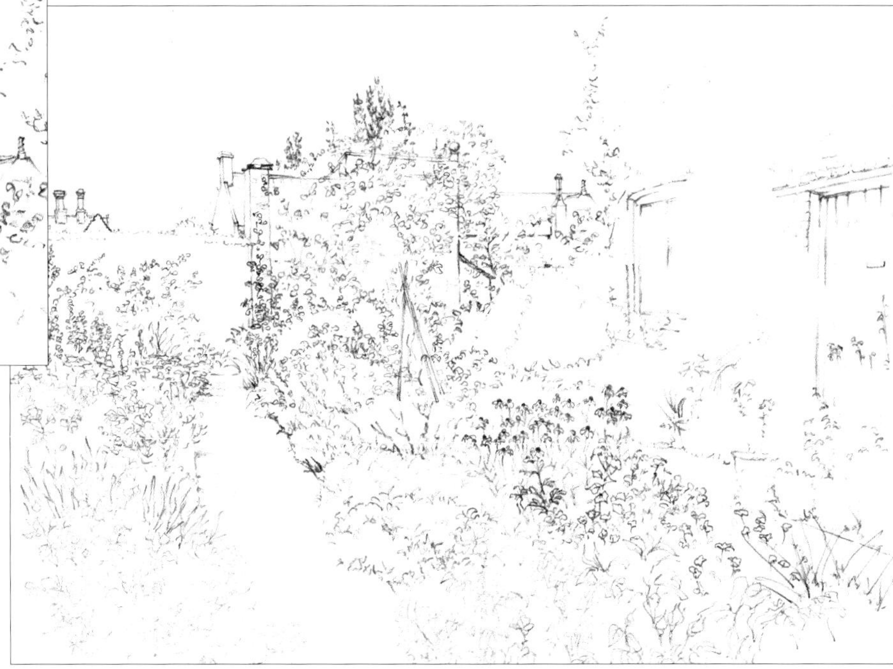

5 Zeichnen Sie mit einem 3B-Bleistift die Kletterpflanzen, Bäume und die Gebäude hinter der mittleren Blumenrabatte.

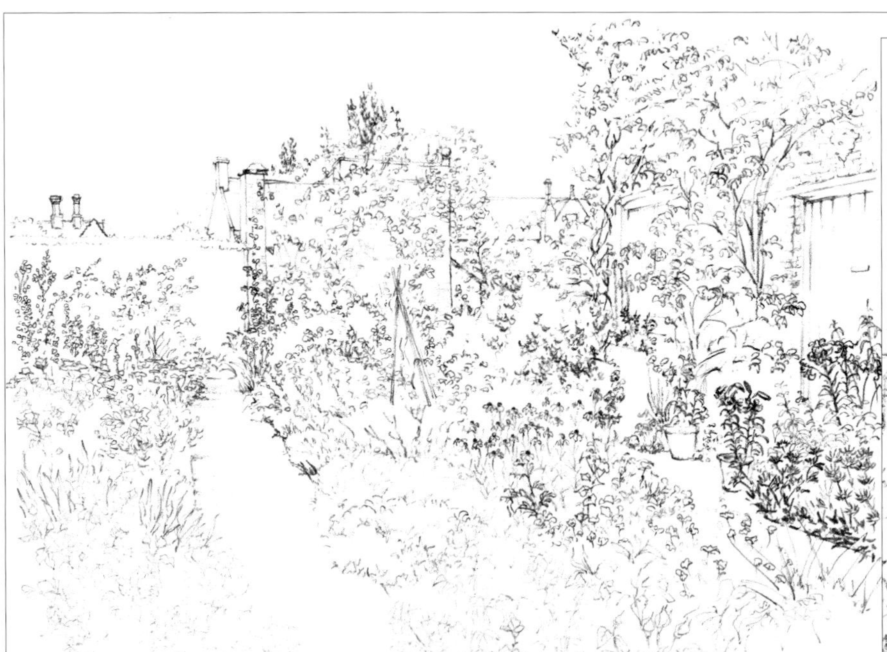

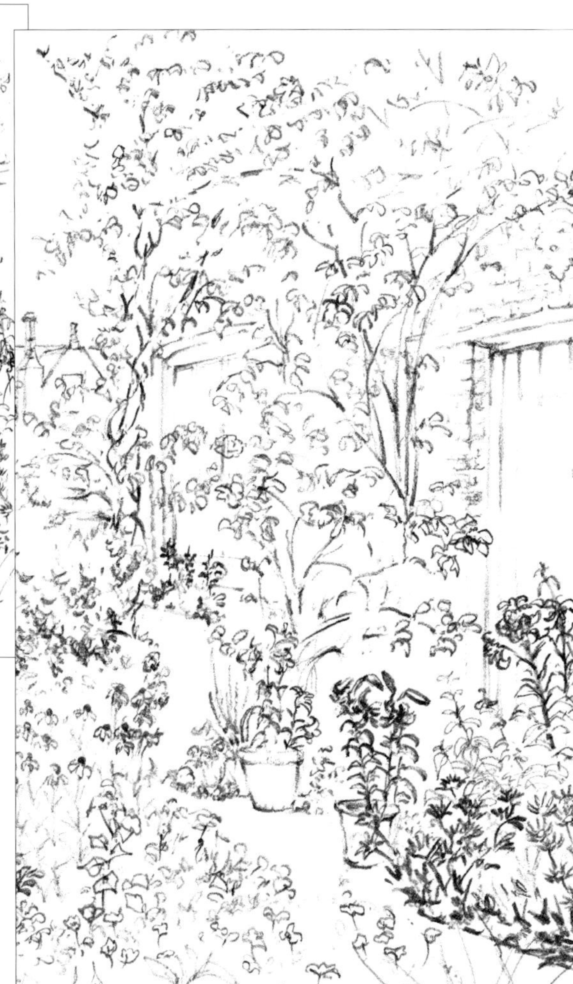

6 Zeichnen Sie die Kletterrosen an der Hauswand, die Lilien in ihren Töpfen und die Kapmargeriten im Beet um das Häuschen herum.

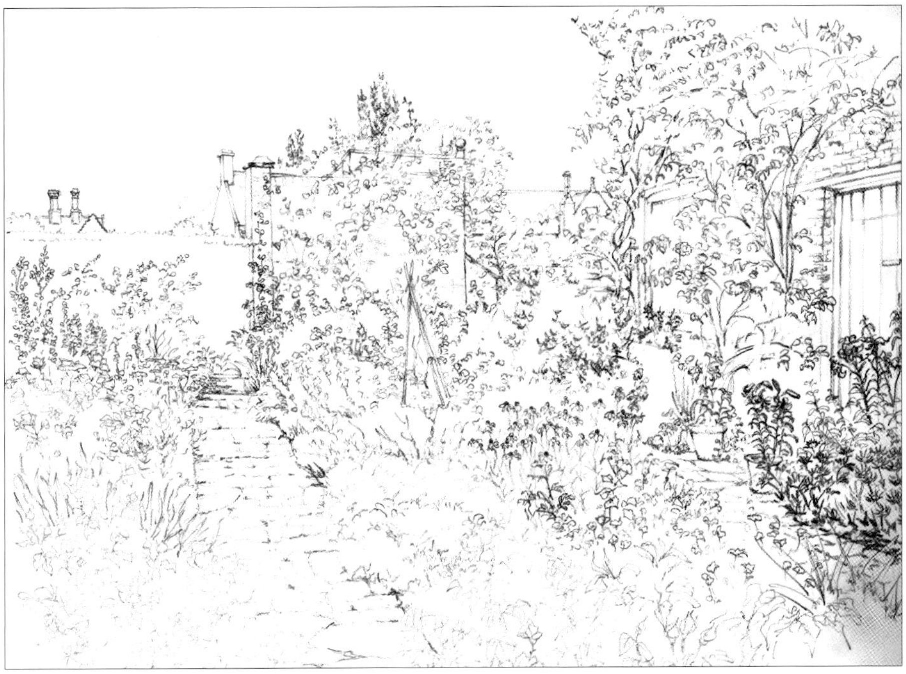

7 Zeichnen Sie die Pflastersteine mit unregelmäßigen Kanten und Bruchstellen in die Wege.

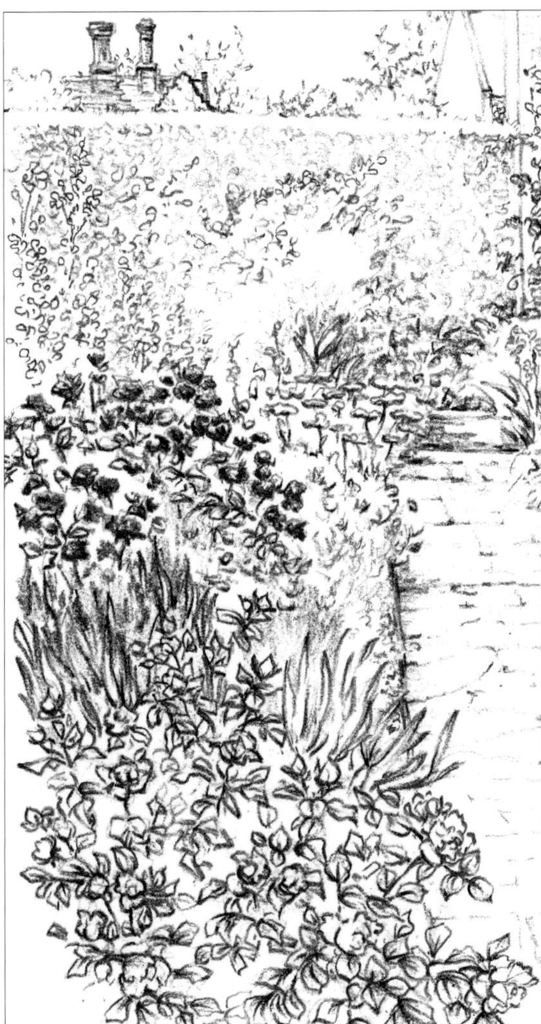

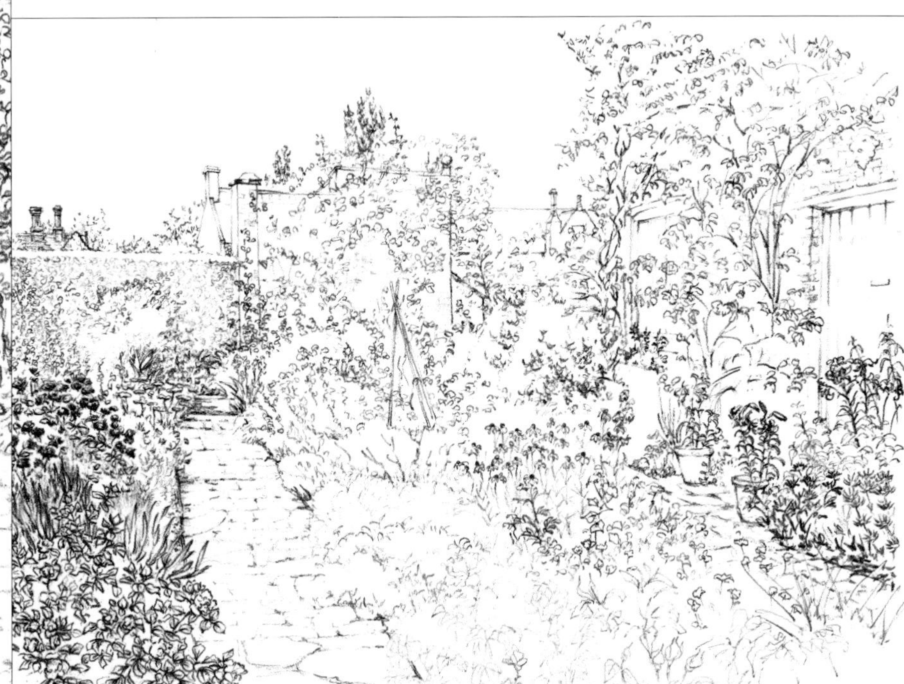

8 Setzen Sie als nächstes mit dem wasserlöslichen Grafitstift die stärkeren Tonwerte im Blumenbeet auf der linken Seite. In diesem Stadium entschied ich, dass einige Rosen zu groß geraten waren, und habe sie kleiner nachgezeichnet.

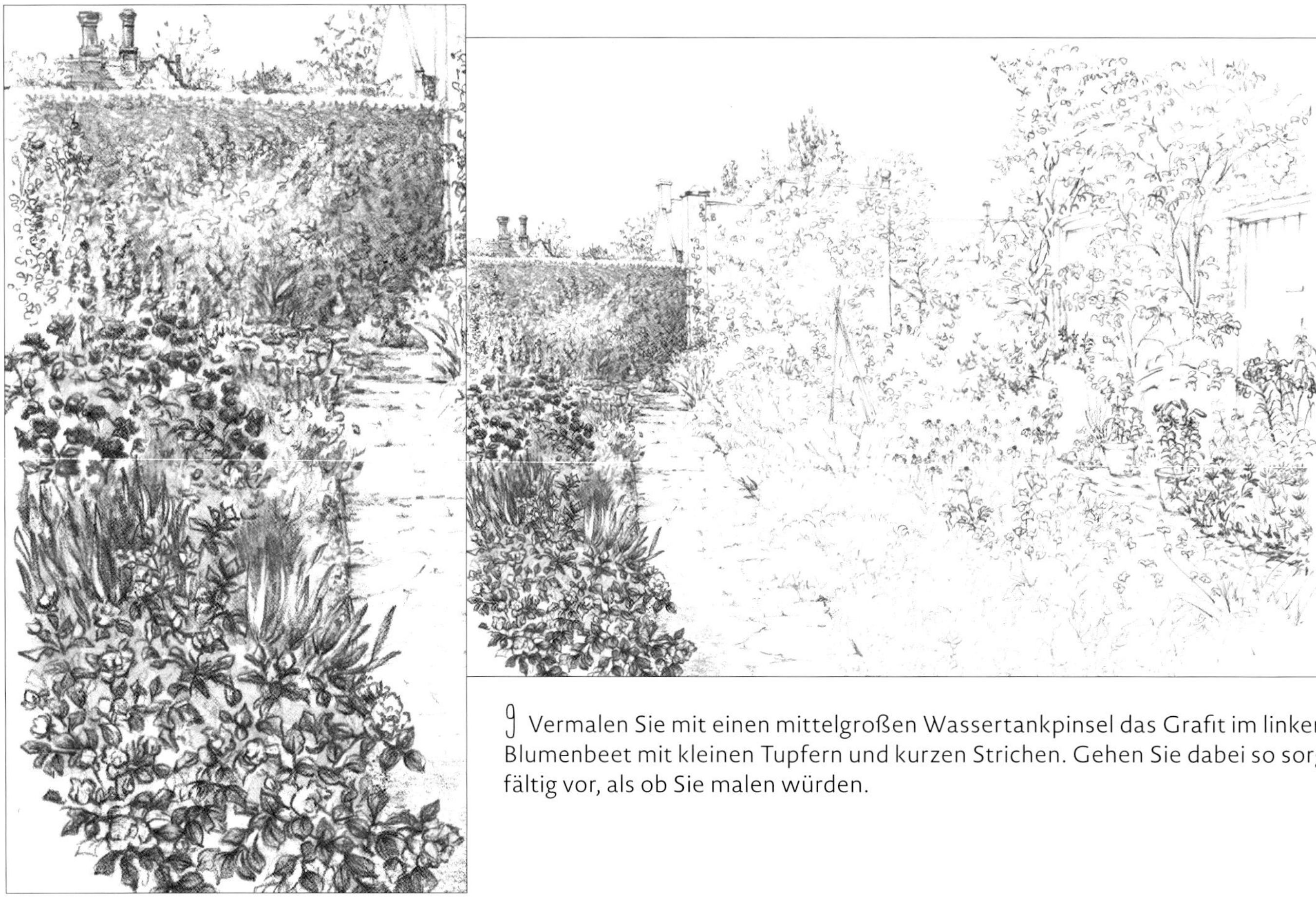

9 Vermalen Sie mit einen mittelgroßen Wassertankpinsel das Grafit im linken Blumenbeet mit kleinen Tupfern und kurzen Strichen. Gehen Sie dabei so sorgfältig vor, als ob Sie malen würden.

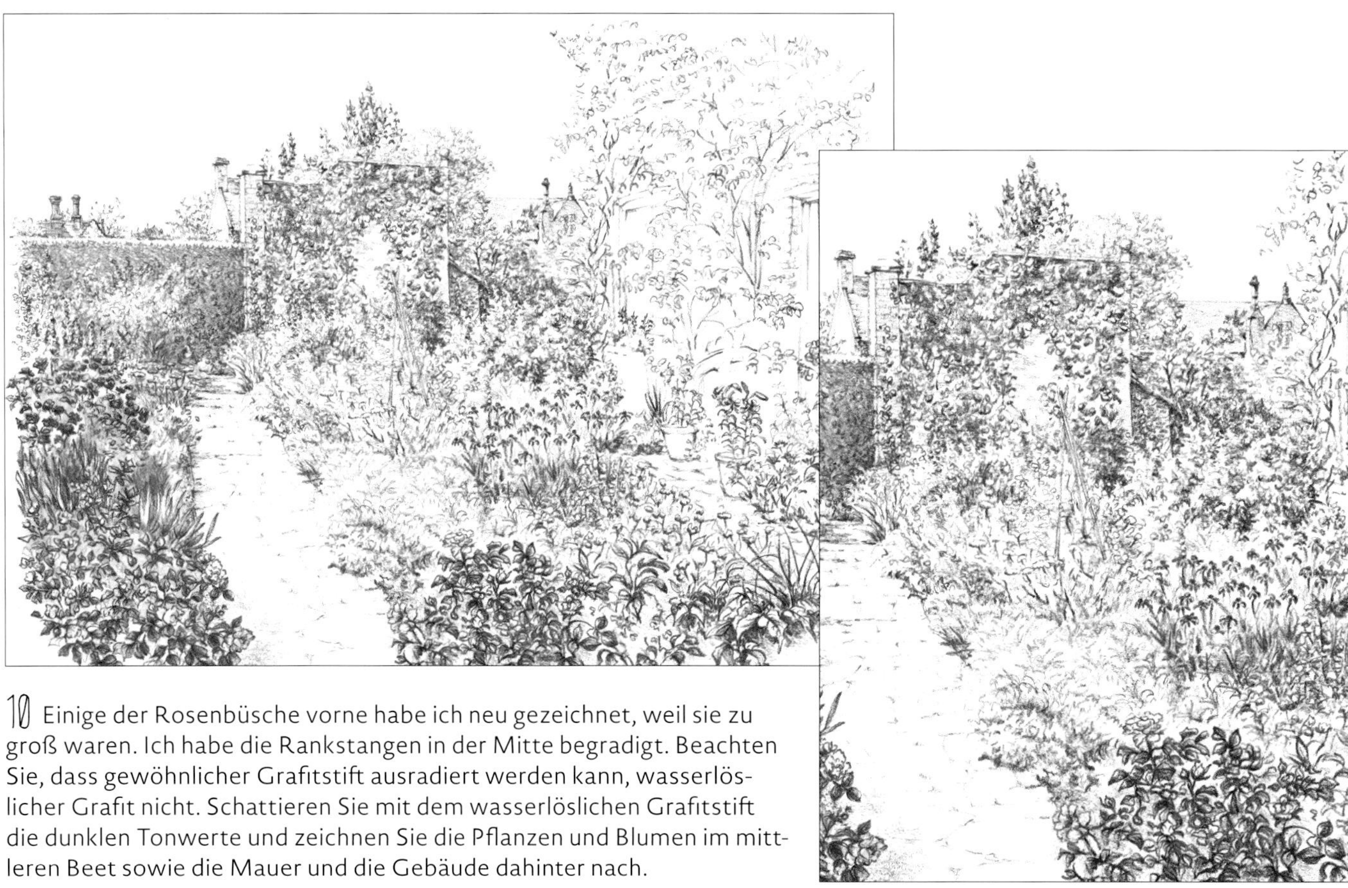

10 Einige der Rosenbüsche vorne habe ich neu gezeichnet, weil sie zu groß waren. Ich habe die Rankstangen in der Mitte begradigt. Beachten Sie, dass gewöhnlicher Grafitstift ausradiert werden kann, wasserlöslicher Grafit nicht. Schattieren Sie mit dem wasserlöslichen Grafitstift die dunklen Tonwerte und zeichnen Sie die Pflanzen und Blumen im mittleren Beet sowie die Mauer und die Gebäude dahinter nach.

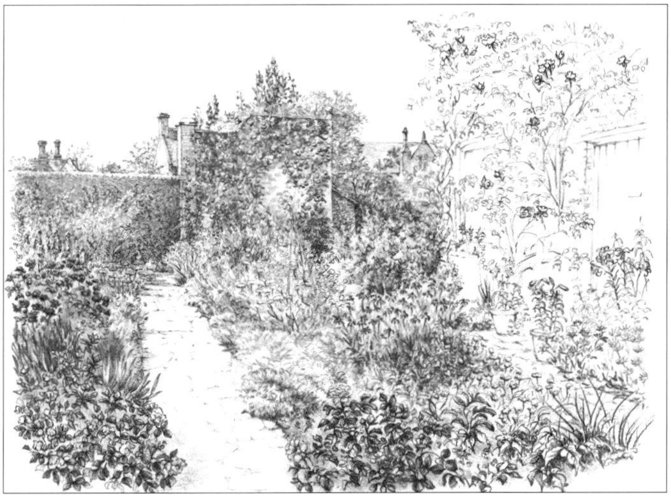

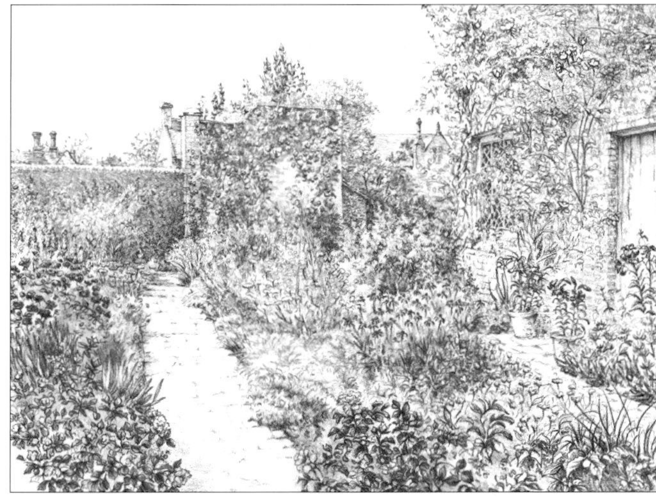

11 Befeuchten Sie mit dem Wassertankpinsel mit kleinen Tupfern und Strichen die Vegetation und die Kanten der Gebäude im mittleren Bildabschnitt.

12 Schattieren Sie die dunklen Tonwerte und Blumen um das Haus mit wasserlöslichen Grafitstift. Die Negativformen der Fensterscheiben werden mit dem 7B-Grafitstift schraffiert.

Die fertige Zeichnung

Verwenden Sie den Bleistift 7B, um alle verwischten Linien zu verstärken sowie die Tonwerte der Lilien und einige dunkle Bereiche zwischen den Kletterrosen an der Wand zu vertiefen. Füllen Sie die Ecken der Zeichnung mit organischen Formen und Tonwerten aus, da es sich hier um eine detaillierte Zeichnung und nicht um eine Skizze handelt. Schattieren Sie den Himmel schwach mit einem 3B-Bleistift und verreiben das Grafit vorsichtig mit dem Finger. Die Zeichnung ist 37 × 28 cm groß.

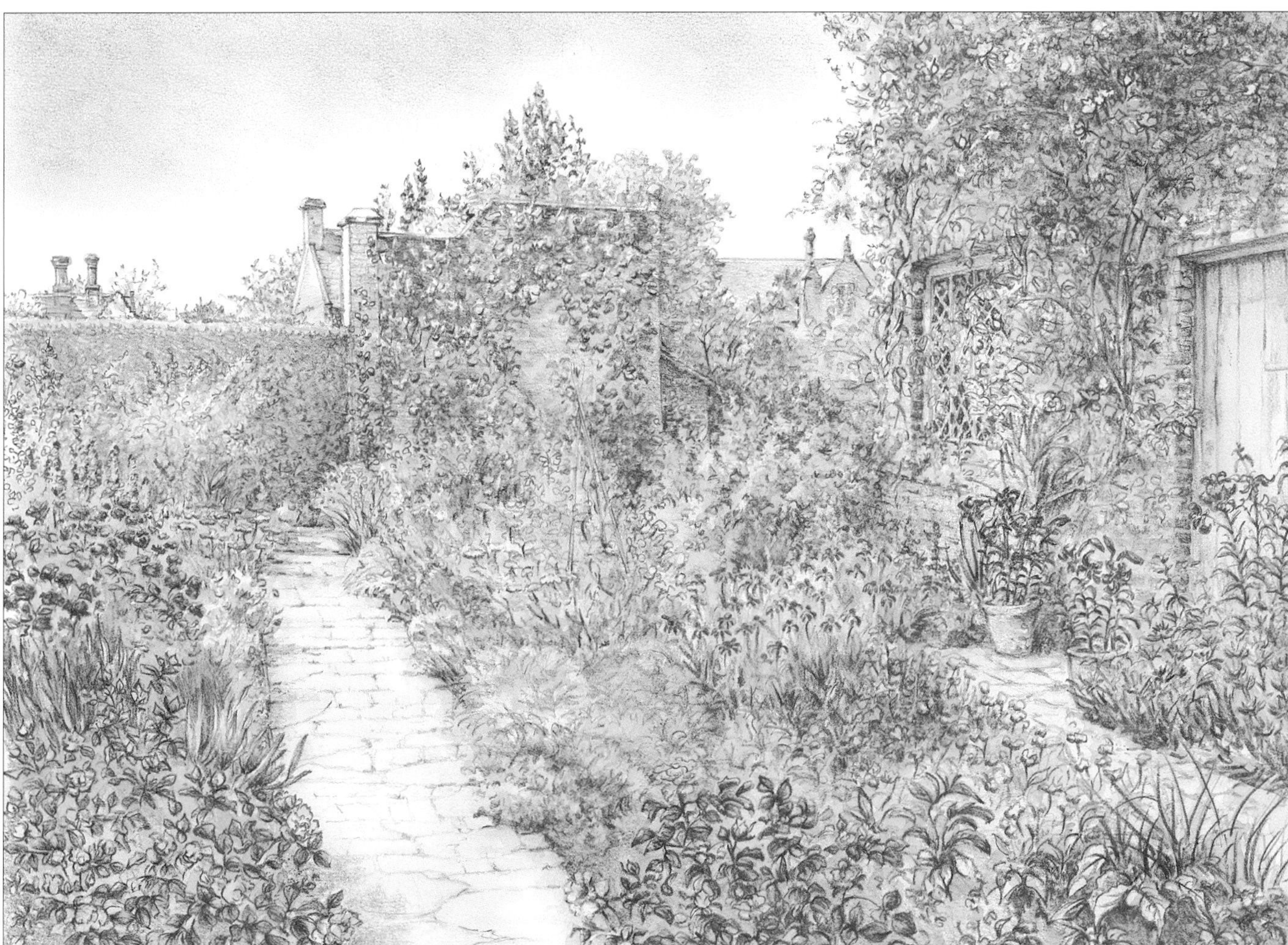

Stichwortverzeichnis

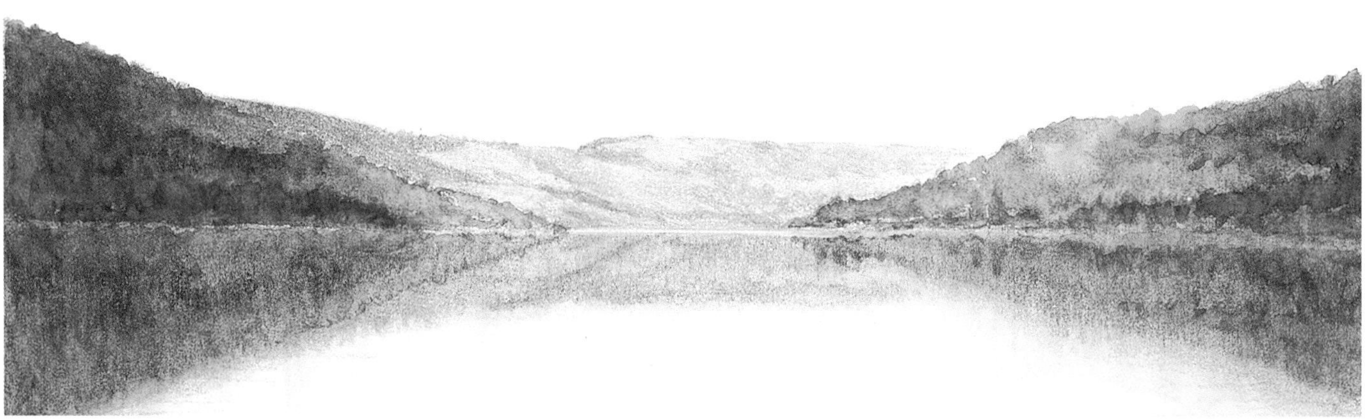